Steuerwissenschaftliche Schriften

Herausgegeben von

Prof. Dr. Dr. Lars P. Feld, Walter Eucken Institut, Freiburg i. Br.
Prof. Dr. Ekkehart Reimer, Universität Heidelberg
Prof. Dr. Christian Waldhoff, Humboldt-Universität zu Berlin

Band 93

Claas-Constantin Hoppe

Sanierungsprivilegierung und Beihilfenrecht

Ertragsteuerliche Behandlung von Schuldenrestrukturierungen in Deutschland und Frankreich

Nomos

C.H.BECK

Open-Access-Förderung durch die Max-Planck-Gesellschaft.

Die Deutsche Nationalbibliothek verzeichnet diese Publikation in der Deutschen Nationalbibliografie; detaillierte bibliografische Daten sind im Internet über http://dnb.d-nb.de abrufbar.

Zugl.: LMU München, Univ., Diss., 2024

u.d.T.: Sanierungsprivilegierung und Beihilfenrecht – Steuerliche Privilegierung von Schuldenrestrukturierungen in Deutschland und Frankreich aus beihilfenrechtlicher Sicht

1. Auflage 2025

Publiziert von
Nomos Verlagsgesellschaft mbH & Co. KG
Waldseestraße 3–5 | 76530 Baden-Baden
www.nomos.de

Gesamtherstellung:
Nomos Verlagsgesellschaft mbH & Co. KG
Waldseestraße 3–5 | 76530 Baden-Baden

ISBN (Print): 978-3-7560-2992-1
ISBN (ePDF): 978-3-7489-5255-8

DOI: https://doi.org/10.5771/9783748952558

Onlineversion
Nomos eLibrary

Vorwort

Die vorliegende Arbeit wurde im Mai 2024 von der Rechtswissenschaftlichen Fakultät der Ludwig-Maximilians-Universität München als Dissertation angenommen.

Besonderer Dank gilt meinem Doktorvater, Herrn Prof. Dr. Dr. h.c. Wolfgang Schön. Neben der Erstbegutachtung und Betreuung der Arbeit hat er ihre Entstehung durch meine Anstellung als Wissenschaftlicher Mitarbeiter am Max-Planck-Institut für Steuerrecht und Öffentliche Finanzen vielfältig gefördert. Insbesondere ist es ihm gelungen, die hervorragenden Forschungsbedingungen am Institut während der Coronakrise aufrechtzuerhalten.

Darüber hinaus danke ich Herrn Prof. Dr. Thomas Ackermann für die Erstellung des Zweitgutachtens.

Meine fachlich wie persönlich bereichernde Zeit am Max-Planck-Institut werde ich in bester Erinnerung behalten. Die vielen großartigen Kolleginnen und Kollegen – von denen einige meine Freunde geworden sind – machen das Institut zu einem besonderen Ort. Ihnen und meinen Freundinnen und Freunden aus der Schul- und Studienzeit bin ich für ihren Rückhalt sowie die gelegentliche Ablenkung von der wissenschaftlichen Arbeit dankbar.

Für die Aufnahme in die Schriftenreihe „Steuerwissenschaftliche Schriften“ danke ich den Herausgebern. Außerdem danke ich dem Max-Planck-Institut für Steuerrecht und Öffentliche Finanzen für die äußerst großzügige finanzielle Förderung der Drucklegung dieser Arbeit sowie der Max Planck Digital Library für die Übernahme der Kosten der Open-Access-Publikation.

Während aller Herausforderungen der Promotionszeit konnte ich stets auf die liebevolle Unterstützung und Nachsicht meiner Freundin Paulina zählen – dafür bin ich ihr von Herzen dankbar.

Gewidmet ist die Arbeit meinen Eltern. Mit ihrer bedingungslosen Unterstützung und Großzügigkeit haben sie mich durch alle Lebensabschnitte begleitet und stets an mich geglaubt. Dafür bin ich Ihnen immer dankbar.

Inhaltsverzeichnis

Einleitung 15

A. Einführung in die Thematik 15

B. Methodik des Vergleichs 17

Kapitel 2: Deutschland 19

A. § 3a EStG als deutsches Sanierungsprivileg 19

I. Rechtsfolge 19

1. Steuerfreiheit des Sanierungsertrags 20

2. Untergang von Steuerminderungspositionen 21

a) Verlust und Verlustvorträge bestimmter Einkünfte im Sinne des § 15 Abs. 4 EStG (§ 3a Abs. 3 S. 2 Nr. 6, 7 EStG) 23

b) Laufender Verlust des zu sanierenden Unternehmens (§ 3a Abs. 3 S. 2 Nr. 8 EStG) 23

c) Ausgleichsfähige Verluste aus allen Einkunftsarten (§ 3a Abs. 3 S. 2 Nr. 9 EStG) 24

d) Verlustvortrag nach § 10d Abs. 2 EStG ungeachtet der Mindestbesteuerung (§ 3a Abs. 3 S. 2 Nr. 10 EStG) 25

e) Minderung des Zins- und EBITDA-Vortrages (§ 3a Abs. 3 S. 2 Nr. 13 EStG) 25

3. Ausübung steuermindernder Wahlrechte 26

a) Umfasste Wahlrechte 27

b) Beschränkung der obligatorischen Wahlrechtsausübung auf Höhe des Sanierungsgewinns 29

II. Persönlicher Anwendungsbereich 30

III. Sachlicher Anwendungsbereich 30

1. Sanierungsbedürftigkeit 30

2. Sanierungsfähigkeit und Sanierungseignung 32

3. Sanierungsabsicht 33

4. Betrieblich begründeter Schuldenerlass 34

5. Schuldenerlass im Sinne des § 3a EStG 36
IV. Erfasste Sanierungsoperationen 38

B. Forderungsverzicht 38
I. Durch gesellschaftsrechtlich unverbundenen Dritten 39
1. Steuerfolge bei sanierter Kapitalgesellschaft 39
2. Steuerfolge bei sanierendem Gläubiger (Forderung im Betriebsvermögen) 40
II. Durch Gesellschafter 40
1. Steuerfolge bei zu sanierender Kapitalgesellschaft 40
a) Abgrenzung zwischen betrieblicher und gesellschaftsrechtlicher Veranlassung 41
b) Bewertung der verdeckten Einlage zum Teilwert, nicht zum Nennwert 43
c) Veranlassung des Verzichts entscheidend 47
d) Keine Teilung der Veranlassung in gesellschaftsrechtlich veranlassten werthaltigen und betrieblich veranlassten nicht werthaltigen Teil 48
2. Steuerfolge bei sanierendem Gläubiger 49
a) Gewerbliche Einkünfte 49
aa) Gesellschaftsrechtlich veranlasst und nicht werthaltig: Nachträgliche Anschaffungskosten auch ohne Wertsteigerung 51
bb) Abzugsbeschränkung für Darlehensverluste (§ 3c Abs. 2 S. 2 ff. EStG) 52
(1) Darlehen und wirtschaftlich vergleichbare Rechtshandlungen 53
(2) Qualifizierte Beteiligung des Darlehensgebers 56
(3) Escape durch Fremdvergleich 58
b) Körperschaftsteuer 61
aa) Nachträgliche Anschaffungskosten bleiben steuerlich unberücksichtigt 62
bb) Abzugsbeschränkung für Darlehnsverluste (§ 8b Abs. 3 S. 4 ff. KStG) 62

C. Debt-Equity-Swap 64
I. Steuerfolge bei sanierter Kapitalgesellschaft. 65
II. Steuerfolge beim sanierenden Gläubiger 67

D. Debt-Buy-Back 68
I. Steuerfolge bei zu sanierender Kapitalgesellschaft 68
II. Steuerfolge beim Gläubiger 69

Kapitel 3: Frankreich 71

A. Einführung in die französische Unternehmensbesteuerung 71
I. Verluste und ihre steuerliche Behandlung 73
II. Der *acte anormal de gestion* 73
III. Beteiligung an Körperschaften aus steuerlicher Sicht 75
IV. Abschreibungen 76

B. Art. 209-1 alinéa 4 CGI: Aufhebung der Mindestbesteuerung für erlassbegünstigte Körperschaften 77
I. Partielle Aufhebung der Mindestbesteuerung 77
II. Begünstigte Restrukturierungen 78
1. Conciliation 78
2. Procédure de sauvegarde 79
3. Redressement judicaire 80
III. Liquidation judicaire 81

C. Art. 39-1, 8° CGI: Erleichterung für kommerziell veranlasste Forderungsverzichte? 81

D. Art. 39-13 alinéa 2 CGI: Ausnahme vom Abzugsverbot für Verluste aus Hilfeleistungen an verbundene Unternehmen 82
I. Nachweis der tatsächlichen Überschuldung durch Bilanz 83
II. Zeitpunkt zur Beurteilung der Überschuldung 83

E. Forderungsverzicht 84
I. Durch gesellschaftsrechtlich unverbundene Dritte 84
1. Steuerfolge bei sanierter Kapitalgesellschaft 84
2. Steuerfolge bei sanierendem Gläubiger (Forderung im Betriebsvermögen) 85
a) Forderungsverzicht als *acte normal de gestion* 86
b) Kommerzielle Veranlassung des Forderungsverzichts schließt *acte anormal de gestion* aus 88
c) Bedeutungslosigkeit der Sanierungsprivilegierung des Art. 39-1, 8° CGI 88
II. Durch Gesellschafter 89
1. Steuerfolge bei sanierter Gesellschaft 89

2. Steuerfolge bei sanierendem Gläubiger 91
a) Gewerbliche Einkünfte 91
aa) Auslegung des *acte anormal de gestion* zwischen ökonomischer Gruppenrealität und steuerrechtlicher Einzelbetrachtung 92
bb) Die steuerliche Relevanz der Abgrenzung zwischen kommerziell veranlasstem und finanzierendem Forderungsverzicht 93
cc) Betrag des Forderungsverzichts als Anschaffungskosten 96
dd) Sanierungsprivilegierung des Art. 39-13 CGI als Rückausnahme zur Missbrauchsvermeidung durch finanzierende Forderungsverzichte 97
ee) Auswirkungen des Systems langfristiger Kapitalgewinne und Verluste auf steuerliche Nutzung nachträglicher Anschaffungskosten 99
b) Körperschaftsteuer 100

F. Debt-Equity-Swap 104
I. Steuerfolge bei sanierter Gesellschaft 105
1. Einbringungsvariante 105
2. Aufrechnungsvariante 106
II. Steuerfolge bei sanierendem Gläubiger 106
1. Sanierer erzielt gewerbliche Einkünfte 106
a) Einbringungsvariante 106
b) Aufrechnungsvariante 107
aa) Übernahme der handelsrechtlichen Behandlung vs. eigenständige steuerliche Behandlung 107
bb) Gesetzliches Abzugsverbot für Veräußerungsverluste in Höhe der Differenz zwischen Nennwert und beizulegendem Zeitwert der eingebrachten Anteile 109
2. Sanierer unterliegt der Körperschaftsteuer 110
a) Auswirkungen der körperschaftsteuerlichen Änderungen des Systems der langfristigen Kapitalgewinne/-verluste 111
b) Protektionistisch motivierte Rückausnahme in Art. 209-VII bis CGI 111

G. Debt-Buy-Back 114
I. Sanierungsfall/Forderungskäufer 114
II. Sanierer/Forderungsverkäufer 115

Kapitel 4: Beihilfenrecht als Prüfungsmaßstab für Sanierungsprivilegierungen 117

A. Die beihilfenrechtliche Perspektive auf steuerliche Sanierungsbegünstigungen 117

B. Zwischen abstrakt-genereller und konkret-individueller Betrachtung von Beihilfenregelungen 120

C. Sanierungsprivilegierung als selektiver Vorteil 123
I. Wirkungsbasierter Ansatz des Europäischen Gerichtshofs 123
1. Bestimmung der Normalbelastung 124
2. Abweichung von der Regelbesteuerung und Ungleichbehandlung mit vergleichbaren Gruppen von Steuerpflichtigen 125
3. Rechtfertigung durch Grund- und Leitprinzipien 127
II. Selektiver Vorteil zwischen nationaler Fiskalhoheit und gemeinsamem Binnenmarkt 128
1. Beihilfenrecht kein besonderes Diskriminierungsverbot (Kritik am Ansatz des Europäischen Gerichtshofs) 128
2. Eigenständigkeit der Vorteilsprüfung 132
3. Vergleichend zum Vorteil 132
a) Doppelte Vergleichbarkeitsprüfung 134
b) Ermittlung des Besteuerungsprinzips und der Normalbelastung 135
4. Eigenständiger Bedeutungsgehalt von „bestimmten Unternehmen“ 138
a) Ökonomische Perspektive 139
b) Kompetenzperspektive 145
5. Anknüpfung an die Sanierungsbedürftigkeit *per se* nicht selektivitätsbegründend 148
6. Sanierungsbedürftigkeit als *de facto* Selektivität 149
III. Deutsche und französische Sanierungsprivilegierung als selektiver Vorteil 150
1. Art. 39-1, 8° CGI 150
2. Art. 39-13 alinéa 2 CGI 150

3. Art. 209-1 alinéa 4 CGI 153
4. § 3a EStG 155
a) Steuerbefreiung als Vorteil 155
b) Vorteilskompensation durch nachteilige Rechtsfolgen 158
aa) § 3a Abs. 3 S. 2 Nr. 1 EStG 160
bb) § 3a Abs. 3 S. 2 Nr. 6, 7 EStG 161
cc) § 3a Abs. 3 S. 2 Nr. 10 EStG 162
dd) § 3a Abs. 3 S. 2 Nr. 11 EStG 164
ee) § 3a Abs. 3 S. 2 Nr. 12 EStG 166
ff) § 3a Abs. 3 S. 2 Nr. 13 EStG 167
gg) § 3a Abs. 1 S. 2 EStG 168
c) Selektivität 169

D. Der marktwirtschaftlich handelnde Wirtschaftsbeteiligte im (Sanierungs-)Steuerrecht 169

E. Beihilfenrechtliches Unternehmen als Analyseobjekt 174
I. Kartellrechtliche Anleihen des Unternehmensbegriffs in der Rechtsprechung 175
II. Eigenständiger beihilfenrechtlicher Unternehmensbegriff umfasst gesamte Beteiligungskette 175
III. Vorteilsneutralisation im beihilfenrechtlichen Unternehmen 178
1. Erfordernis des beihilfenrechtlichen Unternehmensbegriffs 178
2. Konnexitätserfordernis zwischen Vorteil und Nachteil 179
3. Konkrete Umsetzung 181
IV. Deutschland: Vorteilsausgleich zwischen § 3a Abs. 1 S. 1 EStG und § 8b Abs. 3 S. 4 KStG/§ 3c Abs. 2 S. 2 EStG 182

Kapitel 5: Rechtsvergleichende Analyse 187

A. Analyse der Sanierungsprivilegierungen 188
I. Rechtsfolgen: Steuerfreiheit oder Aufhebung der Mindestbesteuerung 189
II. Persönlicher Anwendungsbereich 192
III. Sachliche Anforderungen an die Sanierungsbedürftigkeit 192
1. Eigenständiger vs. insolvenzrechtsakzessorischer Sanierungsbegriff 192

2. Bezugnahme zu Motiven des Gläubigers – Irrweg des deutschen Gesetzgebers 194
3. Begrenzung auf Schuldenerlasse 196
B. Forderungsverzicht 197
I. Forderungsverzicht des unverbundenen Gläubigers: Gewinn für Schuldner – Verlust für Gläubiger 198
II. Komplexität durch gesellschaftliche Verbundenheit 198
1. Abgrenzung der Veranlassung 199
2. Anschaffungskosten 202
3. Steuerliche Verzichtsfolgen 205
a) Nachträgliche Anschaffungskosten 206
b) Abzugsfähigkeit von Verzichtsverlusten 208
c) Steuerlicher Zusammenhang zwischen Schuldner- und Gläubigerebene 209
C. Debt-Equity-Swap 211
I. Unterschiedliche gesellschaftsrechtliche Konzepte führen zu unterschiedlichen Steuerfolgen 211
II. Irreguläre Unterschiede vor dem Hintergrund der Gesellschaftsrechte-Richtlinie 215
D. Debt-Buy-Back 217

Kapitel 6: Mehr System wagen – Gesellschafter als Sanierer stärken 219
A. Mindestbesteuerung reformieren 221
B. Beteiligungsbesteuerung an wirtschaftlicher Logik ausrichten 223

Literaturverzeichnis 227

Einleitung

A. Einführung in die Thematik

Staatliche Sanierungsbemühungen sind klassische Anwendungsfälle der europäischen Beihilfenkontrolle. Individuelle Restrukturierungs- und Sanierungshilfen[1] wie z. B. Staatsbürgschaften, Kredite und Kapitalbeteiligungen der Mitgliedstaaten zur Rettung nationaler Industrie- und Dienstleistungsunternehmen stehen im Spannungsverhältnis zum Wettbewerbskonzept des europäischen Binnenmarkts.[2] Nicht weniger bedeutsam ist das steuerliche Beihilfenrecht. Spätestens seit den ECOFIN-Beschlüssen[3] zur Verhinderung des unfairen Steuerwettbewerbs hat die Beihilfenkontrolle steuerlicher Vergünstigungen zunehmend an Fahrt aufgenommen. Es war daher nur eine Frage der Zeit, bis sich diese beiden wichtigen Anwendungsbereiche des Beihilfenrechts kreuzten. Bekannte Beispiele der jüngeren Vergangenheit finden sich in den Entscheidungen „Heitkamp BauHolding“[4] und „P Oy“[5]. Steuerliche Sanierungsprivilegierungen stehen beihilfendogmatisch den sonstigen steuerlichen Beihilfen deutlich näher als den staatlichen Restrukturierungsbeihilfen, denn sie werden nicht im Einzelfall gewährt, sondern auf der Grundlage gesetzlicher Tatbestandsvoraussetzungen.[6] Mit den Restrukturierungsbeihilfen haben sie jedoch ihre potenziell sehr verzerrenden Auswirkungen auf den Binnenmarkt gemein, weil ineffiziente Unternehmen gefördert werden, die eigentlich vom Markt verschwinden sollen.[7] Darüber hinaus können bereits im Vorhinein gesetzlich feststehende Sanierungshilfen verhaltensökonomische Fehlanrei-

---

1 Siehe dazu Europäische Kommission, ABl. 2014/C 249/01 Leitlinien für staatliche Beihilfen zur Rettung und Umstrukturierung nichtfinanzieller Unternehmen in Schwierigkeiten.

2 Vgl. *Bourgeois*, in: Hancher/Ottervanger/Slot, EU State Aids, Rn. 24–001.

3 ECOFIN Rat, ABl. v. 06.01.1998, C 2/1, Anhang 1.

4 EuGH, Urt. v. 28.06.2018, Rs. C-203/16 P (Andres Heitkamp BauHolding); EuG, Urt. v. 04.02.2016, Rs. T-287/11 (Heitkamp BauHolding).

5 EuGH, Urt. v. 18.07.2013, Rs. C-6/12 (P Oy).

6 Gelegentlich mit zusätzlichem Ermessensspielraum, siehe dazu EuGH, Urt. v. 18.07.2013, Rs. C-6/12 (P Oy).

7 *Möhlenkamp*, ZIP 2018, 1907 (1909); *Glatz*, IStR 2016, 447 (448); vgl. *Schwalbe*, in: MüKo Beihilfenrecht, Einleitung, Rn. 121; vgl. auch Europäische Kommission,

ze setzen und damit zusätzliche Marktineffizienzen verursachen.[8] Wenig überraschend hat die beihilfenrechtliche Diskussion deshalb auch die in Deutschland geltende Steuerbefreiung des Sanierungsgewinns erfasst. Werden von privaten Gläubigern zum Zwecke der Sanierung von notleidenden Unternehmen Forderungen erlassen, ist der daraus entstehende Gewinn steuerfrei, um eine steuerbedingte Liquiditätsbelastung zu vermeiden. Diese Steuerbefreiung galt bereits im Rahmen des sogenannten Sanierungserlasses[9] und die Beihilfenfrage war Teil der Auseinandersetzung über seine Rechtmäßigkeit.[10] Während der X. Senat des Bundesfinanzhofs in seinem Vorlagebeschluss[11] noch Stellung zur Vereinbarkeit des Sanierungserlasses mit dem europäischen Beihilfenrecht genommen hatte, musste der Große Senat diese Frage mangels Entscheidungserheblichkeit weder dem Europäischen Gerichtshof vorlegen noch selbst dazu Stellung nehmen.[12] Der Sanierungserlass war aufgrund eines Verstoßes gegen die Gesetzmäßigkeit der Verwaltung nichtig.[13] Daraufhin hat der Parlamentsgesetzgeber eine sehr ähnliche Steuerbefreiung in § 3a EStG geschaffen und wollte die neue Norm durch eine Notifizierung bei der Europäischen Kommission beihilfenfest machen. Statt eine Entscheidung in der Sache zu treffen, hat sich die Kommission durch einen unveröffentlichten „comfort-letter“ entzogen und zu erkennen gegeben, dass sie die Steuerbefreiung für Sanierungsgewinne jedenfalls als Altbeihilfe unbeanstandet lässt.[14] Damit ist die materielle Beihilfenfrage nicht endgültig entschieden und es lohnt sich der Blick nicht nur auf das europäische Beihilfenrecht, sondern über den Rand der eigenen Rechtsordnung hinaus auf den Nachbarstaat Frankreich: Wie löst die ebenfalls dem Beihilfenverbot unterworfene zweitgrößte Volkswirtschaft der Europäischen Union das „Steuerproblem“ der konsensualen Schuldenrestrukturierung?

ABl. 2014/C 249/01 Leitlinien für staatliche Beihilfen zur Rettung und Umstrukturierung nichtfinanzieller Unternehmen in Schwierigkeiten, Rn. 6.

8 *Möhlenkamp*, ZIP 2018, 1907 (1909).

9 Bundesministerium der Finanzen, 27.03.2003, IV A 6-S 2140-8/03, Ertragsteuerliche Behandlung von Sanierungsgewinnen; Steuerstundungen und Steuererlass aus sachlichen Billigkeitsgründen, BStBl I 2003, 240.

10 Siehe nur *Desens*, ZIP 2017, 645; *Kahlert*, ZIP 2016, 2107; *Roth*, ZInsO 2016, 1877; *Glatz*, IStR 2016, 447; *Hageböke*, DK 2015, 310; *Weerth*, DStR 2014, 2485.

11 BFH, Vorlagebeschl. v. 25.03.2015 – X R 23/13.

12 BFH, Beschl. v. 28.11.2016 – GrS 1/15, BStBl II 2017, 393 = BFHE 255, 482.

13 BFH, Beschl. v. 28.11.2016 – GrS 1/15, BStBl II 2017, 393 = BFHE 255, 482.

14 Dazu *Weerth*, ZInsO 2018, 1893; ausführlich und kritisch zum Vorgehen der Kommission *Licht*, EU-Beihilferecht und Unternehmensbesteuerung, S. 398 ff.

B. Methodik des Vergleichs

Die rechtsvergleichende Untersuchung der steuerlichen Sanierungsprivilegierung in Deutschland und Frankreich vollzieht sich in einer dreifachen Perspektive. Zunächst erfolgt die Betrachtung der explizit sanierungsprivilegierenden Normen. Primärer Gegenstand dieser Arbeit sind Normen, die unter tatbestandlicher Anknüpfung an Sanierungsvoraussetzungen von den allgemeinen steuerlichen Regelungen begünstigende Ausnahmen gewähren. Ihre Gegenüberstellung wird die unterschiedlichen Herangehensweisen und Regelungskonzepte des deutschen und französischen Steuergesetzgebers verdeutlichen. Durch die beispielhafte Darstellung von typischen Sanierungsoperationen werden die Ausnahmeregelungen mit den steuerlichen Grundregeln im Zusammenhang erläutert. Die umfassende wirtschaftliche Betrachtung der Sanierungsprivilegierung beugt Fehlschlüssen durch eine isolierte Einzelbetrachtung vor; sie ist gewissermaßen eine Vergrößerung der Perspektive. Der daran anschließende beihilfenrechtliche Teil stellt dagegen einen Perspektivwechsel dar. Die nationalen Sanierungsprivilegierungen und ihr Kontext werden aus europäisch-wettbewerbsrechtlicher Perspektive betrachtet. Funktionsweise und wirtschaftliche Reichweite der Begünstigungen werden an höherrangigem Recht auf ihre Anwendbarkeit geprüft. Nur die Zusammenführung dieser drei Perspektiven ermöglicht am Ende eine umfassende rechtsvergleichende Analyse. Für den Vergleich des deutschen und französischen Rechts ist es gerade entscheidend, den allgemeinen Kontext einzubeziehen und auch die beihilfenrechtlichen Hürden steuerlicher Privilegierung zu betrachten.

Innerhalb der einzelnen Länderberichte erfolgt zunächst nur die Betrachtung der sanierungsprivilegierenden Normen im engeren Sinne. Sie grenzen sich durch ihren tatbestandlichen Bezug auf eine Unternehmenskrise, Sanierung oder ein formalisiertes Schuldenrestrukturierungsverfahren/Insolvenzverfahren von den (allgemeinen) steuerrechtlichen Normen mit besonderer Bedeutung bei der Unternehmenssanierung ab. Darauf folgend wird neben der steuerlichen Privilegierung das grundlegende System einbezogen, weil die Bewertung der Tragweite von steuerlichen Privilegierungen ganz entscheidend von der steuerlichen Grundregel abhängt. Soll die Sanierungsfreundlichkeit einer Steuerrechtsordnung beurteilt werden, reicht es nicht aus, den sachlichen Anwendungsbereich der Privilegierungen miteinander zu vergleichen. Der Privilegierung in einer Rechtsordnung könnte in einer anderen Rechtsordnung eine freundlichere Grundregel gegenüberstehen, die eine gesonderte Privilegierung als überflüssig erscheinen lässt. Dazu werden ausgewählte und gleichsam typische Sanierungsoperationen dargestellt. Dadurch wird das Zusammenspiel von allgemeinen steuerlichen Regelungen mit Sanierungsrelevanz und den Sanierungsprivilegien besonders deutlich. Als Beispiel dient die Sanierung von Kapitalgesellschaften mittels Forderungsverzichts, Debt-Equity-Swaps und Debt-Buy-Backs durch gewerblich tätige Sanierer. Diese Sanierungsfälle existieren in beiden Ländern gleichermaßen und eignen sich deshalb besonders gut, um die vorbezeichneten Sanierungsprivilegierungen in ihrer Anwendung zu vergleichen.

Kapitel 2: Deutschland

A. § 3a EStG als deutsches Sanierungsprivileg

Für Schuldenrestrukturierungen zugunsten notleidender Unternehmen mildert § 3a EStG unerwünschte steuerliche Folgen ab. Den durch Restrukturierungen in der Bilanz des begünstigten Unternehmens entstehenden Gewinnen stehen regelmäßig keine Liquiditätszuflüsse gegenüber. Liquidität ist jedoch Grundvoraussetzung für die Begleichung der durch Gewinne entstehenden Steuerschulden. Um Gläubiger nicht wegen dieser Liquiditätsprobleme von ihren Sanierungsbemühungen abzuhalten, wird daher auf die Besteuerung von Erträgen verzichtet, soweit sie auf Schuldenerlassen beruhen. Alle weiteren Rechtsfolgen des § 3a EStG sollen eine Überprivilegierung durch die Steuerfreiheit verhindern. Die sachlichen Voraussetzungen knüpfen im Wesentlichen an die bereits zum Sanierungserlass[15] und den Vorgängervorschriften entwickelten Kriterien an. Diese Kriterien gewährleisten, dass nur existenzbedrohte Unternehmen in den Genuss der Privilegierung kommen und die Steuerfreiheit nicht missbräuchlich in Anspruch genommen wird.

I. Rechtsfolge

§ 3a EStG enthält drei verschiedene Rechtsfolgen: Steuerfreiheit des Sanierungsertrags, Pflicht zur Ausübung steuermindernder Wahlrechte und gestufter Untergang von Steuerminderungspositionen.[16] Die sanierungsprivilegierende Rechtsfolge ist die Steuerfreiheit des Sanierungsertrags. Die anderen beiden Rechtsfolgen dienen nur der Begrenzung des steuerlichen Vorteils auf das erforderliche Mindestmaß und sollen einer Doppelbegüns-

---

15 Bundesministerium der Finanzen, 27.03.2003, IV A 6-S 2140-8/03, Ertragsteuerliche Behandlung von Sanierungsgewinnen; Steuerstundungen und Steuererlass aus sachlichen Billigkeitsgründen, BStBl I 2003, 240.

16 *Krumm*, in: Brandis/Heuermann, § 3a EStG [Stand 12.2018], Rn. 32; missverständlich insoweit *Kanzler*, NWB 2017, 2260 (2268), als er von einer vorrangigen Verlustverrechnung schreibt.

tigung vorbeugen.[17] Bei wirtschaftlicher Betrachtung der drei Rechtsfolgen ergibt sich eine „echte“ Steuerbefreiung nur für solche Gewinne, die nicht durch Steuerminderungspositionen kompensiert werden.[18]

Systematisch steht die Steuerbefreiung an erster Stelle. Die anderen Rechtsfolgen knüpfen an der Steuerbefreiung an. Dies wird für den Untergang von Steuerminderungspositionen schon textlich deutlich. § 3a Abs. 3 S. 1, 2 EStG begrenzt die Höhe der untergehenden Positionen auf den um die Sanierungskosten geminderten Sanierungsertrag (Sanierungsgewinn). Der Untergang von Steuerminderungspositionen ist daher mit dem – teleologisch zu Recht modifizierten – Sanierungsertrag verbunden.

Die gewinnmindernde Ausübung steuerlicher Wahlrechte (§ 3a Abs. 1 S. 2 EStG) knüpft nicht direkt an den Sanierungsertrag an, sondern steht als selbstständige Rechtsfolge daneben. Die so realisierten Gewinnminderungen wirken sich nicht unmittelbar auf den Sanierungsertrag aus. Dies kann erst mittelbar über den Untergang von Steuerminderungspotenzialen in § 3a Abs. 3 S. 2 Nr. 8 EStG erfolgen. Dafür ist jedoch ein durch Zwangsausübung der Wahlrechte entstandener oder vergrößerter Verlust Voraussetzung. Sofern der geminderte Sanierungsertrag bereits durch die Steuerminderungspositionen des § 3a Abs. 3 S. 2 Nr. 1-7 EStG kompensiert ist, kann sich die gewinnmindernde Ausübung der steuerlichen Wahlrechte ebenfalls nicht mehr zweckgemäß auswirken.

1. Steuerfreiheit des Sanierungsertrags

Für die Sanierungspraxis ist die außerbilanzielle Steuerfreistellung des Sanierungsertrags die wichtigste Rechtsfolge.[19] Der Ertrag aus einer erfolgten Sanierungsoperation ist komplett steuerfrei, d. h. es erfolgt keine Berücksichtigung der mit der Sanierung verbundenen Kosten oder Verluste.[20] Eine Verrechnung mit laufenden Verlusten oder Verlustvorträgen findet in diesem Schritt nicht statt.[21] Dies drückt sich richtigerweise auch in der gesetzlichen Formulierung der Steuerfreiheit des Sanierungsertrags in § 3a

---

17 BT-Drs. 18/12128, S. 31; *Kanzler*, NWB 2017, 2260 (2268); *Seer*, in: Kirchhof, § 3a EStG, Rn. 3.

18 *Seer*, in: Kirchhof, § 3a EStG, Rn. 3.

19 *Krumm*, in: Brandis/Heuermann, § 3a EStG [Stand 12.2018], Rn. 32; *Eilers/Schwahn*, Sanierungssteuerrecht, Rn. 2.67 ff.; *Kahlert/Schmidt*, DStR 2017, 1897 (1903).

20 *Krumm*, in: Brandis/Heuermann, § 3a EStG [Stand 12.2018], Rn. 32.

21 *Eilers/Schwahn*, Sanierungssteuerrecht, Rn. 2.67 ff.

Abs. 1 S. 1 EStG aus; es wird gerade nicht der Sanierungsgewinn steuerfrei gestellt. Zudem wäre der Untergang von Steuerminderungspotenzialen in dem geregelten Umfang unnötig, fände bereits vor der Steuerfreiheit eine Verrechnung statt.[22] Mit der Steuerfreiheit einher geht die Beschränkung der Abzugsfähigkeit von korrespondierenden Aufwendungen und Verlusten (§ 3c Abs. 4 EStG).

2. Untergang von Steuerminderungspositionen

Der Untergang von Steuerminderungspotenzialen verhindert eine sachlich nicht gerechtfertigte Doppelbegünstigung durch die Steuerfreiheit des Sanierungsertrags.[23] Diese tritt ein, wenn etwaige Verluste, ihre Vorträge und andere Gewinnminderungspotenziale nach der Sanierung noch fortbestehen und in folgenden Veranlagungszeiträumen weitergenutzt werden können.[24] Für die Bestimmung der Höhe der unterzugehenden Steuerminderungspositionen dient zunächst der steuerfreie Sanierungsertrag als Ausgangsgröße. Von diesem werden die steuerlich nicht abziehbaren Sanierungskosten und -aufwendungen im Sinne von § 3c Abs. 4 EStG abgezogen (§ 3a Abs. 3 S. 1 EStG). Der sogenannte geminderte Sanierungsertrag entspricht daher dem Gewinn aus der Sanierungsoperation und ist Bezugsgröße für den Untergang der Steuerminderungspositionen (§ 3a Abs. 3 S. 2 EStG). Die so gewählte Höchstgrenze stellt damit den Untergang von Steuerminderungspositionen maximal in Höhe des Sanierungs*gewinns* sicher.[25] Ein Untergang in Höhe des Sanierungsertrags wäre vor dem Hintergrund des § 3c Abs. 4 EStG überschießend und damit nicht sachgerecht. Der Untergang von Steuerminderungspositionen vollzieht sich dann entsprechend der Reihenfolge des § 3a Abs. 3 S. 2 Nr. 1-13 EStG zunächst beim Steuerpflichtigen selbst (bei Zusammenveranlagung ist der Ehegatte mit einzubeziehen § 3a Abs. 3a EStG).[26] Verbleibt vom geminderten Sanierungsertrag noch ein Restbetrag, werden zum Wirtschaftsjahr der Übertragung bestehende Steuerminderungspotenziale bei einer nahestehenden Person ver-

22 Vgl. *Kahlert/Schmidt*, DStR 2017, 1897 (1903).

23 BT-Drs. 18/12128, S. 31.

24 BT-Drs. 18/12128, S. 31 f.

25 *Desens*, FR 2017, 981 (986); *Seer*, in: Kirchhof, § 3a EStG, Rn. 32.

26 Die Einbeziehung des Ehegatten als Verletzung des Subjektsteuerprinzips geißelnd *Kanzler*, NWB 2017, 2260 (2269).

braucht, wenn das Unternehmen innerhalb der letzten fünf Jahre von der nahestehenden Person auf den Steuerpflichtigen übertragen wurde (§ 3a Abs. 3 S. 3 EStG). Dabei handelt es sich um eine Anti-Missbrauchsklausel.[27] Sollte nach Anwendung dieser Regeln noch ein Restbetrag verbleiben, ist dieser sogenannte verbleibende Sanierungsertrag (§ 3a Abs. 3 S. 4 EStG) ohne weitere Kompensation endgültig steuerfrei. Wirtschaftlich betrachtet ist daher nur die Steuerbefreiung des verbleibenden Sanierungsertrags eine echte Steuerbefreiung.[28] Hinsichtlich der untergehenden Steuerminderungspositionen besteht der wirtschaftliche Vorteil allenfalls in der vorgezogenen Geltendmachung, hat also nur temporäre Effekte. Diese können je nach Fallgestaltung für das begünstigte Unternehmen einen beträchtlichen wirtschaftlichen Wert haben.

Für eine nähere Betrachtung der einzelnen untergehenden Steuerminderungspotenziale bieten sich zwei Perspektiven an. Zunächst lassen sich die Minderungspotenziale nach ihrer steuerlichen Herkunft betrachten. Mit Ausnahme der ersten und letzten Position (Nr. 1, 13) sind alle Steuerminderungspositionen Verluste oder Verlustvorträge. An erster Stelle (Nr. 1) steht ein bereits entstandener Aufwand. Alle abzuschreibenden Aufwendungen aus Verpflichtungs-/Erfüllungsübernahmen gem. § 4f EStG gehen unter mit Ausnahme der im Wirtschaftsjahr der Sanierung abgezogenen Beträge. Wirtschaftlich betrachtet werden bereits entstandene Aufwendungen vorgezogen, die eigentlich aufgrund des § 4f EStG nicht sofort, sondern über die folgenden 14 Jahre abgeschrieben werden. An letzter Stelle gehen Rechengrößen mit Bezug zur Zinsschrankenregelung unter.[29] Hinsichtlich des Verlustuntergangs lässt sich ein gewisses Schema feststellen. In den Nr. 2 bis Nr. 7 sind spezielle, schedulierte Verluste angesprochen. Es geht zunächst immer der Verlust des laufenden Jahres unter, bevor dann in der darauffolgenden Nummer der dazugehörige Verlustvortrag untergeht. Erst in den Nr. 8 bis Nr. 10 werden die allgemeinen Verlustpositionen angesprochen. Die zweite Perspektive ergibt sich aus der Frage, welche Verrechnungskreise des Steuerpflichtigen betroffen sind. Die Nr. 1 bis Nr. 8 stellen Steuerminderungspositionen aus dem zu sanierenden Unternehmen dar.[30] Bei Nr. 9 und Nr. 11 ist ausgeschlossen, dass sie aus dem zu sanierenden Unternehmen

---

27 *Desens*, FR 2017, 981 (989); *Sistermann/Beutel*, DStR 2017, 1065 (1067); *Kanzler*, NWB 2017, 2260 (2271).

28 *Seer*, in: Kirchhof, § 3a EStG, Rn. 34; *Levedag*, in: Schmidt, § 3a EStG, Rn. 37.

29 Dazu unten Kapitel 2:A.I.2.e) ab S. 25.

30 *Levedag*, in: Schmidt, § 3a EStG, Rn. 39; *Seer*, in: Kirchhof, § 3a EStG, Rn. 32.

stammen.[31] Sie können nur aus anderen Verrechnungskreisen (d. h. anderen Einkunftsarten/-quellen) des Steuerpflichtigen stammen. Die Nr. 10, 12, 13 können sich sowohl auf das zu sanierende Unternehmen als auch auf andere Verrechnungskreise beziehen.[32]

a) Verlust und Verlustvorträge bestimmter Einkünfte im Sinne des § 15 Abs. 4 EStG (§ 3a Abs. 3 S. 2 Nr. 6, 7 EStG)

Die Verluste aus gewerblicher Tierzucht/-haltung, bestimmten Termingeschäften und Verlusten aus diversen Beteiligungssachverhalten sind jeweils nach § 15 Abs. 4 EStG nicht mit anderen Gewinnen verrechenbar. Soweit ein ausreichend hoher verminderter Sanierungsertrag entsteht, gehen diese Verluste zwecks Kompensation unter. Wie sich aus einer Zusammenschau mit § 3a Abs. 3 S. 2 Nr. 11 lit. c EStG ergibt, sind die Nr. 6 und 7 nur dann einschlägig, wenn der zu sanierende Betrieb die schedulierten Verluste erlitten hat.[33] Sind bei dem Steuerpflichtigen Verluste oder Vorträge gemäß § 15 Abs. 4 EStG aufgelaufen, die nicht im zu sanierenden Betrieb entstanden sind, dann gehen diese erst gemäß § 3a Abs. 3 S. 2 Nr. 11 lit. c EStG unter.

b) Laufender Verlust des zu sanierenden Unternehmens (§ 3a Abs. 3 S. 2 Nr. 8 EStG)

Erst an achter Stelle geht ein laufender Verlust des Sanierungsjahres unter. Dazu zählt auch ein Verlust aus der weiteren Rechtsfolge des § 3a Abs. 1 S. 2 EStG.[34] Verlust ist insoweit der steuerliche Verlust des Veranlagungszeitraums und nicht der bilanzielle Verlust.[35] Wird bei der bilanziellen Gewinnermittlung der Sanierungsgewinn mit dem laufenden Verlust verrechnet, sorgt die Steuerfreiheit des Sanierungsertrags für den außerbilanziellen

---

31 Kritisch *Desens*, FR 2017, 981 (986).

32 *Desens*, FR 2017, 981 (986), der für eine Beschränkung plädiert.

33 So iErg auch *Seer*, in: Kirchhof, § 3a EStG, Rn. 39; *Bleschick*, in: BeckOK EStG, § 3a EStG [Stand 10.2020], Rn. 412, 418.

34 *Förster/Hechtner*, DB 2017, 1536 (1541); *Krumm*, in: Brandis/Heuermann, § 3a EStG [Stand 12.2018], Rn. 43; *Seer*, in: Kirchhof, § 3a EStG, Rn. 40. Siehe dazu auch unter Kapitel 2:A.I.3 ab S. 26.

35 So aber *Hallerbach*, in: H/H/R, § 3a EStG [Stand 08.2019], Rn. 37, die den Anwendungsbereich dieser Nummer in Frage stellt.

Abzug dieses Ertrags.[36] Der steuerliche Verlust ist daher um die Effekte der Sanierung bereinigt. Schreibt das Unternehmen ohne den Sanierungsertrag einen Verlust, wird dieser zur wirtschaftlichen Neutralisierung der Steuerbefreiung eingesetzt.

c) Ausgleichsfähige Verluste aus allen Einkunftsarten (§ 3a Abs. 3 S. 2 Nr. 9 EStG)

Unmittelbar nach Untergang des laufenden Verlustes des zu sanierenden Unternehmens ordnet § 3a Abs. 3 S. 2 Nr. 9 EStG den Untergang aller laufenden Verluste an. Diese Regelung zielt auf den Steuerpflichtigen ab und nicht auf das zu sanierende Unternehmen.[37] Trotzdem umfasst der Bezug zum Steuerpflichtigen auch das zu sanierende Unternehmen.[38] Allein die Nachrangigkeit zu Nr. 8 schließt Verluste des sanierten Unternehmens aus, da diese bereits verbraucht sind. Es werden daher nur Verluste umfasst, die zu anderen Verrechnungskreisen gehören.[39] Auslegungszweifel bestehen hinsichtlich der vorrangigen Saldierung von Verlusten. Die Gesetzesbegründung geht von einer vorrangigen horizontalen Verrechnung von Verlusten aus.[40] Das bedeutet, innerhalb einer Einkunftsart können Gewinne und Verluste verrechnet werden. Fraglich ist aber, ob dies auch über die verschiedenen Einkunftsarten hinweg gilt (vertikaler Verlustausgleich). Befürworter wie Gegner stellen bei ihrem Auslegungsergebnis vornehmlich auf den Wortlaut ab. Gegen einen vertikalen Verlustausgleich wird die ausdrückliche Nennung von allen Einkunftsarten im Gesetzestext angeführt.[41] Überwiegend wird aber eine vorrangige Saldierung der Verluste und Gewinne aus allen Einkunftsarten vertreten.[42] Der im Singular genannte Verlust impliziere die Saldierung sämtlicher Einkunftsarten.[43] Außerdem

---

36 *Seer*, in: Kirchhof, § 3a EStG, Rn. 40.

37 *Förster/Hechtner*, DB 2017, 1536 (1541).

38 *Desens*, FR 2017, 981 (986).

39 *Desens*, FR 2017, 981 (986).

40 BT-Drs. 18/12128, S. 32.

41 *Förster/Hechtner*, DB 2017, 1536 (1541).

42 *Desens*, FR 2017, 981 (987); *Seer*, in: Kirchhof, § 3a EStG, Rn. 41; *Krumm*, in: Brandis/Heuermann, § 3a EStG [Stand 12.2018], Rn. 44; *Hallerbach*, in: H/H/R, § 3a EStG [Stand 08.2019], Rn. 37.

43 Ausführlich *Desens*, FR 2017, 981 (987); ihm folgend *Krumm*, in: Brandis/Heuermann, § 3a EStG [Stand 12.2018], Rn. 44; *Hallerbach*, in: H/H/R, § 3a EStG [Stand 08.2019], Rn. 37.

werde die vertikale Verrechnung auch dem objektiven Nettoprinzip stärker gerecht.[44]

d) Verlustvortrag nach § 10d Abs. 2 EStG ungeachtet der Mindestbesteuerung (§ 3a Abs. 3 S. 2 Nr. 10 EStG)

An zehnter Rangstelle der zu mindernden Positionen steht der nach § 10d Abs. 4 EStG festgestellte Verlustvortrag. Der Untergang des Vortrags erfolgt ohne Rücksicht auf die Mindestbesteuerung des § 10d Abs. 2 EStG; diese ist insoweit aufgehoben. Bemerkenswert ist die Abweichung von der sonst vorherrschenden Systematik, direkt an den Untergang des Verlustes des Wirtschaftsjahres den Untergang des entsprechenden Verlustvortrages anzuordnen. Wohl aus rechtspraktischen Gründen hat der Gesetzgeber darauf verzichtet, nach dem Untergang der laufenden Verluste des Unternehmens in Nr. 8, den auf das Unternehmen bezogenen Verlustvortrag an neunter Stelle untergehen zu lassen. Der allgemeine Verlustvortrag nach § 10d Abs. 4 EStG differenziert nicht nach der Verlustquelle, weshalb ein Herausgreifen des unternehmensbezogenen Verlustvortrags gar nicht oder nur mit erheblichem Aufwand möglich wäre. Daher korrespondiert der Verlustvortrag systematisch sowohl mit dem laufenden Verlust aus Nr. 8 als auch aus Nr. 9.

e) Minderung des Zins- und EBITDA-Vortrages (§ 3a Abs. 3 S. 2 Nr. 13 EStG)

Vielfach kritisiert wird die Einbeziehung des Zins- (lit. a) und EBITDA-Vortrags (lit. b) in die untergehenden Steuerminderungspositionen.[45] Zins- und EBITDA-Vortrag sind Steuerminderungspositionen aus der Zinsschrankenregelung des § 4h EStG.[46] Sind Zinsaufwendungen wegen der Anwendung von § 4h EStG in einem Veranlagungszeitraum nicht abzugsfähig, werden sie vorgetragen (Zinsvortrag) und können unter bestimmten Voraussetzungen in nachfolgenden Veranlagungszeiträumen abgezogen werden. Der Gesetzgeber hat die Einbeziehung dieses Zinsvortrags in die

---

44 *Seer*, in: Kirchhof, § 3a EStG, Rn. 41, der den Wortlaut für uneindeutig hält.

45 *Desens*, FR 2017, 981 (988); *Seer*, in: Kirchhof, § 3a EStG, Rn. 51 f.; *Hallerbach*, in: H/H/R, § 3a EStG [Stand 08.2019], Rn. 41.

46 Kurzer Überblick bei *Loschelder*, in: Schmidt, § 4h EStG, Rn. 12 f.

untergehenden Steuerminderungspositionen des § 3a Abs. 3 EStG mit der Gleichstellung zu denjenigen Fällen begründet, in denen die Zinsaufwendungen im Falle ihrer Abzugsfähigkeit zu einem Verlustvortrag geführt hätten.[47] In der Literatur wird dem entgegengehalten, die gesetzgeberische Unterstellung, Zinsaufwendungen hätten bei ihrer Abzugsfähigkeit zu vortragsfähigen Verlusten geführt, sei nicht sachgerecht.[48] Dies entspreche nicht dem typischen Fall der Zinsschrankenregelung und sei überdies auch nicht von ihrer Zwecksetzung gedeckt.[49] Wenn der typische Fall so gelagert wäre, hätte der Gesetzgeber die Zinsschrankenregelung nicht einführen dürfen.[50] Eine teleologische Reduktion des § 3a Abs. 3 Nr. 13 EStG kann mit diesen Argumenten jedoch nicht gefordert werden.

3. Ausübung steuermindernder Wahlrechte

Wenn ein steuerfreier Sanierungsertrag im Sinne des § 3a Abs. 1 S. 1 EStG vorliegt, dann sieht § 3a Abs. 1 S. 2, 3 EStG eine Pflicht zur gewinnmindernden Ausübung steuerlicher Wahlrechte im Jahr der Sanierung und im darauffolgenden Jahr vor. Diese Rechtsfolge steht selbstständig neben der Steuerfreiheit und ist zwingend; ihre Nichtbefolgung stellt die Steuerfreiheit des Sanierungsertrags nicht infrage.[51] Sie ist daher keine Option aus der Anwendung des § 3a EStG, sofern die Rechtsfolgen für den Steuerpflichtigen ungünstig oder unerwünscht sind.[52] Zweck der Regelung ist die Schaffung eines größtmöglichen Verlustes, der eine doppelte Verlustnutzung und damit Überprivilegierung ausschließen soll.[53] Nur wenn der Steuerpflichtige alle Verluste aufdeckt und damit eine möglichst hohe Summe an Verlustverrechnungspotenzialen schafft, ist die Steuerfreiheit des Sanierungsertrags gerechtfertigt. Divergenzen zwischen Zwecksetzung und Wortlaut der Norm führen aber zu offenen Auslegungsfragen. Unsicherheiten bestehen bei der Frage, welche Wahlrechte von der Rechtsfolgenanordnung umfasst

---

47 BT-Drs. 18/12128, S. 32.

48 *Desens*, FR 2017, 981 (988); *Seer*, in: Kirchhof, § 3a EStG, Rn. 52.

49 *Desens*, FR 2017, 981 (988); *Hallerbach*, in: H/H/R, § 3a EStG [Stand 08.2019], Rn. 41.

50 *Hallerbach*, in: H/H/R, § 3a EStG [Stand 08.2019], Rn. 41; *Desens*, FR 2017, 981 (988).

51 *Kahlert/Schmidt*, DStR 2017, 1897 (1902); *Möhlenbrock/Gragert*, FR 2017, 994 (996); aA *Seer*, in: Kirchhof, § 3a EStG, Rn. 15.

52 *Förster/Hechtner*, DB 2017, 1536 (1542); dies verkennend *Skauradszun*, ZIP 2018, 1901 (1904).

53 BT-Drs. 18/12128, S. 31 f.; *Desens*, FR 2017, 981 (988 f.); *Hallerbach*, in: H/H/R, § 3a EStG [Stand 08.2019], Rn. 3.

sind. Ebenfalls zweifelhaft ist, ob hinsichtlich der zwangsweisen Ausübung von steuerlichen Wahlrechten eine teleologische Reduktion der Vorschrift angezeigt ist. Für eine am Regelungszweck orientierte Auslegung reicht es aus, wenn die Wahlrechte nur insoweit zwangsweise ausgeübt werden müssen, wie es der verminderte Sanierungsertrag (§ 3a Abs. 3 S. 1 EStG) abzüglich der vorrangig in § 3a Abs. 3 S. 2 Nr. 1-7 EStG untergehenden Steuerminderungspositionen erfordert. Die parallele Problematik ergibt sich für den Zwang zur gewinnmindernden Ausübung der steuerlichen Wahlrechte im nachfolgenden Jahr über § 3a Abs. 3 S. 2 Nr. 12 EStG. An zwölfter Position des § 3a Abs. 3 S. 2 EStG wird der Untergang von Verlusten des Folgejahres angeordnet. Eine gewinnmindernde Ausübung der Wahlrechte wäre ebenfalls nur zweckmäßig, wenn sie zu Verlusten führten, auf die es beim gestuften Untergang der Steuerminderungspositionen noch ankommt.

a) Umfasste Wahlrechte

Vom Wortlaut des § 3a Abs. 1 S. 2 EStG sind alle steuerlichen Wahlrechte umfasst.[54] Ausgeschlossen von der obligatorischen Wahlrechtsausübung sind damit handelsrechtliche Wahlrechte, selbst wenn sie wegen des Grundsatzes der Maßgeblichkeit steuermindernd wirken.[55] Steuerliche Wahlrechte sind alle Wahlrechte, die ohne Bindung an die Handelsbilanz ausgeübt werden können, egal ob sie bilanziell oder außerbilanziell wirken.[56] Nach überwiegender Ansicht sind von der Norm allerdings nur die gesetzlichen Wahlrechte umfasst und nicht solche, die durch Verwaltungsvorschrift gewährt werden.[57]

Ausdrücklich in § 3a Abs. 1 S. 3 EStG genannt – und damit von der Rechtsfolge umfasst – ist die Teilwertabschreibung. Allerdings wird diskutiert, ob wegen des klaren Wortlauts jede Teilwertabschreibung[58] erfasst ist oder vor dem Hintergrund von § 8b Abs. 3 S. 3 KStG bloß steuerwirksame

54 Beispielhafte Aufzählung bei *Bleschick*, in: BeckOK EStG, § 3a EStG [Stand 10.2020], Rn. 256.

55 *Hallerbach*, in: H/H/R, § 3a EStG [Stand 08.2019], Rn. 17.

56 *Levedag*, in: Schmidt, § 3a EStG, Rn. 35.

57 *Desens*, FR 2017, 981 (989); *Hallerbach*, in: H/H/R, § 3a EStG [Stand 08.2019], Rn. 17; *Levedag*, in: Schmidt, § 3a EStG, Rn. 35; aA *Förster/Hechtner*, DB 2017, 1536 (1542).

58 So *Krumm*, in: Brandis/Heuermann, § 3a EStG [Stand 12.2018], Rn. 34.

Teilwertabschreibungen[59] vorzunehmen seien. Der Normzweck, Doppelbegünstigungen durch Aufdeckung aller Verlustpotenziale zu vermeiden, lässt sich nur bei Steuerwirksamkeit des Wahlrechts erreichen.

Ein weiterer Streitpunkt ist die Anwendbarkeit auf steuerliche Sonder- und Subventionswahlrechte (§§ 6b, 6c, 7g EStG).[60] Dies ist eng verknüpft mit der Frage, ob über die Hebung stiller Lasten hinaus auch die Auflösung stiller Reserven verhindert werden soll.[61] Eine zwingende Ausübung der Wahlrechte wird als zweckwidrig angesehen. Die vom Gesetzgeber befürchtete Doppelbegünstigung durch Steuerfreiheit des Sanierungsertrags und die Rettung von bestehenden Steuerminderungspotenzialen für spätere Veranlagungszeiträume könne gar nicht eintreten.[62] Durch die Wahlrechte der §§ 6b, 7g EStG seien zukünftige Investitionen privilegiert, eine Rettung von Steuerminderungspotenzialen finde bei ihrer Nichtausübung mithin nicht statt.[63] Die Besteuerung der stillen Reserven werde durch die Subventionswahlrechte nur in spätere Veranlagungszeiträume verlagert, eine endgültige Steuerminderung gebe es hingegen nicht.[64] Gegen eine Anwendung spreche auch die Belastung mit Zins- und Zuschlagsfolgen bei späterer Nichtinvestition.[65]

---

59 *Kahlert/Schmidt*, DStR 2017, 1897 (1902); *Eilers/Schwahn*, Sanierungssteuerrecht, Rn. 2.71 ff.; *Förster/Hechtner*, DB 2017, 1536 (1543); *Seer*, in: Kirchhof, § 3a EStG, Rn. 17; *Hallerbach*, in: H/H/R, § 3a EStG [Stand 08.2019], Rn. 17.

60 Dafür *Kanzler*, NWB 2017, 2260 (2265); *Desens*, FR 2017, 981 (989); *Bleschick*, in: BeckOK EStG, § 3a EStG [Stand 10.2020], Rn. 255; dagegen *Förster/Hechtner*, DB 2017, 1536 (1542 f.); *Sistermann/Beutel*, DStR 2017, 1065 (1067); *Levedag*, in: Schmidt, § 3a EStG, Rn. 34; *Seer*, in: Kirchhof, § 3a EStG, Rn. 18; *Kahlert/Schmidt*, DStR 2017, 1897 (1902); *Möhlenbrock/Gragert*, FR 2017, 994 (996); *Hallerbach*, in: H/H/R, § 3a EStG [Stand 08.2019], Rn. 17.

61 Dies ablehnend *Krumm*, in: Brandis/Heuermann, § 3a EStG [Stand 12.2018], Rn. 34, der Steuerpflichtige sei so im Anschluss an die Veräußerung von Grundbesitz nicht verpflichtet, die Hebung der stillen Reserven durch die Möglichkeiten des § 6b EStG zu verhindern; *Seer*, in: Kirchhof, § 3a EStG, Rn. 18.

62 *Hallerbach*, in: H/H/R, § 3a EStG [Stand 08.2019], Rn. 17.

63 *Kahlert/Schmidt*, DStR 2017, 1897 (1902); vgl. auch *Möhlenbrock/Gragert*, FR 2017, 994 (996).

64 *Kahlert/Schmidt*, DStR 2017, 1897 (1902).

65 *Förster/Hechtner*, DB 2017, 1536 (1542 f.); *Levedag*, in: Schmidt, § 3a EStG, Rn. 34.

b) Beschränkung der obligatorischen Wahlrechtsausübung auf Höhe des Sanierungsgewinns

Durch die Steuerfreistellung des Sanierungsertrags ist eine Verrechnung mit anderen Erträgen und Aufwendungen nicht möglich. Er bleibt daher bei der Berechnung des steuerlichen Gewinns/Verlustes unberücksichtigt. Isoliert betrachtet kann die gewinnmindernde Ausübung steuerlicher Wahlrechte daher keine Wirkung im Rahmen des § 3a EStG haben. Erst wenn sie zu einem steuerlichen Verlust führt oder diesen vergrößert, wird durch § 3 Abs. 3 S. 2 Nr. 8 EStG dieser Verlust im Rahmen des Untergangs der Steuerminderungspositionen verwertet.[66] Ist der laufende Gewinn eines Jahres größer als der durch die Wahlrechtsausübung entstandene Verlust, dann führt dies bei den Steuerpflichtigen lediglich zu einer Verringerung der Bemessungsgrundlage der laufenden Steuer, bei Einkommensteuersubjekten kann es noch zu Progressionseffekten kommen.[67] Ist der durch die Ausübung steuerlicher Wahlrechte aufdeckbare Verlust größer als der Sanierungsertrag abzüglich der Sanierungskosten, kann der übersteigende Teil der Verluste denklogisch kein Steuerminderungspotenzial im Sinne von § 3a Abs. 3 S. 2 EStG haben. Es wird daher von einigen Vertretern eine teleologische Reduktion im Sinne einer betragsmäßigen Beschränkung der auszuübenden Wahlrechte gefordert. Die Pflicht soll maximal bis zur Höhe des geminderten Sanierungsertrags bestehen.[68] Weitergehend wird aber auch die Berücksichtigung des bereits nach § 3a Abs. 3 S. 2 Nr. 1-7 EStG erfolgten Untergangs von Steuerminderungspositionen vertreten und damit nur eine zwangsweise Ausübung der Wahlrechte, wenn sie sich über § 3a Abs. 3 S. 2 Nr. 8 EStG tatsächlich auswirken können.[69] Die Zwangsausübung wäre dann eine gedachte Annexrechtsfolge zu § 3a Abs. 3 S. 2 Nr. 8 EStG. Die Gegenansicht verneint eine solche Auslegung im Hinblick auf den klaren Wortlaut und die praktischen Probleme bei der Reihenfolge und Auswahl der dann selektiv auszuübenden Wahlrechte.[70] Solche Auswahlprobleme können dann entstehen, wenn die Höhe des geminderten

66 *Hallerbach*, in: H/H/R, § 3a EStG [Stand 08.2019], Rn. 17; *Bleschick*, in: BeckOK EStG, § 3a EStG [Stand 10.2020], Rn. 252.

67 *Hallerbach*, in: H/H/R, § 3a EStG [Stand 08.2019], Rn. 17.

68 *Möhlenbrock/Gragert*, FR 2017, 994 (996); *Krumm*, in: Brandis/Heuermann, § 3a EStG [Stand 12.2018], Rn. 34; jetzt wohl auch *Levedag*, in: Schmidt, § 3a EStG, Rn. 32, der eine teleologische Reduktion hinsichtlich des geminderten Sanierungsertrags vertritt.

69 *Förster/Hechtner*, DB 2017, 1536 (1543); *Seer*, in: Kirchhof, § 3a EStG, Rn. 16.

70 *Desens*, FR 2017, 981 (989); *Hallerbach*, in: H/H/R, § 3a EStG [Stand 08.2019], Rn. 17.

Sanierungsertrags eine Anwendung der Nr. 8 noch erfordert, allerdings nicht in voller Höhe.

II. Persönlicher Anwendungsbereich

Die Sanierungsprivilegierung des § 3a EStG findet auf beschränkt und unbeschränkt steuerpflichtige Personen und über § 8 Abs. 1 KStG auch auf Kapitalgesellschaften und andere körperschaftsteuerpflichtige Subjekte Anwendung.[71]

III. Sachlicher Anwendungsbereich

Sachliche Voraussetzungen für die Anwendung des § 3a EStG sind die Sanierungsbedürftigkeit und -fähigkeit des begünstigten Unternehmens, die Sanierungseignung des betrieblich begründeten Schuldenerlasses und die Sanierungsabsicht des Gläubigers. Damit entspricht der sachliche Anwendungsbereich des § 3a EStG im Wesentlichen dem Sanierungserlass[72] und den Vorgängernormen des EStG (§ 3 Nr. 66 EStG a.F.) sowie des KStG (§ 11 Nr. 4 KStG a.F.).[73] Daher lassen sich die von der Rechtsprechung dazu entwickelten Auslegungsgrundsätze auf die neue Rechtslage übertragen.

1. Sanierungsbedürftigkeit

Sanierungsbedürftig ist ein Unternehmen, wenn es bei objektiver Betrachtung vom Zusammenbruch bedroht ist.[74] Eine solche Situation liegt dann vor, wenn ohne die Sanierung bei Abdeckung der bestehenden Verpflichtungen nicht genügend Betriebssubstanz erhalten werden kann, um eine

---

71 *Levedag*, in: Schmidt, § 3a EStG, Rn. 9; *Seer*, in: Kirchhof, § 3a EStG, Rn. 5.

72 Bundesministerium der Finanzen, 27.03.2003, IV A 6-S 2140-8/03, Ertragsteuerliche Behandlung von Sanierungsgewinnen; Steuerstundungen und Steuererlass aus sachlichen Billigkeitsgründen, BStBl I 2003, 240.

73 BT-Drs. 18/12128, S. 31; BFH, Urt. v. 12.12.2013 – X R 39/10, BFHE 244, 485 = BStBl II 2014, 572.

74 BFH, Urt. v. 20.02.1986 – IV R 172/84.

erfolgreiche Weiterführung des Betriebs zu gewährleisten.[75] Das ist spätestens dann der Fall, wenn das Unternehmen infolge einer Zahlungsunfähigkeit von der Insolvenz bedroht ist.[76] Überschuldung allein ist dagegen kein Grund, Sanierungsbedürftigkeit anzunehmen, wenn dies nicht die Verpflichtung zur Stellung eines Insolvenzantrags begründet.[77] Gleichwohl ist das Vorliegen von Insolvenzantragsgründen oder die Eröffnung des Insolvenzverfahrens kein selbstständiger Grund für die Annahme der Sanierungsbedürftigkeit.[78] Es ist eine eigenständige steuerrechtliche Prüfung erforderlich. Nach ständiger Rechtsprechung ist in Zweifelsfällen für die Frage der Sanierungsbedürftigkeit eine Prognoseentscheidung unter Einbeziehung der Ertragslage, der Höhe des Betriebsvermögens vor und nach der Sanierung, der Kapitalverzinsung durch die Erträge des Unternehmens, des Verhältnisses der flüssigen Mittel zur Höhe der Schuldenlast und der Gesamtleistungsfähigkeit des Unternehmens vorzunehmen.[79] Beurteilungszeitpunkt ist die Vornahme der Sanierungshandlung, spätere Umstände werden weder zugunsten noch zulasten des Steuerpflichtigen berücksichtigt.[80] Bei Einzelkaufleuten und Personengesellschaften ist zudem noch das Privatvermögen des unbeschränkt haftenden Gesellschafters zu berücksichtigen.[81] Kann der erforderliche Finanzbedarf statt durch eine Sanierung auch aus dem Privatvermögen gedeckt werden, liegt keine Sanierungsbedürftigkeit vor.[82] Auch umgekehrt ist die finanzielle Situation der persönlich haftenden Gesellschafter für die Stellung der Gesellschaft gegenüber Kreditgebern und anderen Geschäftspartnern entscheidend. Spitzt sich die

---

75 BFH, Urt. v. 10.04.2003 – IV R 63/01, BFHE 202, 452 = BStBL II 2004, 9; BFH, Urt. v. 16.05.2002 – IV R 11/01, BFHE 199, 278 = BStBl II 2002, 854.

76 BFH, Urt. v. 20.02.1986 – IV R 172/84; OFD Niedersachsen, 12.07.2017, S 2140-8-St-244, I.2.3.1.

77 BFH, Urt. v. 14.03.1990 – I R 64/85, BFHE 161, 28 = BStBl II 1990, 810.

78 *Seer*, in: Kirchhof, § 3a EStG, Rn. 20, unter Verweis auf strategische Insolvenzen; *Bodden*, in: K/C/S/S, § 3a EStG, Rn. 47; *Hallerbach*, in: H/H/R, § 3a EStG [Stand 08.2019], Rn. 27.

79 BFH, Urt. v. 27.01.1998 – VIII R 64/96, BFHE 186, 12 = BStBl II 1998, 537; BFH, Urt. v. 14.03.1990 – I R 64/85, BFHE 161, 28 = BStBl II 1990, 810; BFH, Urt. v. 22.11.1983 – VIII R 14/81, BFHE 140, 521 = BStBl II 1984, 472; BFH, Urt. v. 19.03.1993 – III R 79/91; BFH, Urt. v. 03.12.1963 – I 375/60 U, BFHE 78, 327.

80 BFH, Urt. v. 20.02.1986 – IV R 172/84; BFH, Urt. v. 14.03.1990 – I R 64/85, BFHE 161, 28 = BStBl II 1990, 810; BFH, Urt. v. 19.03.1993 – III R 79/91.

81 BFH, Urt. v. 20.02.1986 – IV R 172/84; BFH, Urt. v. 10.04.2003 – IV R 63/01, BFHE 202, 452 = BStBL II 2004, 9.

82 BFH, Urt. v. 10.04.2003 – IV R 63/01, BFHE 202, 452 = BStBL II 2004, 9.

private finanzielle Situation bei diesen Gesellschaftern zu, kann sich auch daraus die Sanierungsbedürftigkeit der Gesellschaft ergeben.[83]

2. Sanierungsfähigkeit und Sanierungseignung

Sanierungsfähigkeit und -eignung sind logisch miteinander verknüpfte Tatbestandsmerkmale, die aufeinander aufbauen.[84] Sanierungsfähigkeit ist nur dann gegeben, wenn nach (bestmöglicher) Sanierung das Unternehmen wieder wettbewerbs- und damit auch ertragsfähig werden kann.[85] Sanierungseignung bezeichnet dann die nachfolgende Verengung der Perspektive auf die Geeignetheit des konkreten Schulderlasses. Es ist zu prüfen, ob der tatsächlich vorgenommene Erlass alleine oder zusammen mit anderen geplanten Sanierungsmaßnahmen das Überleben des Unternehmens sicherstellen kann.[86] Deshalb wird die Sanierungsfähigkeit von der Rechtsprechung implizit oder explizit im Zusammenhang mit der Sanierungseignung geklärt: Ist die konkrete Maßnahme geeignet, muss auch die Sanierungsfähigkeit gegeben sein.[87]

Überleben meint nicht nur die Bewahrung vor dem Zusammenbruch, sondern setzt zwingend auch die Wiederherstellung der Ertragsfähigkeit voraus – ggf. nach einer Erholungsphase.[88] Die Bewahrung vor dem Zusammenbruch allein kann einen Steuerverzicht nicht rechtfertigen.[89] Das Unternehmen muss sich danach am Markt behaupten können, ansonsten verfehlt die Steuerbefreiung den Zweck, nur eine wirkliche Unternehmensgesundung zu fördern.[90] Beurteilungszeitpunkt ist der Abschluss der Sanie-

83 BFH, Urt. v. 12.12.2013 – X R 39/10, BFHE 244, 485 = BStBl II 2014, 572; BFH, Urt. v. 27.01.1998 – VIII R 64/96, BFHE 186, 12 = BStBl II 1998, 537; BFH, Urt. v. 22.04.1998 – XI R 48/95.

84 *Krumm*, in: Brandis/Heuermann, § 3a EStG [Stand 12.2018], Rn. 25; *Hallerbach*, in: H/H/R, § 3a EStG [Stand 08.2019], Rn. 28; *Seer*, in: Kirchhof, § 3a EStG, Rn. 21, "systematische Vorfrage".

85 *Eilers/Schwahn*, Sanierungssteuerrecht, Rn. 2.52 f. ff.

86 BFH, Urt. v. 20.02.1986 – IV R 172/84; BFH, Urt. v. 17.11.2004 – I R 11/04; BFH, Urt. v. 19.03.1993 – III R 79/91; BFH, Urt. v. 12.12.2013 – X R 39/10, BFHE 244, 485 = BStBl II 2014, 572.

87 *Seer*, in: Kirchhof, § 3a EStG, Rn. 21; vgl. nur BFH, Urt. v. 20.02.1986 – IV R 172/84.

88 BFH, Urt. v. 12.12.2013 – X R 39/10, BFHE 244, 485 = BStBl II 2014, 572; BFH, Urt. v. 22.01.1985 – VIII R 37/84, BFHE 143, 420 = BStBl II 1985, 501.

89 BFH, Urt. v. 22.01.1985 – VIII R 37/84, BFHE 143, 420 = BStBl II 1985, 501.

90 Vgl. BFH, Urt. v. 22.01.1985 – VIII R 37/84, BFHE 143, 420 = BStBl II 1985, 501.

rungsvereinbarung, weshalb eine Prognose über den Erfolg der Sanierung anzustellen ist.[91] Sind unterschiedliche z.T. auch gestufte Maßnahmen geplant, dann können diese zusammen gewürdigt werden, wenn sie auf einem einheitlichen Willensentschluss beruhen.[92] Für die Prognose sind alle Umstände heranzuziehen, die Einfluss auf die Ertragsaussichten haben können, insbesondere sind dies Höhe der Verschuldung, Höhe des Erlasses, Gründe für die wirtschaftliche Schieflage, im Marktumfeld erzielbare Erträge.[93]

3. Sanierungsabsicht

Sanierungsabsicht liegt immer dann vor, wenn der Gläubiger zum Zwecke der Sanierung des Schuldners Schulden erlässt.[94] Es kommt nur auf die Absicht an, den Zusammenbruch des Unternehmens zu verhindern und die finanzielle Gesundung des Schuldners herbeizuführen.[95] Trotzdem muss der Gläubiger nicht aus rein selbstlosen Motiven einen Erlass erklären.[96] In ständiger Rechtsprechung hat es der Bundesfinanzhof für ausreichend erklärt, wenn die Sanierungsabsicht neben die eigennützigen Motive des Gläubigers tritt.[97] Zu solchen eigennützigen Motiven zählen alle eigenbetrieblichen Interessen des Gläubigers, also Aufrechterhaltung der Liefer-/Geschäftsbeziehungen oder die Rettung zumindest eines Teils der Forderung(en).[98] Sprechen sämtliche oder zumindest mehrere Gläubiger einen (Teil-)Erlass aus und handeln damit im sogenannten Gläubigerakkord, wird die Sanierungsabsicht vermutet.[99] Tragende Erwägung für diese Ver-

91 BFH, Urt. v. 19.03.1993 – III R 79/91.

92 *Eilers/Schwahn*, Sanierungssteuerrecht, Rn. 2.54 ff.

93 Siehe Aufzählung bei OFD Niedersachsen, 12.07.2017, S 2140-8-St-244, I.2.3.2.

94 BFH, Urt. v. 27.01.1998 – VIII R 64/96, BFHE 186, 12 = BStBl II 1998, 537; BFH, Urt. v. 19.03.1993 – III R 79/91.

95 *Förster/Hechtner*, DB 2017, 1536 (1538).

96 *Seer*, in: Kirchhof, § 3a EStG, Rn. 27.

97 BFH, Urt. v. 19.03.1993 – III R 79/91; BFH, Urt. v. 12.10.2005 – X R 20/03; BFH, Urt. v. 16.05.2002 – IV R 11/01, BFHE 199, 278 = BStBl II 2002, 854; BFH, Urt. v. 10.04.2003 – IV R 63/01, BFHE 202, 452 = BStBL II 2004, 9; BFH, Urt. v. 15.10.1997 – I R 103/93; BFH, Urt. v. 27.01.1998 – VIII R 64/96, BFHE 186, 12 = BStBl II 1998, 537; BFH, Urt. v. 17.11.2004 – I R 11/04; BFH, Urt. v. 26.02.1988 – III R 257/84.

98 BFH, Urt. v. 17.11.2004 – I R 11/04; BFH, Urt. v. 27.01.1998 – VIII R 64/96, BFHE 186, 12 = BStBl II 1998, 537.

99 BFH, Urt. v. 28.02.1989 – VIII R 303/84, BFHE 157, 51 = BStBl II 1989, 711; BFH, Urt. v. 17.11.2004 – I R 11/04; BFH, Urt. v. 10.04.2003 – IV R 63/01, BFHE 202, 452 = BStBL

mutung ist die geringere Wahrscheinlichkeit allein egoistischer Interessenverfolgung bei gleichgerichtetem Vorgehen mehrerer Gläubiger.[100] Genauer geprüft wird die Sanierungsabsicht hingegen, wenn nur ein oder einzelne Gläubiger Schulden erlassen.[101] Auch hier sind an die Sanierungsabsicht keine hohen Anforderungen zu stellen.[102] Es müssen dann alle Indizien, die gegen eine Sanierungsabsicht sprechen könnten, zur Beurteilung herangezogen werden.[103] Gegen die Sanierungsabsicht spricht beispielsweise, wenn die Fortführung der Geschäftsbeziehung gerade für den erlassenden Gläubiger von entscheidender Bedeutung ist.[104]

4. Betrieblich begründeter Schuldenerlass

Wurde vor Geltung des § 3a EStG unter dem Gesichtspunkt der Sanierungsabsicht der tatbestandsmäßige Ausschluss gesellschaftsrechtlich veranlasster Erlasse diskutiert, hat sich dies mit der Aufnahme des betrieblich begründeten Forderungserlasses in den Tatbestand erledigt.[105] Nur betrieblich begründete Schuldenerlasse sind tatbestandsmäßig und können von der Sanierungsbegünstigung des § 3a EStG umfasst sein. Damit werden privat oder gesellschaftsrechtlich veranlasste Erlasse aus dem Anwendungsbereich ausgegrenzt.[106] Aus privaten Gründen motivierte Schuldenerlasse weisen eine gewisse Nähe zu freigebigen Zuwendungen auf und dürften nur bei privaten Näheverhältnissen in Betracht kommen.[107] Relevant wird das

II 2004, 9; BFH, Urt. v. 16.05.2002 – IV R 11/01, BFHE 199, 278 = BStBl II 2002, 854; BFH, Urt. v. 12.10.2005 – X R 20/03; BFH, Urt. v. 19.03.1993 – III R 79/91.

100 BFH, Urt. v. 12.10.2005 – X R 20/03; BFH, Urt. v. 16.05.2002 – IV R 11/01, BFHE 199, 278 = BStBl II 2002, 854; BFH, Urt. v. 10.04.2003 – IV R 63/01, BFHE 202, 452 = BStBL II 2004, 9.

101 BFH, Urt. v. 28.02.1989 – VIII R 303/84, BFHE 157, 51 = BStBl II 1989, 711; BFH, Urt. v. 15.10.1997 – I R 103/93; BFH, Urt. v. 10.04.2003 – IV R 63/01, BFHE 202, 452 = BStBL II 2004, 9.

102 BFH, Urt. v. 12.10.2005 – X R 20/03; BFH, Urt. v. 16.05.2002 – IV R 11/01, BFHE 199, 278 = BStBl II 2002, 854.

103 BFH, Urt. v. 12.10.2005 – X R 20/03; BFH, Urt. v. 10.04.2003 – IV R 63/01, BFHE 202, 452 = BStBL II 2004, 9; BFH, Urt. v. 15.10.1997 – I R 103/93.

104 BFH, Urt. v. 28.02.1989 – VIII R 303/84, BFHE 157, 51 = BStBl II 1989, 711.

105 *Desens*, FR 2017, 981 (983), unter Hinweis auf die berechtigte Kritik an der früheren Vorgehensweise.

106 *Seer*, in: Kirchhof, § 3a EStG, Rn. 24; *Krumm*, in: Brandis/Heuermann, § 3a EStG [Stand 12.2018], Rn. 27.

107 Vgl. *Seer*, in: Kirchhof, § 3a EStG, Rn. 25.

Tatbestandsmerkmal vor allem bei gesellschaftsrechtlich beteiligten Gläubigern. Ist der erlassende Gläubiger zugleich auch Gesellschafter der zu sanierenden Gesellschaft, muss die gesellschaftsrechtliche von der betrieblichen Veranlassung abgegrenzt werden. Der Bundesfinanzhof stellt dafür auf die allgemeinen Grundsätze für die Abgrenzung von Zuwendungen des Gesellschafters an eine mit ihm verbundene Gesellschaft ab.[108] Eine gesellschaftsrechtliche Veranlassung liegt dann vor, wenn ein Nichtgesellschafter bei Anwendung der Sorgfalt eines ordentlichen Kaufmanns der Gesellschaft den Vermögensvorteil nicht eingeräumt hätte.[109] Für einen betrieblich begründeten Erlass muss der Gesellschafter eigenbetriebliche Gründe nachweisen.[110] Letztlich läuft dieser Nachweis auf einen Fremdvergleich hinaus.[111] Entspricht der Sanierungsbeitrag der Gesellschafter dem, was auch Drittgläubiger im Rahmen eines Gläubigerakkords zur Sanierung leisten, dann wird von einer betrieblichen Veranlassung auszugehen sein.[112] Beteiligen sich keine Fremdgläubiger am Schuldenerlass, wird er regelmäßig durch das Gesellschafterverhältnis veranlasst sein.[113] Die Beurteilung des Schulderlasses erfolgt einheitlich und kann nicht in einen betrieblich und einen gesellschaftsrechtlich veranlassten Teil aufgeteilt werden.[114] Probleme entstehen deshalb insbesondere aufgrund der zum Teil auch gesetzlich angeordneten Nachrangigkeit von Gesellschafterforderungen (§ 39 InsO). Strittig ist, ob die dadurch entstehenden übermäßigen Sanierungs-

108 BFH, Urt. v. 29.07.1997 – VIII R 57/94, BFHE 184, 63 = BStBl II 1998, 652.

109 Speziell im Kontext der Sanierung BFH, Urt. v. 29.07.1997 – VIII R 57/94, BFHE 184, 63 = BStBl II 1998, 652; allgemein zur verdeckten Einlage BFH, Urt. v. 15.10.1997 – I R 80/96; BFH, Urt. v. 19.10.2005 – I R 40/40; BFH, Urt. v. 18.12.1990 – VIII R 158/86.

110 *Eilers/Schwahn*, Sanierungssteuerrecht, Rn. 2.44 ff.; *Desens*, FR 2017, 981 (983); *Seer*, in: Kirchhof, § 3a EStG, Rn. 24, es müsse ein objektiv wirtschaftlicher Zusammenhang zwischen Schuldenerlass und Betrieb bestehen.

111 So ausdrücklich BFH, Urt. v. 19.10.2005 – I R 40/40; *Levedag*, in: Schmidt, § 3a EStG, Rn. 25, "Drittvergleich".

112 *Krumm*, in: Brandis/Heuermann, § 3a EStG [Stand 12.2018], Rn. 27; *Seer*, in: Kirchhof, § 3a EStG, Rn. 24.

113 BFH, Urt. v. 29.07.1997 – VIII R 57/94, BFHE 184, 63 = BStBl II 1998, 652; BR-Drs. 59/17(B), S. 15; *Seer*, in: Kirchhof, § 3a EStG, Rn. 24.

114 Finanzministerium Schleswig-Holstein, 25.01.2013, VI 3011 - S2741 - 108; *Hallerbach*, in: H/H/R, § 3a EStG [Stand 08.2019], Rn. 29; *Desens*, FR 2017, 981 (983); *Kahlert/Schmidt*, DStR 2017, 1897 (1900 f.); aA. *Eilers/Schwahn*, Sanierungssteuerrecht, Rn. 3.53 ff.; *Ott*, DStZ 2018, 179 (183); *Förster/Hechtner*, DB 2017, 1536 (1539); *Ott*, DStZ 2010, 623 (628); missverständlich BFH, Urt. v. 29.07.1997 – VIII R 57/94, BFHE 184, 63 = BStBl II 1998, 652, die Aussage der Forderungsverzicht könne nur in Höhe des werthaltigen Teils durch das Gesellschaftsverhältnis veranlasst sein, bezieht sich nur auf die Berechnung der Höhe der verdeckten Einlage.

beiträge von Gesellschaftergläubigern ihren gesamten Sanierungsbeitrag gesellschaftsrechtlich prägen.[115]

5. Schuldenerlass im Sinne des § 3a EStG

Welche Anforderungen an einen Erlass im Sinne von § 3a EStG zu stellen sind, ist nicht bis ins Detail zweifelsfrei geklärt. Die Rechtsprechung bewegt sich mehr oder weniger stringent zwischen zivilrechtlicher und wirtschaftlicher Betrachtung. Im Ausgangspunkt stellt die Rechtsprechung auf den zivilrechtlichen Erlassvertrag und das gleichgestellte negative Schuldanerkenntnis (§ 397 Abs. 1, 2 BGB) ab.[116] Damit wird insbesondere die Ausgrenzung von Verzichten auf zukünftig entstehende Forderungen, die die Passivseite noch nicht belasten, und von ertragswirksamen Zuschusszahlungen („Ertragszuschüsse") begründet.[117] Somit fallen Zinssenkungen für die Zukunft und die begünstigende Aufhebung oder Änderung von Vertragsvereinbarungen nicht in den Anwendungsbereich von § 3a EStG.[118] Der Ausschluss der vorgenannten Sanierungsoperation ist insoweit unstreitig.[119] Die Gesetzesbegründung nennt in ihrer – nicht abschließenden – beispielhaften Aufzählung neben dem zivilrechtlichen Erlass auch den Forderungsverzicht im Rahmen des Insolvenzplans als begünstigte Sanierungsoperation.[120] Eine rein zivilrechtsakzessorische Auslegung des Erlassbegriffs kann daher nicht Intention des Gesetzgebers gewesen sein. Der Forderungsverzicht im Rahmen des Insolvenzplans ist kein Verzicht im technischen Sinn, sondern eine Umwandlung der Forderung in eine nicht

115 Dafür *Seer*, in: Kirchhof, § 3a EStG, Rn. 24; *Hallerbach*, in: H/H/R, § 3a EStG [Stand 08.2019], Rn. 29; dagegen *Krumm*, in: Brandis/Heuermann, § 3a EStG [Stand 12.2018], Rn. 27; differenzierend *Levedag*, in: Schmidt, § 3a EStG, Rn. 26.

116 BFH, Urt. v. 19.03.1991 – VIII R 214/85, BFHE 164, 70 = BStBl II 1991, 633; BFH, Urt. v. 27.01.1998 – VIII R 64/96, BFHE 186, 12 = BStBl II 1998, 537.

117 BFH, Urt. v. 19.03.1991 – VIII R 214/85, BFHE 164, 70 = BStBl II 1991, 633; BFH, Urt. v. 28.02.1989 – VIII R 303/84, BFHE 157, 51 = BStBl II 1989, 711; BFH, Urt. v. 31.01.1985 – IV R 149/82, BFHE 143, 267 = BStBl II 1985, 365.

118 BFH, Urt. v. 19.03.1991 – VIII R 214/85, BFHE 164, 70 = BStBl II 1991, 633; BFH, Urt. v. 28.02.1989 – VIII R 303/84, BFHE 157, 51 = BStBl II 1989, 711; BFH, Urt. v. 31.01.1985 – IV R 149/82, BFHE 143, 267 = BStBl II 1985, 365.

119 Zur Literatur siehe nur *Seer*, in: Kirchhof, § 3a EStG, Rn. 30; *Hallerbach*, in: H/H/R, § 3a EStG [Stand 08.2019], Rn. 13.

120 BT-Drs. 18/12128, S. 31; BR-Drs. 59/17(B), S. 15.

durchsetzbare Naturalobligation.[121] Auch der Bundesfinanzhof steht einer wirtschaftlichen Betrachtung nicht völlig ablehnend gegenüber: In Fällen, in denen der Verzicht mit einer Gegenleistung des Schuldners einhergeht, wird diese Gegenleistung berücksichtigt und ein Erlass nur in Höhe der Differenz zwischen Verzichtssumme und Gegenleistung angenommen.[122] Eine solche Würdigung ließe sich bei rein zivilrechtlicher Betrachtung nicht vornehmen. Ein Erlass ist als Verfügung mit der Gegenleistung des zugrunde liegenden Kausalgeschäfts nicht verbunden.[123]

Umstritten ist allerdings, wie weit ein Gewinn, der durch die Vereinigung von Schuldner und Gläubiger in einer Person (Konfusionsgewinn), als Erlass im Sinne von § 3a EStG aufgefasst werden kann. Der Bundesfinanzhof hat dies in einer Entscheidung unter Verweis auf die zivilrechtlichen Differenzen zwischen Verzicht und Konfusion verneint.[124] In der Literatur wird insoweit überwiegend eine abweichende wirtschaftliche Betrachtung vorgenommen.[125] Wenn schon der Forderungsverzicht im Rahmen des Insolvenzplans von § 3a EStG erfasst werde, dann müsse dies für jeden bilanzwirksamen Verzicht gelten.[126] Schließlich sei der Verzicht im Rahmen des Insolvenzplans zivilrechtlich nur eine Schuldumwandlung.[127] Die technische Umsetzung einer Sanierungsmaßnahme dürfe nicht die steuerliche Behandlung bestimmen, es komme auf den wirtschaftlichen Gehalt an.[128]

---

121 Siehe nur *Huber/Madaus*, in: MüKo InsO, § 254 InsO, Rn. 21.

122 BFH, Urt. v. 26.11.1980 – I R 52/77, BFHE 132, 72 = BStBl II 1981, 181; BFH, Urt. v. 19.03.1991 – VIII R 214/85, BFHE 164, 70 = BStBl II 1991, 633; missverständlich BFH, Urt. v. 31.07.1991 – VIII R 23/89, BFHE 165, 398 = BStBl II 1992, 375.

123 Zur zivilrechtlichen Einordnung des Erlasses siehe nur *Rieble*, in: Staudinger, § 397 BGB, Rn. 29 ff.

124 BFH, Urt. v. 14.10.1987 – I R 381/83.

125 *Krumm*, in: Brandis/Heuermann, § 3a EStG [Stand 12.2018], Rn. 20; *Seer*, in: Kirchhof, § 3a EStG, Rn. 29; *Hallerbach*, in: H/H/R, § 3a EStG [Stand 08.2019], Rn. 13; *Kahlert/Schmidt*, DStR 2017, 1897 (1899 f.); *Sistermann/Beutel*, DStR 2017, 1065 (1066); *Kanzler*, NWB 2017, 2260 (2264).

126 *Krumm*, in: Brandis/Heuermann, § 3a EStG [Stand 12.2018], Rn. 20; *Seer*, in: Kirchhof, § 3a EStG, Rn. 29.

127 *Krumm*, in: Brandis/Heuermann, § 3a EStG [Stand 12.2018], Rn. 20; *Seer*, in: Kirchhof, § 3a EStG, Rn. 29.

128 *Kahlert/Schmidt*, DStR 2017, 1897 (1899 f.); *Levedag*, in: Schmidt, § 3a EStG, Rn. 16; *Seer*, in: Kirchhof, § 3a EStG, Rn. 29.

IV. Erfasste Sanierungsoperationen

Wesentlich für die Bestimmung der von § 3a EStG erfassten Sanierungsoperationen ist die Auslegung des Tatbestandsmerkmals „Erlass". § 3a EStG erfasst unstreitig den Forderungsverzicht, den Forderungsverzicht gegen Besserungsschein[129] und den Forderungsverzicht im Rahmen des Insolvenzplanverfahrens. Der Debt-Equity-Swap ist – sofern er zivilrechtlich als Erlass mit Gegenleistung in Form von Anteilen strukturiert wird – auch im Rahmen des engen Erlassverständnisses der Rechtsprechung begünstigt.[130] Auch Rangrücktritte, die wegen § 5 Abs. 2a EStG gewinnwirksam werden, werden überwiegend als umfasst angesehen.[131]

Dem wirtschaftlichen Erlassverständnis folgend müssten auch Konfusionsgewinne als Erlass im Sinne von § 3a EStG gelten; dann wird der Debt-Equity-Swap ohne Rücksicht auf seine technische Umsetzung erfasst, ebenso der Debt-Buy-Back.[132]

Nicht erfasst sind demgegenüber Stundung, Aufrechnung, Änderung von laufenden Verträgen für die Zukunft und der nicht erfolgswirksame Rangrücktritt; gleiches gilt für Bar-/Ertragszuschüsse.[133]

B. Forderungsverzicht

Einen einseitigen Verzicht des Gläubigers auf eine Forderung kennt das deutsche Zivilrecht nicht.[134] Erforderlich ist eine vertragliche Vereinbarung zwischen Gläubiger und Schuldner, entweder als Erlassvertrag (§ 397 Abs. 1 BGB) oder als negatives Schuldanerkenntnis (§ 397 Abs. 2 BGB).[135] Regelmäßig wird an die Annahmeerklärung des Schuldners für das in der Ver-

---

129 *Levedag*, in: Schmidt, § 3a EStG, Rn. 13, arg e contrario § 3c Abs. 4 S. 1.

130 Vgl. *Levedag*, in: Schmidt, § 3a EStG, Rn. 16.

131 *Desens*, FR 2017, 981 (983); *Levedag*, in: Schmidt, § 3a EStG, Rn. 15; *Seer*, in: Kirchhof, § 3a EStG, Rn. 30.

132 *Desens*, FR 2017, 981 (983); *Sistermann/Beutel*, DStR 2017, 1065 (1066); *Kanzler*, NWB 2017, 2260 (2264); *Krumm*, in: Brandis/Heuermann, § 3a EStG [Stand 12.2018], Rn. 20; *Skauradszun*, ZIP 2018, 1901 (1902).

133 *Förster/Hechtner*, DB 2017, 1536 (1538); *Levedag*, in: Schmidt, § 3a EStG, Rn. 14; *Seer*, in: Kirchhof, § 3a EStG, Rn. 30; *Hallerbach*, in: H/H/R, § 3a EStG [Stand 08.2019], Rn. 13.

134 BGH, Urt. v. 04.12.2015 – V ZR 142/14.

135 Ausdruck des Vertragsprinzips § 311 Abs. 1 BGB, siehe dazu *Dennhardt*, in: BeckOK BGB, § 397 BGB, Rn. 1.

zichtserklärung zu sehende Angebot zum Abschluss eines Erlassvertrags keine hohen Anforderungen gestellt. Handelt der Schuldner entsprechend, ist darin seine Annahme zu sehen. Die Erklärung der Annahme gegenüber dem Gläubiger ist gem. § 151 S. 1 BGB entbehrlich.[136]

I. Durch gesellschaftsrechtlich unverbundenen Dritten

1. Steuerfolge bei sanierter Kapitalgesellschaft

Erlässt der Gläubiger eine Forderung, entsteht durch den Wegfall der Verbindlichkeit ein bilanzieller Ertrag beim Schuldner.[137] Steht der Gläubiger in keiner gesellschaftsrechtlichen oder anderweitigen Nähebeziehung zum Schuldner, ist der durch Ausbuchung der Verbindlichkeit entstehende außerordentliche Ertrag aufseiten des Schuldners erfolgswirksam und grundsätzlich steuerpflichtig.[138] An diesen Gewinn knüpft die Steuerbefreiung des § 3a Abs. 1 S. 1 EStG an. Sofern dessen weitere Voraussetzungen erfüllt sind[139], wird der Ertrag aus dem Forderungsverzicht steuerbefreit. Der sanierungsbedürftige Schuldner wird vor einem Liquiditätsabfluss geschützt. Dafür wird die Steuerfreiheit durch einen Untergang von Steuerminderungspotenzialen begleitet, sofern solche vorhanden sind. Liegen die Voraussetzungen des § 3a EStG nicht vor, kann der Ertrag aus dem Forderungsverzicht mit Verlustvorträgen (§ 10d Abs. 4 EStG) verrechnet werden. Zu beachten bleibt dann allerdings die sog. Mindestbesteuerung (§ 10d Abs. 2 S. 1 EStG): Verlustvorträge können nur bis zur Höhe von einer Million Euro unbeschränkt mit Gewinnen verrechnet werden, darüber hinaus sind die Verluste nur mit 60 % des eine Million Euro übersteigenden Gesamtbetrags der Einkünfte verrechenbar.

136 Zum Ganzen BGH, Urt. v. 04.12.2015 – V ZR 142/14.

137 Vgl. BFH, Urt. v. 03.07.1997 – IV R 31/96, BStBl II 1997, 690 = BFHE 183, 509; *Eilers/Schwahn*, Sanierungssteuerrecht, Rn. 3.48 ff.; *Krumm*, in: Brandis/Heuermann, § 5 EStG [Stand 03.2020], Rn. 953; *Richter*, in: H/H/R, § 5 EStG [Stand 01.2019], Rn. 1912.

138 *Krumbholz*, in: Thierhoff/Müller, Unternehmenssanierung, Rn. 72.

139 Dazu ausführlich oben Kapitel 2:A ab S. 19.

2. Steuerfolge bei sanierendem Gläubiger (Forderung im Betriebsvermögen)

Für unverbundene Gläubiger, die auf eine Forderung verzichten und damit einen Vermögensverlust erleiden, ist dieser Aufwand steuerwirksam.[140] Regelmäßig ist ein Teil des Verlustes bereits durch eine vorhergehende Teilwertabschreibung auf die Forderung steuermindernd realisiert worden.[141]

II. Durch Gesellschafter

1. Steuerfolge bei zu sanierender Kapitalgesellschaft

Auch der Verzicht eines Gesellschafters führt wie der Verzicht eines unverbundenen Dritten zum Wegfall einer Verbindlichkeit und damit zu einer Betriebsvermögensmehrung.[142] Neben aus betrieblichen Gründen ausgesprochenen Forderungsverzichten ist eine im Gesellschaftsverhältnis begründete Veranlassung möglich. Dadurch verkompliziert sich die steuerliche Beurteilung. Nur Erträge aus betrieblich veranlassten Forderungsverzichten sind voll steuerpflichtig und unter den Voraussetzungen des § 3a EStG steuerfrei. Sind die Verzichte durch das Gesellschaftsverhältnis veranlasst, muss nach der Werthaltigkeit der Forderung differenziert werden.[143] In Höhe des werthaltigen Teils der Forderung liegt eine verdeckte Einlage vor, die den bilanziellen Gewinn insoweit neutralisiert.[144] In Höhe des nicht werthaltigen Teils liegt ein steuerpflichtiger Ertrag vor.[145] Da gesellschaftsrechtlich veranlasste Forderungsverzichte nach umstrittener Ansicht nicht von § 3a EStG umfasst werden, ist ein solcher Gewinn damit selbst in

---

140 Vgl. BFH, Urt. v. 29.07.1997 – VIII R 57/94, BFHE 184, 63 = BStBl II 1998, 652; BFH, Urt. v. 16.01.1975 – IV R 180/71, BFHE 115, 202 = BStBl II 1975, 526.

141 *Bleschick*, in: BeckOK EStG, § 3a EStG [Stand 10.2020], Rn. 46.2.

142 BFH, Beschl. v. 09.06.1997 – GrS 1/94, BStBl II 1998, 307 = BFHE 183, 197; *Thiel*, GmbHR 1992, 20 (23).

143 Vgl. BFH, Beschl. v. 09.06.1997 – GrS 1/94, BStBl II 1998, 307 = BFHE 183, 197; *Ott*, DStZ 2018, 179 (182).

144 BFH, Beschl. v. 09.06.1997 – GrS 1/94, BStBl II 1998, 307 = BFHE 183, 197; BFH, Urt. v. 29.07.1997 – VIII R 57/94, BFHE 184, 63 = BStBl II 1998, 652; *Eilers/Schwahn*, Sanierungssteuerrecht, Rn. 3.51 ff.; *Krumbholz*, in: Thierhoff/Müller, Unternehmenssanierung, Rn. 76.

145 BFH, Beschl. v. 09.06.1997 – GrS 1/94, BStBl II 1998, 307 = BFHE 183, 197; *Ott*, DStZ 2018, 179 (182).

Sanierungsfällen nicht privilegiert.[146] Dann bleibt nur die Verrechnung mit gegebenenfalls bestehenden Verlustvorträgen, allerdings sind die Grenzen der Mindestbesteuerung zu beachten.[147]

a) Abgrenzung zwischen betrieblicher und gesellschaftsrechtlicher Veranlassung

Zur Abgrenzung der gesellschaftsrechtlichen von der betrieblichen Veranlassung wird in Deutschland ein Fremdvergleich durchgeführt. Damit konkretisiert sich das Tatbestandsmerkmal „betrieblich" aufgrund der Auslegung negativ: Alles was fremdüblich ist, ist betrieblich veranlasst. Der positiven Definition der betrieblichen Veranlassung – dem eigenwirtschaftlichen Interesse – kommt damit für die Auslegung kaum eine Bedeutung zu. Weitgehend ungeklärt ist in Deutschland die Behandlung des Forderungsverzichts zur Rettung des eigenen guten Rufs. Ein solcher Forderungsverzicht steht an der Grenze zwischen eigenem wirtschaftlichen Interesse und Interesse an der Beteiligung.

Zur Abgrenzung der gesellschaftsrechtlichen und der betrieblichen Veranlassung stellt die Rechtsprechung auf die allgemeinen Grundsätze ab, nach denen Zuwendungen des Gesellschafters an die Gesellschaft steuerlich beurteilt werden.[148] Das Gesellschaftsverhältnis ist dann ursächlich, wenn ein Nichtgesellschafter bei Anwendung der Sorgfalt eines ordentlichen Kaufmanns der Gesellschaft den Vermögensvorteil nicht eingeräumt bzw. die Schuld nicht erlassen hätte.[149] Ob die Sorgfalt eines ordentlichen Kaufmanns angewandt wurde, ist anhand eines Fremdvergleichs zu messen.[150] In Sanierungssachverhalten ist das Verhalten der anderen Gläubiger,

146 Kritisch *Seer*, in: Kirchhof, § 3a EStG, Rn. 25; *Ott*, DStZ 2018, 179 (183). Ausführlicher Kapitel 2:A.III.5 ab S. 36.

147 Siehe dazu oben Kapitel 2:B.I.1 ab S. 39.

148 BFH, Urt. v. 29.07.1997 – VIII R 57/94, BFHE 184, 63 = BStBl II 1998, 652; BFH, Urt. v. 15.10.1997 – I R 80/96; BFH, Urt. v. 19.10.2005 – I R 40/40; partiell aA wohl *Kohlhaas*, GmbHR 2009, 531 (534), der in Höhe einer bestehenden Überschuldung der Tochterkapitalgesellschaft zwingend eine betriebliche Veranlassung annimmt.

149 BFH, Urt. v. 29.07.1997 – VIII R 57/94, BFHE 184, 63 = BStBl II 1998, 652; BFH, Urt. v. 31.07.1991 – VIII R 23/89, BFHE 165, 398 = BStBl II 1992, 375; BFH, Urt. v. 15.10.1997 – I R 103/93; BFH, Urt. v. 07.05.2014 – X R 19/11; BFH, Urt. v. 19.10.2005 – I R 40/40; BFH, Urt. v. 18.12.1990 – VIII R 158/86.

150 BFH, Urt. v. 15.10.1997 – I R 80/96; BFH, Urt. v. 07.05.2014 – X R 19/11; BFH, Urt. v. 19.10.2005 – I R 40/40.

insbesondere von wesentlichen Drittgläubigern ein wichtiges Beweisanzeichen.[151] Verzichten sie nicht in ähnlichem Maße auf ihre Forderungen (sog. Gläubigerakkord), wird eine gesellschaftsrechtliche Veranlassung des Forderungsverzichts durch den Gesellschafter vermutet.[152] Das Verhalten anderer Drittgläubiger kann aber nur ein Indiz sein. Der richtige Fremdvergleich ist nicht aus der Perspektive eines gedachten oder tatsächlich vorhandenen Dritten zu führen, sondern es kommt richtigerweise auf einen Dritten in der konkreten Situation des Gesellschafters an – nur ohne gesellschaftsrechtliche Beziehungen.[153] Gerade in den Fällen, in denen neben der gesellschaftsrechtlichen Bindung auch eine aus betrieblichen Gründen bestehende Vertragsbeziehung existiert (z.B. Lieferantenbeziehung), können sich daraus andere Geschichtspunkte im Hinblick auf die Veranlassung des Forderungsverzichts ergeben.[154] Der gelegentliche Hinweis von Rechtsprechung[155] und Literatur[156] auf ein eigenbetriebliches Interesse als positive Umschreibung der betrieblichen Veranlassung geschieht allenfalls als untergeordneter Zusatzgesichtspunkt.

Zwischen eigenbetrieblicher und gesellschaftsrechtlicher Veranlassung stehen die Fälle, in denen der Forderungsverzicht gegenüber einer Tochtergesellschaft dem guten Ruf dient. Die zu dieser Frage ergangenen gegenteiligen BFH-Entscheidungen[157] betrachten dieses Problem aus unterschiedlicher Perspektive. Das Urteil vom 31. Juli 1991[158] betont das Interesse der Gesellschafter, den guten Ruf der Beteiligung und damit ihren Wert wiederherzustellen. Daraus ergebe sich die hauptsächlich im Gesellschaftsverhältnis wurzelnde Motivation. Das Interesse, durch die finanzielle Rettung der Beteiligung die eigene Solvenz und Zuverlässigkeit herauszustellen und damit auch den eigenen Ruf zu stärken, trete demgegenüber in den Hintergrund. In seinem Urteil vom 19. Oktober 2005[159] stellt der Bundesfinanz-

---

151 Vgl. BFH, Urt. v. 29.07.1997 – VIII R 57/94, BFHE 184, 63 = BStBl II 1998, 652.

152 BFH, Urt. v. 29.07.1997 – VIII R 57/94, BFHE 184, 63 = BStBl II 1998, 652; BFH, Urt. v. 31.07.1991 – VIII R 23/89, BFHE 165, 398 = BStBl II 1992, 375; kritisch dazu *Meilicke/Pohl*, FR 1995, 877 (888).

153 BFH, Urt. v. 07.05.2014 – X R 19/11; BFH, Urt. v. 15.10.1997 – I R 80/96.

154 Vgl. BFH, Urt. v. 07.05.2014 – X R 19/11; BFH, Urt. v. 15.10.1997 – I R 80/96.

155 BFH, Urt. v. 19.10.2005 – I R 40/40; BFH, Urt. v. 31.07.1991 – VIII R 23/89, BFHE 165, 398 = BStBl II 1992, 375.

156 *Ott*, DStZ 2010, 623 (629).

157 BFH, Urt. v. 31.07.1991 – VIII R 23/89, BFHE 165, 398 = BStBl II 1992, 375; BFH, Urt. v. 19.10.2005 – I R 40/40.

158 BFH, Urt. v. 31.07.1991 – VIII R 23/89, BFHE 165, 398 = BStBl II 1992, 375.

159 BFH, Urt. v. 19.10.2005 – I R 40/40.

hof dagegen auf den Nutzen der Beteiligung für den Geschäftsbetrieb des Gläubigers ab. Ein guter Ruf der Tochtergesellschaft gehöre mittelbar auch zum Geschäftswert des Gesellschafters und könne daher gerade auch seine geschäftlichen Aktivitäten fördern.[160]

b) Bewertung der verdeckten Einlage zum Teilwert, nicht zum Nennwert

Die steuerlichen Folgen des gesellschaftsrechtlichen Forderungsverzichts bei der erlassbegünstigten Kapitalgesellschaft hängt entscheidend von der Bewertung der verdeckten Einlage ab. Der Große Senat des Bundesfinanzhofs hat diese Rechtsfrage 1997 für die Rechtspraxis beantwortet.[161] Die Einlage durch den Gesellschafter ist mit ihrem Teilwert zu bewerten (§ 6 Abs. 1 Nr. 5 EStG), der dem noch werthaltigen Teil der Forderung des verzichtenden Gesellschafters entspricht.[162] Lange Ausführungen zur Begründung sind der Entscheidung nicht zu entnehmen.[163] Sie war seinerzeit kontrovers, weil im steuerrechtlichen Schrifttum die gegenteilige Position vorherrschend war.[164] Die Richtigkeit der Entscheidung wird bis heute infrage gestellt.[165] Wesentliche Streitpunkte der divergierenden Auffassungen sind die Gleichbehandlung eines Forderungsverzichts mit der Forderungseinlage in das Vermögen der schuldenden Kapitalgesellschaft, das richtige Verständnis der verdeckten Einlage und die damit verbundene Bestimmung des Teilwerts.

Als Grundsatzkritik wird von den Kritikern der Rechtsprechungsdogmatik in den Raum geworfen, der große Senat hätte einen rein fiktiven Fall beurteilt, indem er den Forderungsverzicht wie eine Forderungsabtretung

---

160 BFH, Urt. v. 19.10.2005 – I R 40/40.

161 BFH, Beschl. v. 09.06.1997 – GrS 1/94, BStBl II 1998, 307 = BFHE 183, 197.

162 BFH, Beschl. v. 09.06.1997 – GrS 1/94, BStBl II 1998, 307 = BFHE 183, 197.

163 Als "apodiktisch" kritisierend *Hoffmann*, DB 1998, 1983 (1983); anders der mutmaßliche Berichterstatter des Großen Senats *Groh*, BB 1997, 2523 (2523) "lapidar, aber umfassend".

164 Siehe nur *Knobbe-Keuk*, StuW 1991, 306 (307 f.); *Thiel*, GmbHR 1992, 20 (23); *Meilicke/Pohl*, FR 1995, 877 (878); *Clemm*, in: FG Haas, S. 67 (70); *Herlinghaus*, Forderungsverzichte und Besserungsvereinbarungen zur Sanierung von Kapitalgesellschaften, S. 65.

165 *Schulze-Osterloh*, NZG 2017, 641 (644 f.); *Roser*, Ubg 2011, 113 (114-117); kurz nach der Entscheidung *Hoffmann*, DB 1998, 1983.

mit anschließender Konfusion beurteilt habe.[166] Ein Verzicht und damit die Beseitigung der mit dem Nennwert auf der Bilanz lastenden Verbindlichkeit sei nicht mit einer Einlage vergleichbar.[167] Die Vermögensmehrung trete durch die Befreiung von der Verbindlichkeit ein und nicht aufgrund der Einlage eines Aktivums.[168] Die Einlage einer Forderung gegen die eigene Kapitalgesellschaft sei auch wirtschaftlich nicht mit dem Forderungsverzicht vergleichbar.[169] Im für den Einzelunternehmer konzipierten § 4 Abs. 1 EStG sei die Einlage einer Forderung, die im Privatvermögen gegen das Betriebsvermögen gehalten wird, wegen der Personenidentität des Steuersubjekts logisch nicht möglich.[170] Wenn es bei direkter Anwendung der Vorschrift keinen Anwendungsfall geben könne, verbiete es sich, bei analoger Anwendung der Vorschrift über § 8 Abs. 1 KStG die Forderungseinlage zum wirtschaftlichen Maßstab des Verzichts zu machen.[171] Durch den Verzicht erhöhe sich das Vermögen der erlassbegünstigten Kapitalgesellschaft um die Höhe der passivierten Verbindlichkeit und damit um den Nennwert der zugunsten des Gesellschafters bestehenden Forderung.[172] Mit dem Nennwert der Verbindlichkeit sei daher auch die Einlage zu bewerten. Die herrschende Gegenauffassung erkennt den Unterschied zwischen der für einen Steuerpflichtigen konzipierten Einlagevorschrift und der Vermögensübertragung zwischen zwei Steuerpflichtigen (Gesellschafter zu Kapitalgesellschaft) an.[173] Gleichwohl werden die Einlagevorschriften unter Berücksichtigung der Besonderheiten der Kapitalgesellschaft angewandt.[174] Der Erlass einer Verbindlichkeit könne ebenso gut durch die Einbringung einer Forderung in die Schuldnergesellschaft und die dann folgende Konfusion

166 *Schulze-Osterloh*, NZG 2017, 641 (644); *Roser*, Ubg 2011, 113 (115); *Hoffmann*, DB 1998, 1983 (1984).

167 *Clemm*, in: FG Haas, S. 67 (71 f.); *Hoffmann*, DB 1998, 1983 (1984 f.).

168 *Clemm*, in: FG Haas, S. 67 (71).

169 *Hoffmann*, DB 1998, 1983 (1984).

170 *Hoffmann*, DB 1998, 1983 (1984); *Hoffmann*, DStR 1995, 77 (78).

171 *Hoffmann*, DB 1998, 1983 (1984 f.); *Hoffmann*, DStR 1995, 77 (78).

172 *Schulze-Osterloh*, NZG 2017, 641 (645); *Thiel*, GmbHR 1992, 20 (23).

173 *Kulosa*, in: Schmidt, § 6 EStG, S. 605; *Groh*, BB 1997, 2523 (2523); *Weber-Grellet*, DB 1998, 1532 (1535).

174 So ausdrücklich BFH, Beschl. v. 26.10.1987 – GrS 2/86, BStBl II 1988, 348 = BFHE 151, 523; BFH, Beschl. v. 09.06.1997 – GrS 1/94, BStBl II 1998, 307 = BFHE 183, 197; vgl. *Groh*, BB 1997, 2523 (2523 f.).

erfolgen.[175] Wenn beide Varianten zum wirtschaftlich gleichen Ergebnis führten, müsse auch die steuerliche Behandlung gleich sein.[176]

Für andere Kritiker der Rechtsprechungsthese ist weniger die fehlende Vergleichbarkeit zwischen Einlage und Verzicht Ansatzpunkt ihrer Kritik. Sie setzen am richtigen Verständnis der verdeckten Einlage an.[177] Die Rechtsfigur der verdeckten Einlage sei vom Reichsfinanzhof entwickelt worden, um alle Betriebsvermögensmehrungen von der Besteuerung auszunehmen, die ihre Ursache im Gesellschaftsverhältnis haben und nicht in der wirtschaftlichen Tätigkeit der Gesellschaft.[178] Insofern könne es auch nicht auf die Werthaltigkeit der Forderung ankommen, denn die Betriebsvermögensmehrung der Kapitalgesellschaft trete in Höhe des Nennwerts ein und müsse als gesellschaftsrechtlich veranlasste Vermögensmehrung steuerneutral bleiben.[179] Sähe man dies anders, käme man zu dem paradoxen Ergebnis eines Gewinns, weil ein Vermögenswert (der nicht werthaltige Teil) nicht zugeführt worden sei.[180] Gerade an die Nichtzuführung eines Vermögensvorteils knüpft die Gegenansicht an: Verdeckte Einlage dürfe nur das sein, was der Gesellschafter der Gesellschaft zuführen könne, also auch in seinem Vermögen vorhanden sei.[181] Mangels Werttransfers könne dies der nicht werthaltige Teil der Forderung gerade nicht sein.[182] Damit steht diese Ansicht für eine gewisse Konsistenz zwischen verdeckter und offener Einlage. Was wegen des Grundsatzes der effektiven Kapitalaufbringung nicht im Rahmen einer Kapitalerhöhung eingebracht werden kann,

175 *Groh*, BB 1997, 2523 (2524).

176 BFH, Beschl. v. 09.06.1997 – GrS 1/94, BStBl II 1998, 307 = BFHE 183, 197; *Groh*, BB 1997, 2523 (2524).

177 *Knobbe-Keuk*, StuW 1991, 306 (308); *Herlinghaus*, Forderungsverzichte und Besserungsvereinbarungen zur Sanierung von Kapitalgesellschaften, S. 49 ff., 65.

178 *Knobbe-Keuk*, StuW 1991, 306 (308); *Herlinghaus*, Forderungsverzichte und Besserungsvereinbarungen zur Sanierung von Kapitalgesellschaften, S. 49; *Hoffmann*, DStR 1995, 77 (78).

179 *Herlinghaus*, Forderungsverzichte und Besserungsvereinbarungen zur Sanierung von Kapitalgesellschaften, S. 49; *Meilicke/Pohl*, FR 1995, 877 (877).

180 *Knobbe-Keuk*, StuW 1991, 306 (308).

181 Vgl. BFH, Beschl. v. 09.06.1997 – GrS 1/94, BStBl II 1998, 307 = BFHE 183, 197; *Wassermeyer*, DB 1990, 2288 (2288); *Kulosa*, in: Schmidt, § 6 EStG, S. 880; *Groh*, BB 1997, 2523 (2524), versteht die verdeckte Einlage so, dass "vom Gesellschafter übertragenes Vermögen bei der Gesellschaft nicht als Gewinn in Erscheinung tritt. Vermögen aber, das beim Gesellschafter nicht mehr vorhanden ist, kann nicht auf die Gesellschaft übertragen werden".

182 So ausdrücklich *Kulosa*, in: Schmidt, § 6 EStG, S. 880; *Wassermeyer*, DB 1990, 2288 (2288).

soll nicht Gegenstand der verdeckten Einlage sein können.[183] Letztlich erklärt dieses gegensätzliche Verständnis die Kontroverse um die Bestimmung des richtigen Teilwerts. § 6 Abs. 1 Nr. 5 S. 1 EStG bestimmt zwar die Anwendung des Teilwerts für Einlagen, gibt aber nicht vor, was Gegenstand der Einlage und aus wessen Perspektive sie zu bewerten ist.[184] Für das Einkommensteuerrecht sind diese Kriterien obsolet, weil es nur einen Steuerpflichtigen gibt.[185] Für die Kritiker der Entscheidung des Großen Senats kommt die Teilwertbestimmung der Einlage nur aus Sicht der erlassbegünstigten Kapitalgesellschaft infrage und ist mit dem Wert zu bewerten, der ihrer bilanziellen Vermögensmehrung entspricht. Da der Entscheidung des Großen Senats keine Aussagen zu diesen dogmatischen Streitfragen zu entnehmen sind[186], sondern nur das Ergebnis, sind zwei Begründungsansätze denkbar: Zum einen die Bewertung der eingebrachten Forderung aus Sicht der einlegenden Person – weil nur insoweit ein Werttransfer stattgefunden hat. Zum anderen kann auf die Perspektive der empfangenden Kapitalgesellschaft abgestellt und bei der Bewertung der wegfallenden Verbindlichkeit angesetzt werden.[187] Die durch den Verzicht entstehende Betriebsvermögensmehrung entspreche nicht dem wirtschaftlichen Wert der Verbindlichkeit.[188] Die Gesellschaft könne von einem vernünftigen Gläubiger – zumindest theoretisch – die Verbindlichkeit mit einem Angebot in Höhe des Wertes der Gläubigerforderung ablösen.[189] Deshalb beruhe nur der auf diesen Ablösebetrag entfallende Anteil der Betriebsvermögensmehrung auf

183 Die Gegenansicht sieht das Verbot bei der Kapitalerhöhung jedoch genauso kritisch, siehe nur *Müller*, in: FS Hoffmann-Becking, S. 835 (843 f.).

184 So zutreffend die Problemskizze von *Meilicke/Pohl*, FR 1995, 877 (892).

185 *Meilicke/Pohl*, FR 1995, 877 (892); siehe auch schon oben.

186 Vgl. BFH, Beschl. v. 09.06.1997 – GrS 1/94, BStBl II 1998, 307 = BFHE 183, 197.

187 *Weber-Grellet*, DB 1998, 1532 (1535), der darin eine Aufwandskorrektur sieht, weil durch den Verzicht feststehe, dass die ursprünglich ausgewiesene Verbindlichkeit zu hoch war; so auch *Groh*, BB 1997, 2523 (2524) mit einer gewissen Widersprüchlichkeit zu seinem Verständnis der verdeckten Einlage: Der Gesellschaft könne vom Gesellschafter nichts übertragen werden, was dieser selbst nicht mehr habe.

188 *Groh*, BB 1997, 2523 (2524).

189 *Groh*, BB 1997, 2523 (2524); kritisch *Meilicke/Pohl*, FR 1995, 877 (891), die vor allem die fehlende praktische Umsetzbarkeit kritisieren.

einer verdeckten Einlage, der Rest sei steuerlicher Gewinn.[190] Bei diesem letzten Ansatz ist umstritten, ob er gegen das Imparitätsprinzip verstößt.[191]

Unter Bezugnahme auf ein Urteil des Bundesfinanzhofs[192] vom 15.04.2015 wird eine beginnende Absetzbewegung in der Rechtsprechung vermutet.[193] Wenn ein gemäß § 5 Abs. 2a EStG gewinnwirksamer Rangrücktritt durch die Annahme einer verdeckten Einlage (zumindest teilweise) neutralisierbar sei, dann nehme das Urteil damit zutreffend nicht betrieblich veranlasste Mehrungen des Betriebsvermögens von der Besteuerung aus.[194] Da die Forderung bei einem Rangrücktritt weiter fortbestehe, könne sie gerade nicht Gegenstand der Einlage sein, und damit sei das Abstellen auf den Wert dieses nicht zugeführten Wirtschaftsgutes bei der Bewertung der Einlage nicht stringent.[195] Bei einem solchen dogmatischen Verständnis der Einlage durch den Bundesfinanzhof wäre es daher konsequent, wenn der Wegfall der Verbindlichkeit unabhängig von der Werthaltigkeit der Forderung mit ihrem Nennwert bewertet werden würde.[196] Diese Konsequenz zieht das gegenständliche Urteil hingegen nicht.[197]

c) Veranlassung des Verzichts entscheidend

Die steuerlichen Folgen des Forderungsverzichts bestimmen sich allein nach der Veranlassung der Verzichtsentscheidung selbst.[198] Für die Anwendbarkeit des § 3a EStG ergibt sich dies bereits aus dessen Wortlaut. Gleiches gilt auch für die Beurteilung der verdeckten Einlage.[199] Von der

---

190 *Groh*, BB 1997, 2523 (2524); aA *Hoffmann*, DB 1998, 1983 (1985-1987), eine solche Auslegung würde faktisch auf einen Bilanzierungszusammenhang zwischen Gesellschafter und Gesellschaft hinauslaufen.

191 Dafür *Herlinghaus*, Forderungsverzichte und Besserungsvereinbarungen zur Sanierung von Kapitalgesellschaften, S. 50; *Roser*, Ubg 2011, 113 (115-117); *Hoffmann*, DB 1998, 1983 (1987); dagegen *Weber-Grellet*, BB 1995, 243 (246), das Imparitätsprinzip brauche im Verzichtsfall gerade nicht mehr beachtet werden.

192 BFH, Urt. v. 15.04.2015 – I R 44/14, BStBl II 2015, 769 = BFHE 249, 493.

193 *Altrichter-Herzberg*, GmbHR 2015, 1121.

194 *Altrichter-Herzberg*, GmbHR 2015, 1121 (1122 f.).

195 *Altrichter-Herzberg*, GmbHR 2015, 1121 (1123).

196 *Altrichter-Herzberg*, GmbHR 2015, 1121 (1123).

197 Vgl. BFH, Urt. v. 15.04.2015 – I R 44/14, BStBl II 2015, 769 = BFHE 249, 493.

198 Finanzministerium Schleswig-Holstein, 25.01.2013, VI 3011 - S2741 - 108; *Meilicke/Pohl*, FR 1995, 877 (888), die allerdings auch bei fehlender Werthaltigkeit die Bewertung mit dem Nennwert der Verbindlichkeit vertreten.

199 *Groh*, in: StbJb 1997/98, S. 7 (11).

Veranlassung des Verzichts abzugrenzen sind die Veranlassung der Darlehensgewährung und die Veranlassung eines etwaigen Wertverlustes der Forderung.[200] Auf welche Art von Forderung verzichtet wird, ob diese Forderung noch werthaltig ist oder aus welchen Gründen ein etwaiger Wertverlust hingenommen wurde, ist für die Beurteilung des Verzichts selbst nicht entscheidend.

d) Keine Teilung der Veranlassung in gesellschaftsrechtlich veranlassten werthaltigen und betrieblich veranlassten nicht werthaltigen Teil

Eine Aufteilung der Veranlassung des Forderungsverzichts kommt für die wohl herrschende Auffassung nicht in Betracht.[201] Begründungsansatz ist die Einheitlichkeit des Wirtschaftsguts „Forderung" und die deshalb nur einheitlich bestimmbare Veranlassung des Verzichts.[202] Die Vertreter der Gegenauffassung[203] haben das steuerliche Problem des gesellschaftsrechtlich veranlassten Forderungsverzichts vor Augen: Forderungsverzichte von Gesellschaftern, die bei gesellschaftsrechtlicher Veranlassung nur in Höhe ihres werthaltigen Teils steuerneutral sind, haben bei erheblich wertgeminderten Forderungen für die erlassbegünstigte Kapitalgesellschaft enorme steuerliche Auswirkungen. Da § 3a EStG nur betrieblich veranlasste Schuldenerlasse erfasst, kommt eine Anwendung auf einen einheitlich durch das Gesellschaftsverhältnis veranlassten Forderungsverzicht nicht in Betracht. Um den liquiditätsbelastenden Besteuerungszugriff auf die erlassbegünstigte Kapitalgesellschaft zu verhindern, wird eine Spaltung der Veranlassung vorgeschlagen.[204] In Höhe des werthaltigen Teils der Forderung verzichtet der Gesellschafter-Gläubiger mit gesellschaftsrechtlicher Veranlassung. In Höhe des nicht werthaltigen Teils soll dagegen ein betrieblich veranlasster

200 Vgl. Finanzministerium Schleswig-Holstein, 25.01.2013, VI 3011 - S2741 - 108; *Meilicke/Pohl*, FR 1995, 877 (888-890); *Weber-Grellet*, BB 1995, 243 (245).

201 Finanzministerium Schleswig-Holstein, 25.01.2013, VI 3011 - S2741 - 108; *Desens*, FR 2017, 981 (983); *Kahlert/Schmidt*, DStR 2017, 1897 (1900 f.); *Hallerbach*, in: H/H/R, § 3a EStG [Stand 08.2019], Rn. 29; *Levedag*, in: Schmidt, § 3a EStG, Rn. 26; *Bleschick*, in: BeckOK EStG, § 3a EStG [Stand 10.2020], Rn. 302.

202 Ausdrücklich *Pung*, in: D/P/M, § 8b KStG [Stand 06.2020], Rn. 244.

203 *Eilers/Schwahn*, Sanierungssteuerrecht, Rn. 3.53 ff.; *Ott*, DStZ 2018, 179 (183); *Förster/Hechtner*, DB 2017, 1536 (1539).

204 *Eilers/Schwahn*, Sanierungssteuerrecht, Rn. 3.53 ff.; *Ott*, DStZ 2018, 179 (183); *Förster/Hechtner*, DB 2017, 1536 (1539).

Verzicht vorliegen. Zur Begründung beruft sich diese Ansicht zum Teil auf ein Urteil des Bundesfinanzhofs vom 29.07.1997[205], in dem dieser eine Einlage nur in Höhe des werthaltigen Teils angenommen und für den restlichen Teil des Verzichts eine Veranlassung im Gesellschaftsverhältnis ausgeschlossen hat.[206] Die zitierte Rechtsprechung hat aber nicht die Anwendbarkeit des § 3a EStG auf den nicht werthaltigen Teil zum Gegenstand, sondern nimmt zur eben dargestellten Diskussion um die Bewertung der Einlage Stellung. In der Literatur wird dazu unter anderem vertreten, nur der Verzicht auf den noch werthaltigen Teil der Forderung sei gesellschaftsrechtlich veranlasst, weil rationale Drittgläubiger ohne Weiteres auf den nicht werthaltigen Teil verzichten würden.[207] Der Bundesfinanzhof könnte daher auch eine missverständliche Begründung für die Einlagebewertung gewählt haben, statt über die Teilbarkeit der Veranlassung zu entscheiden.[208] Ein anderer Begründungsansatz ist der Verweis auf die Gesetzesbegründung[209] zu § 3a EStG.[210] Der Gesetzgeber verweist für die Fälle, in denen auf Ebene des sanierenden Gesellschafters das steuerliche Abzugsverbot des § 8b Abs. 3 S. 4 KStG[211] gilt, auf die Voraussetzungen des Sanierungserlasses[212]. Sinn ergebe dies nur unter der Annahme einer in Höhe des nicht werthaltigen Teils bestehenden betrieblichen Veranlassung, denn diese sei für den Sanierungserlass Voraussetzung.[213]

2. Steuerfolge bei sanierendem Gläubiger

a) Gewerbliche Einkünfte

Hält der Gläubiger seine Anteile an der erlassbegünstigten Kapitalgesellschaft im Betriebsvermögen und erzielt mit ihnen Einkünfte aus Gewer-

205 BFH, Urt. v. 29.07.1997 – VIII R 57/94, BFHE 184, 63 = BStBl II 1998, 652.

206 So bei *Eilers/Schwahn*, Sanierungssteuerrecht, Rn. 3.53 ff.; ohne Bezugnahme auf die Entscheidung *Ott*, DStZ 2010, 623 (628).

207 So *Groh*, BB 1997, 2523 (2524).

208 So im Erg. auch *Pung*, in: D/P/M, § 8b KStG [Stand 06.2020], Rn. 244.

209 BT-Drs. 18/12128.

210 *Ott*, DStZ 2010, 623 (628).

211 Ausführlich zu § 8b Abs. 3 S. 4 EStG unten Kapitel 2:B.II.2.b)bb) ab S. 62.

212 Bundesministerium der Finanzen, 27.03.2003, IV A 6-S 2140-8/03, Ertragsteuerliche Behandlung von Sanierungsgewinnen; Steuerstundungen und Steuererlass aus sachlichen Billigkeitsgründen, BStBl I 2003, 240.

213 Vgl. *Ott*, DStZ 2010, 623 (628).

bebetrieb gemäß § 15 EStG, ist die steuerliche Berücksichtigung der verzichtsbedingten Betriebsvermögensminderung von der Veranlassung des Verzichts abhängig.[214] Bei betrieblicher Veranlassung ist der Verlust – vorbehaltlich der Beschränkung des § 3c Abs. 2 S. 2 EStG – abzugsfähig.[215] Liegt eine gesellschaftsrechtliche Veranlassung vor, kommt es korrespondierend zur Ebene der Kapitalgesellschaft auf die Werthaltigkeit der Forderung an.[216] In Höhe des werthaltigen Teils führt der Verzicht zu einer verdeckten Einlage, bei der kein steuerlicher Verlust, sondern nachträgliche Anschaffungskosten auf die Beteiligung entstehen.[217] Nur in Höhe des nicht werthaltigen Teils der verzichteten Forderung liegt ein Verlust vor. Steuerlich kann dieser Verlust unter den weiteren Voraussetzungen des § 3c Abs. 2 S. 2 EStG nur zu 60 % berücksichtigungsfähig sein.

Die grundsätzliche Abzugsfähigkeit des betrieblich veranlassten Forderungsverzichts ist nicht weiter erörterungsbedürftig, der Gesellschafter wird hier wie ein fremder Dritter behandelt.[218] Gleiches gilt im Wesentlichen für den nicht werthaltigen Teil der Forderung bei Veranlassung durch das Gesellschaftsverhältnis.[219] Da nur in Höhe des werthaltigen Teils eine Einlage vorliegen kann, ist der nicht werthaltige Teil endgültig verloren und damit grundsätzlich abzugsfähig.[220] Weniger intuitiv ist die Begründung von nachträglichen Anschaffungskosten in Höhe des werthaltigen Teils. Auch die Abzugsbeschränkung des § 3c Abs. 2 S. 2 EStG mit ihrer Durchbrechung der Unabhängigkeit der Fremdkapitalfinanzierung vom Teileinkünfteverfahren verlangt nach näherer Betrachtung.

---

214 Zur Abgrenzung von betrieblich zu gesellschaftsrechtliche siehe oben Kapitel 2:B.II.1.a) ab S. 41.

215 BFH, Urt. v. 29.07.1997 – VIII R 57/94, BFHE 184, 63 = BStBl II 1998, 652; *Eilers/Schwahn*, Sanierungssteuerrecht, Rn. 3.57 ff.

216 BFH, Urt. v. 29.07.1997 – VIII R 57/94, BFHE 184, 63 = BStBl II 1998, 652.

217 BFH, Urt. v. 07.05.2014 – X R 19/11; BFH, Urt. v. 29.07.1997 – VIII R 57/94, BFHE 184, 63 = BStBl II 1998, 652.

218 BFH, Urt. v. 29.07.1997 – VIII R 57/94, BFHE 184, 63 = BStBl II 1998, 652; vgl. auch BFH, Urt. v. 16.01.1975 – IV R 180/71, BFHE 115, 202 = BStBl II 1975, 526; *Eilers/Schwahn*, Sanierungssteuerrecht, Rn. 3.57 ff.

219 BFH, Urt. v. 29.07.1997 – VIII R 57/94, BFHE 184, 63 = BStBl II 1998, 652.

220 Vgl. BFH, Urt. v. 18.04.2012 – X R 7/10, BStBl II 2013, 791 = BFHE 237, 119; BFH, Urt. v. 29.07.1997 – VIII R 57/94, BFHE 184, 63 = BStBl II 1998, 652; *Knobbe-Keuk*, StuW 1991, 306 (307).

aa) Gesellschaftsrechtlich veranlasst und nicht werthaltig: Nachträgliche Anschaffungskosten auch ohne Wertsteigerung

Unabhängig von einer tatsächlichen Wertsteigerung der Anteile an der erlassbegünstigten Kapitalgesellschaft ist der werthaltige Teil des als Sacheinlage anzusehenden Forderungsverzichts als nachträgliche Anschaffungskosten zu qualifizieren.[221] Dies ergibt sich aus § 6 Abs. 6 S. 2 EStG. Entscheidender Gesichtspunkt ist damit die rein abstrakte Eignung von Sacheinlagen, den Wert der Beteiligung zu erhöhen.[222] Für den werthaltigen Teil der Forderung ist dies immer gegeben.[223] Handelsbilanziell dürfen nachträgliche Anschaffungskosten nur bis zur Höhe des tatsächlichen Wertes der Beteiligung aktiviert werden.[224] Insoweit wird der Maßgeblichkeitsgrundsatz von § 6 Abs. 6 S. 2 EStG durchbrochen. Fallen tatsächlicher Wert und steuerbilanzieller Wert der Beteiligung auseinander, entsteht Potenzial für eine Teilwertabschreibung gem. § 6 Abs. 1 Nr. 2 S. 2 EStG.[225] Die Rechtsprechung schränkt die Möglichkeit der Teilwertabschreibung in Sanierungsfällen hingegen ein und bedient sich dazu einer als Fiktion zu bezeichnenden Vermutung.[226] Werden Finanzmittel mit dem Ziel der Wiederherstellung von Ertragsfähigkeit zugeführt und nicht nur zur Abwendung einer Insolvenz, dann gilt die allgemeine Vermutung der Entsprechung von Teilwert und nachträglichen Anschaffungskosten.[227] Ansatzpunkt für einen gedach-

221 BFH, Urt. v. 07.05.2014 – X R 19/11; BFH, Urt. v. 19.10.2005 – I R 40/40; BFH, Urt. v. 28.04.2004 – I R 20/03 mit dem Zugeständnis der begrifflichen Unschärfe des Begriffs der "nachträglichen Anschaffungskosten" an die Kritiker; BFH, Urt. v. 18.12.1990 – VIII R 158/86 mwN zur Rechtsprechung des BFH; kritisch *Hoffmann*, DStR 2002, 1233 (1233), der schon mangels Finalzusammenhangs zwischen der Aufwendung und des Anschaffungsvorgangs keine "nachträglichen Anschaffungskosten" erkennen kann; auch schon *Hoffmann*, DStR 1995, 77 (80); ebenso *L. Schmidt/Hageböke*, DStR 2002 (1203), die zudem noch die Eigenständigkeit der Wirtschaftsgüter Forderung und Beteiligung hervorheben.

222 BFH, Urt. v. 07.05.2014 – X R 19/11; BFH, Urt. v. 19.10.2005 – I R 40/40; BFH, Urt. v. 28.04.2004 – I R 20/03.

223 *Helm/Krinninger*, DB 2005, 1989 (1991).

224 *Helm/Krinninger*, DB 2005, 1989 (1990).

225 BFH, Urt. v. 19.10.2005 – I R 40/40; BFH, Urt. v. 29.07.1997 – VIII R 57/94, BFHE 184, 63 = BStBl II 1998, 652, "Vermutung, daß (sic!) sich der Teilwert eines Wirtschaftsguts im Zeitpunkt seiner Anschaffung oder Herstellung mit den tatsächlichen Anschaffungs- oder Herstellungskosten deckt, gilt nicht ohne weiteres auch für zusätzliche Anschaffungskosten in Gestalt verdeckter Einlagen".

226 Vgl. insbesondere BFH, Urt. v. 07.05.2014 – X R 19/11.

227 BFH, Urt. v. 07.05.2014 – X R 19/11; BFH, Urt. v. 28.04.2004 – I R 20/03; BFH, Urt. v. 18.12.1990 – VIII R 158/86; zustimmend *Weber-Grellet*, DB 1998, 1532 (1534).

ten Erwerber sei nicht die Substanzbewertung der Beteiligung, sondern die zukünftig aufgrund der Sanierung bestehenden Ertragsaussichten.[228] Diese strikte Vermutung gilt jedoch nur im Jahr der Sanierung. In folgenden Jahren ist unter Heranziehung der allgemeinen Bewertungsgrundsätze zu prüfen, ob der Teilwert den aktivierten Anschaffungskosten noch entspricht.[229] Für Teilwertabschreibungen und ebenso für Veräußerungen des Anteils gilt § 3c Abs. 2 S. 1 EStG. Eine Berücksichtigung der nachträglichen Anschaffungskosten findet nur zu 60 % statt. Entweder weil die Teilwertabschreibung nur zu 60 % abzugsfähig ist oder weil bei der Veräußerungsgewinnberechnung nur 60 % der Anschaffungskosten berücksichtigt werden.

bb) Abzugsbeschränkung für Darlehensverluste (§ 3c Abs. 2 S. 2 ff. EStG)

Der Forderungsverzicht des Gesellschafters führt bei betrieblicher Veranlassung in voller Höhe und bei gesellschaftsrechtlicher Veranlassung in Höhe des nicht werthaltigen Teils der aktivierten Forderung zu einem Verlust. Die steuerliche Berücksichtigung dieses Verlustes unterliegt der Einschränkung des § 3c Abs. 2 S. 2 EStG. Rechtsfolge der Abzugsbeschränkung ist die Gleichstellung von Verlusten aus der nicht fremdüblichen Gesellschafterfremdfinanzierung mit Substanzverlusten der Beteiligung selbst.[230] Damit ist eine partielle Durchbrechung der Trennung von Fremd- und Eigenkapitalfinanzierung verbunden.[231] Verluste können nur zu 60 % geltend gemacht werden.[232] Zweck ist die typisierte Missbrauchsabwehr: Der Gesellschafter soll durch die gesellschaftsrechtlich veranlasste Fremdkapitalfinanzierung im Verlustfall den Beschränkungen des Teileinkünfteverfahrens unterliegen. Nachgebildet ist die Vorschrift dem schon länger existierenden § 8b Abs. 3 S. 4 KStG zum Parallelproblem bei körperschaftsteuerpflichti-

228 BFH, Urt. v. 07.05.2014 – X R 19/11; BFH, Urt. v. 18.12.1990 – VIII R 158/86.

229 BFH, Urt. v. 07.05.2014 – X R 19/11.

230 So die Begründung des Gesetzgebers BT-Drs. 18/3017, S. 38; *Desens*, in: H/H/R, § 3c EStG [Stand 06.2019], Rn. 66 spricht von einer "Spezialregelung zur Bestimmung des wirtschaftlichen Zusammenhangs iSd. Abs. 2 Satz 1".

231 So noch die Argumentation vor Einführung des § 3c Abs. 2 S. 2 EStG n. F. BFH, Urt. v. 18.04.2012 – X R 7/10, BStBl II 2013, 791 = BFHE 237, 119; dazu *Levedag*, GmbHR 2016, 261 (262).

232 *Desens*, in: H/H/R, § 3c EStG [Stand 06.2019], Rn. 74; *Levedag*, GmbHR 2016, 261 (261).

gen Gesellschafter-Gläubigern.[233] Die nachteiligen Rechtsfolgen auf Gesellschafterebene müssen nicht nur bei Verzichten auf Darlehensforderungen beachtet werden, vielmehr ordnet § 3c Abs. 2 S. 4 EStG die Erfassung auch wirtschaftlich vergleichbarer Rechtshandlungen an – eine ebenso erhebliche wie undurchsichtige Erweiterung auf andere Forderungen. Voraussetzung ist stets eine qualifizierte Beteiligung an der Schuldnergesellschaft. Den Ausweg aus der Anwendung bietet ein in der Praxis äußerst schwierig zu führender Fremdvergleich. Dieser knüpft, anders als bei der Abgrenzung von betrieblicher und gesellschaftsrechtlicher Veranlassung, nicht am Verzicht selbst an, sondern an der Gewährung oder Weitergewährung des Darlehens (§ 3c Abs. 2 S. 3 EStG) bzw. der Begründung oder unterlassenen Beendigung von wirtschaftlich vergleichbaren Schuldverhältnissen (§ 3c Abs. 2 S. 4, 3 EStG).

(1) Darlehen und wirtschaftlich vergleichbare Rechtshandlungen

Die Prüfung der Anwendbarkeit von § 3c Abs. 2 S. 2 EStG bei Verzichten auf Forderungen aus Gesellschafterdarlehen ist naheliegend und hängt im Wesentlichen von den weiteren Voraussetzungen ab. Verzichtet der Gesellschafter auf Forderungen aus anderen Leistungsbeziehungen, sollte eine vorschnelle Verneinung des § 3c Abs. 2 EStG unterbleiben. Sicherheit hat der Gesellschafter in diesen Fällen nur bei fremdüblichen Gestaltungen.

In Satz 4 des § 3c Abs. 2 EStG wird der Anwendungsbereich auf „Forderungen aus Rechtshandlungen, die einer Darlehensgewährung wirtschaftlich vergleichbar sind“ erstreckt. Damit sollen laut Gesetzesbegründung zur parallel lautenden Norm des Körperschaftsteuerrechts (§ 8b Abs. 3 S. 4 KStG) beispielsweise Forderungen aus Lieferung und Leistung sowie Mietforderungen umfasst sein.[234] Die abstrakt zugrunde liegende Geschäftsbeziehung allein ist allerdings kein ausreichendes Kriterium zur Feststellung, ob die Forderung der Abzugsbeschränkung des § 3c Abs. 2 S. 2 EStG unterliegt. Erforderlich ist vielmehr eine umfassende Einzelfallprüfung, wobei die Anforderung im Einzelnen umstritten und unklar sind. Vereinzelt wird in Anlehnung an das mittlerweile abgeschaffte Eigenkapitalersatzrecht (§§ 32a ff. GmbHG a. F.) ein kapitalersetzendes Rechtsverhältnis gefordert,

233 *Ott*, DStZ 2018, 179 (185); *Desens*, in: H/H/R, § 3c EStG [Stand 06.2019], Rn. 67.
234 BT-Drs. 16/6290, S. 73.

um die Vergleichbarkeit zu bejahen.[235] Weniger eng ist die Auslegung durch die Rechtsprechung[236] und in der Literatur[237]. Relevante Tatbestandsmerkmale sind „Rechtshandlung" und „Vergleichbarkeit mit einer Darlehensgewährung".

Die Rechtshandlung wird zum entscheidenden Tatbestandsmerkmal in solchen Fällen, in denen der Gesellschafter-Gläubiger die Durchsetzung seiner Forderung nicht rechtswirksam beschränkt, sondern nur auf eine Geltendmachung verzichtet. Zweifelhaft ist dann, ob allein das Stehenlassen der Forderung den Anforderungen an eine Rechtshandlung im Sinne des § 3c Abs. 2 S. 4 EStG genügt. Faktische Handlungen ohne rechtsverbindlichen Charakter sollen danach gerade nicht ausreichen.[238] Daran scheint das Finanzgericht Münster keinen Anstoß zu nehmen, wenn es auf die Kenntnis des Gesellschafters von der (schlechten) wirtschaftlichen Lage bei Lieferungen abstellt.[239] Darin liegt allenfalls eine tatsächliche Beschränkung der Durchsetzbarkeit der Forderung, nicht aber eine rechtliche. Für das Finanzgericht Berlin-Brandenburg ist das Stehenlassen der Forderung ein Anzeichen für eine jedenfalls konkludente rechtsgeschäftliche Abrede, die Einziehung der Forderung zu unterlassen.[240] Auf diese Weise wären auch die Anforderungen an eine Rechtshandlung erfüllt. Der Bundesfinanzhof musste auf diese Frage nicht eingehen, da in dem von ihm zu entschei-

235 *Häuslemann*, BB 2007, 1533 (1533); *Winhard*, FR 2010, 686 (688); *Schwedhelm/Olbing/Binnewies*, GmbHR 2018, 1233 (1247).

236 Vgl. BFH, Beschl. v. 15.05.2018 – I B 114/17; FG Baden-Württemberg, Urt. v. 24.09.2020 – 3 K 1486/19; FG Münster, Urt. v. 19.12.2017 – 10 K 3556/13 K, EFG 2018, 673; FG Berlin-Brandenburg, Beschl. v. 29.08.2017 – 11 V 11184/17, EFG 2017, 1692; FG Münster, Urt. v. 17.08.2016 – 10 K 2301/13, EFG 2016, 1810; FG Hamburg, Urt. v. 09.02.2017 – 5 K 9/15, EFG 2017, 763, aus anderen Gründen aufgehoben durch BFH.

237 Vgl. *Desens*, in: H/H/R, § 3c EStG [Stand 06.2019], Rn. 69; *Levedag*, GmbHR 2016, 261 (262); ausdrücklich zur Parallelnorm des KStG *Pung*, in: D/P/M, § 8b KStG [Stand 06.2020], Rn. 234.

238 Zur Parallelnorm des KStG *Pohl*, in: BeckOK KStG, § 8b KStG [Stand 12.2020], Rn. 692; so auch *Gosch*, in: Gosch, § 8b KStG, Rn. 278f, der gleichwohl jegliche stehen gelassene Forderung als erfasst ansieht.

239 Zur Parallelnorm des KStG FG Münster, Urt. v. 17.08.2016 – 10 K 2301/13, EFG 2016, 1810; ähnlich FG Münster, Urt. v. 19.12.2017 – 10 K 3556/13 K, EFG 2018, 673, Verzicht auf Betreibungsmaßnahmen als ein Kriterium (von mehreren) im entschiedenen Fall; zustimmend *Pung*, in: D/P/M, § 8b KStG [Stand 06.2020], Rn. 234.

240 FG Berlin-Brandenburg, Beschl. v. 29.08.2017 – 11 V 11184/17, EFG 2017, 1692; kritisch zu dieser Argumentation *Engelen/Erb*, ISR 2018, 149 (150).

denden Fall die unterlassene Geltendmachung zur Verjährung führte und damit eine rechtlich erhebliche Einrede entstanden ist.[241]

Wichtiger und noch umstrittener sind die Anforderungen an die Vergleichbarkeit mit der Darlehensgewährung. Einige lehnen diese für Forderungen aus Lieferung und Leistung bereits generell ab.[242] Andere sehen Forderungen aus Nutzungsüberlassungen (Miet- und Pachtforderungen) aufgrund der fehlenden Funktions- und Zweckparallelität zu Gelddarlehen als untauglich an.[243] Abgesehen von solch grundsätzlichen Bedenken muss die gegenständliche Forderung unter Berücksichtigung der Eigenarten ihrer Eintreibung wirtschaftlich vergleichbar mit einem Darlehen sein.[244] Darüber hinaus wird für eine Vergleichbarkeit zur Darlehensgewährung der Charakter eines Dauerschuldverhältnisses mit Mindestlaufzeit gefordert.[245] Jedenfalls wird die Vergleichbarkeit regelmäßig nicht schon bei der Begründung von marktüblich fälligen Forderungen gegeben sein.[246] Starre Fristenlösungen, die in Anlehnung an § 499 BGB einen mindestens dreimonatigen Zahlungsaufschub fordern[247], werden überwiegend abgelehnt.[248] Aus dem Finanzierungscharakter wird gefolgert, die Forderungen müssten zumindest über einen nach Art der Forderung marktunüblichen Zeitraum

241 Vgl. BFH, Beschl. v. 15.05.2018 – I B 114/17.

242 *Ditz/Quilitzsch*, DStR 2015, 545 (548); kritisch auch *Gocke/Hötzel*, in: FS Herzig, S. 89 (96).

243 *Desens*, in: H/H/R, § 3c EStG [Stand 06.2019], Rn. 69; *Herlinghaus*, in: Rödder/Herlinghaus/Neumann, § 8b KStG, Rn. 353, "ist zweifelhaft"; *Gosch*, in: Gosch, § 8b KStG, Rn. 278f; enger *Frotscher*, in: Frotscher/Drüen, § 8b KStG [Stand 01.2020], Rn. 441, nur die Nutzungsverhältnisse selbst, weil mangels Eigentumsübertragung regelmäßig keine Substanzverluste an den überlassenen Gegenständen eintreten können.

244 Zur Parallelnorm des KStG BFH, Beschl. v. 15.05.2018 – I B 114/17.

245 *Desens*, in: H/H/R, § 3c EStG [Stand 06.2019], Rn. 69, "Finanzierungscharakter"; zur Parallelnorm des KStG FG Baden-Württemberg, Urt. v. 24.09.2020 – 3 K 1486/19; *Herlinghaus*, in: Rödder/Herlinghaus/Neumann, § 8b KStG, Rn. 352; *Gosch*, in: Gosch, § 8b KStG, Rn. 278f; *Kosner/Kaiser*, DStR 2012, 925 (929).

246 So ausdrücklich zur Parallelnorm des KStG FG Münster, Urt. v. 17.08.2016 – 10 K 2301/13, EFG 2016, 1810; *Frotscher*, in: Frotscher/Drüen, § 8b KStG [Stand 01.2020], Rn. 437, 439; möglicherweise aA *Levedag*, GmbHR 2016, 261 (262), insbesondere in Betriebsaufspaltungsfällen.

247 *Fuhrmann/Strahl*, DStR 2008, 125 (127).

248 *Engelen/Erb*, ISR 2018, 149 (151); *Gosch*, in: Gosch, § 8b KStG, Rn. 278f, "zweifelhaft"; *Pung*, in: D/P/M, § 8b KStG [Stand 06.2020], Rn. 234.

stehen gelassen bzw. gestundet worden oder nicht fällig geworden sein.[249] Noch weitergehend sieht das Finanzgericht Münster auch solche Forderungen als erfasst an, bei denen schon zum Begründungszeitpunkt die Wahrscheinlichkeit einer zeitnahen Begleichung mangels Zahlungsfähigkeit äußerst gering ist.[250]

(2) Qualifizierte Beteiligung des Darlehensgebers

Der Gesellschafter-Gläubiger muss für die Anwendung des § 3c Abs. 2 S. 2 EStG zumindest mittelbar zu mehr als 25 % am Grund- bzw. Stammkapital der Schuldner-Kapitalgesellschaft beteiligt sein. Zugerechnet werden ihm alle über Personen- oder Tochterkapitalgesellschaften gehaltenen Beteiligungen. Wegen der transparenten Besteuerung von Personengesellschaften muss in einigen Fällen zudem die Darlehensgewährung der rechtlich eigenständigen Personengesellschaft an die zu sanierende Kapitalgesellschaft dem steuerpflichtigen Gesellschafter zugerechnet werden.[251] Es reicht aus, wenn zu irgendeinem Zeitpunkt während der Darlehenslaufzeit die Beteiligung qualifiziert im vorstehenden Sinne war.[252]

§ 3c Abs. 2 S. 2 EStG erfordert keine Gesellschafterstellung, sondern lässt auch ausschließlich mittelbare Beteiligungen des Darlehensgebers ausreichen.[253] Das betrifft Fälle, in denen der Steuerpflichtige über zwischengeschaltete Kapitalgesellschaften beteiligt ist.[254] Eine mittelbare Beteiligung des Steuerpflichtigen liegt auch dann vor, wenn die Beteiligung an der Tochterkapitalgesellschaft im Betriebsvermögen (nicht Sonderbetriebsvermögen) einer mitunternehmerischen Personengesellschaft gehalten wird.[255] Steuerpflichtiger im Sinne des Einkommensteuerrechts ist der Gesellschafter der Personengesellschaft, Gesellschafter der zu sanierenden Kapitalge-

249 *Desens*, in: H/H/R, § 3c EStG [Stand 06.2019], Rn. 69; zur Parallelnorm des KStG BFH, Beschl. v. 15.05.2018 – I B 114/17; *Rengers*, in: Brandis/Heuermann, § 8b KStG [Stand 07.2022], Rn. 296.

250 FG Münster, Urt. v. 19.12.2017 – 10 K 3556/13 K, EFG 2018, 673; FG Münster, Urt. v. 17.08.2016 – 10 K 2301/13, EFG 2016, 1810.

251 *Desens*, in: H/H/R, § 3c EStG [Stand 06.2019], Rn. 68.

252 BFH, Urt. v. 12.03.2014 – I R 87/12, BStBl II 2014, 859 = BFHE 244, 567.

253 Vgl. *Desens*, in: H/H/R, § 3c EStG [Stand 06.2019], Rn. 71; *Levedag*, GmbHR 2016, 261 (263).

254 *Desens*, in: H/H/R, § 3c EStG [Stand 06.2019], Rn. 71.

255 *Levedag*, GmbHR 2016, 261 (262 f.); *Desens*, in: H/H/R, § 3c EStG [Stand 06.2019], Rn. 71.

sellschaft ist aber die zivilrechtlich rechtsfähige Personengesellschaft selbst. Bei mittelbarer Beteiligung wird zur Bestimmung der Beteiligungshöhe nach Anteilen innerhalb der Beteiligungskette durchgerechnet.[256] Das gilt auch für Beteiligungen über gewerbliche Personengesellschaften. Das heißt, die Anteile der Personengesellschaft an der Kapitalgesellschaft werden mit dem Faktor zugerechnet, mit dem der Steuerpflichtige seinerseits an der Personengesellschaft beteiligt ist.[257]

Bei gewerblichen Mitunternehmerschaften kann es notwendig werden, deren Darlehensgewährung gegenüber der zu sanierenden Kapitalgesellschaft dem Steuerpflichtigen (also dem Gesellschafter) zuzurechnen. Der Wortlaut des § 3c Abs. 2 S. 2 EStG erfordert die Darlehensgewährung vom Steuerpflichtigen. Dies ist bei von Personengesellschaften selbst gewährten Darlehen wegen ihrer zivilrechtlichen Eigenständigkeit nicht der Fall. Weil aber eine erhebliche Lücke bei der Anwendung des § 3c Abs. 2 S. 2 EStG entstünde, wenn man diese Fälle nicht erfasste, wird eine anteilige Zurechnung auch der Darlehensgewährung an den Mitunternehmer vertreten.[258]

Nach Ansicht des Bundesfinanzhofs zur Anwendung der Parallelnorm im KStG muss die qualifizierte Beteiligung wegen des weiten Wortlauts „beteiligt war oder ist" nur zu irgendeinem Zeitpunkt der Darlehenslaufzeit erfüllt sein.[259] Zwar habe die Norm damit eine – gemessen an ihrem Zweck – überschießende Tendenz, dies sei aber wegen des klaren Wortlauts hinzunehmen.[260] Einige Literaturstimmen fordern einschränkend zumindest eine Beteiligung (unmittelbar oder mittelbar) zum Zeitpunkt der Darlehensgewährung; diese müsse allerdings nicht qualifiziert sein.[261] Weitergehende Vorschläge, die Norm im Hinblick auf ihren Telos einschränkend auszulegen, dürften aber wenig Aussicht auf Umsetzung in der Rechtspra-

256 *Ott*, DStZ 2016, 14 (22).

257 Dazu und weitergehend mit Fallbeispielen *Desens*, in: H/H/R, § 3c EStG [Stand 06.2019], Rn. 71.

258 Ausführlich *Desens*, in: H/H/R, § 3c EStG [Stand 06.2019], Rn. 68; *Ott*, DStZ 2016, 14 (24), der in Abwehrberatungsfällen eine strenge Wortlautbetrachtung empfiehlt; *Paetsch*, in: BeckOK EStG, § 3c EStG [Stand 10.2020], Rn. 150.

259 BFH, Urt. v. 12.03.2014 – I R 87/12, BStBl II 2014, 859 = BFHE 244, 567.

260 BFH, Urt. v. 12.03.2014 – I R 87/12, BStBl II 2014, 859 = BFHE 244, 567; *Gosch*, in: Gosch, § 8b KStG, Rn. 279; *Herlinghaus*, in: Rödder/Herlinghaus/Neumann, § 8b KStG, Rn. 331; *Rengers*, in: Brandis/Heuermann, § 8b KStG [Stand 07.2022], Rn. 307. Die Literaturmeinungen jedoch jeweils mit Verweis auf die Fremdüblichkeit als Korrektiv für allzu überbordende Normanwendungen.

261 *Desens*, in: H/H/R, § 3c EStG [Stand 06.2019], Rn. 71; *Paetsch*, in: BeckOK EStG, § 3c EStG [Stand 10.2020], Rn. 154; *Kosner/Kaiser*, DStR 2012, 925 (926).

xis haben. Sie fordern eine qualifizierte Beteiligung an zumindest einem der drei folgenden Zeitpunkte: Gewährung des Darlehens, unterlassene Beendigung der Darlehensbeziehung bei Krisenbeginn oder Eintritt der Wertminderung.[262]

(3) Escape durch Fremdvergleich

Sind die vorstehenden Voraussetzungen erfüllt, vermutet der Gesetzgeber die gesellschaftsrechtliche Veranlassung der Darlehens(-weiter-)gewährung und will deshalb die damit zusammenhängenden Verluste des Gesellschafters nur anteilig berücksichtigen.[263] Dem betroffenen Gesellschafter steht jedoch die Möglichkeit offen, durch einen erfolgreichen Drittvergleich die Anwendung abzuwenden (§ 3c Abs. 2 S. 3 EStG). Er trägt insoweit die objektive Feststellungslast[264] und sieht sich mit einem in praxi kaum zu führenden Nachweis konfrontiert.[265] Der Steuerpflichtige muss nachweisen, dass auch fremde Dritte bei sonst gleichen Umständen das Darlehen gewährt oder trotz bestehender Möglichkeit nicht vorzeitig gekündigt hätten.[266] Erschwerend dürfen nur eigene Sicherungsmittel der Körperschaft berücksichtigt werden (§ 3c Abs. 2 S. 3 Hs. 2 EStG). Die in der Gesetzesbegründung[267] (zur Parallelvorschrift des KStG) genannten und auch vorher bereits von der Finanzverwaltung[268] vertretenen Fälle der Fremdunüblichkeit - unverzinst, unangemessen verzinst, unbesichert - erweisen sich dabei als nicht unumstritten.[269]

Die Finanzverwaltung stellt zur Bestimmung der Fremdüblichkeit weitestgehend auf die bereits vor Geltung des § 3c Abs. 2 S. 3 EStG entwickelten

262 *Winhard*, FR 2010, 686 (687); *Gocke/Hötzel*, in: FS Herzig, S. 89 (94 f.), auch mit Wortlautargumenten; *Frotscher*, in: Frotscher/Drüen, § 8b KStG [Stand 01.2020], Rn. 396.

263 *Desens*, in: H/H/R, § 3c EStG [Stand 06.2019], Rn. 73.

264 *Desens*, in: H/H/R, § 3c EStG [Stand 06.2019], Rn. 73.

265 *Baumgartner/Geiling*, DB 2015, 2476 (2477); *Winhard*, FR 2010, 686 (689); *Ott*, DStZ 2010, 623 (628).

266 *Desens*, in: H/H/R, § 3c EStG [Stand 06.2019], Rn. 73.

267 BT-Drs. 16/6290, S. 74.

268 Bundesministerium der Finanzen, 08.11.2010, IV C 6-S 2128/07/10001 unter 2.

269 Vgl. *Herlinghaus*, in: Rödder/Herlinghaus/Neumann, § 8b KStG, Rn. 344 f.; *Gosch*, in: Gosch, § 8b KStG, Rn. 279d; *Pung*, in: D/P/M, § 8b KStG [Stand 06.2020], Rn. 231; *Winhard*, FR 2010, 686 (689), "Fehlkonzeption".

Kriterien ab.[270] Sie sieht insbesondere durch nicht fremdvergleichskonforme Darlehenskonditionen den wirtschaftlichen Zusammenhang zwischen der Darlehensgewährung und den Einkünften aus der Beteiligung hergestellt. Wer ein Darlehen (zumindest zum Teil) ohne angemessene Gegenleistung gewähre, wolle damit nicht Einnahmen aus dem grundsätzlich selbstständigen Wirtschaftsgut Darlehensforderung erzielen, sondern die Einnahmen aus dem Wirtschaftsgut Beteiligung fördern.[271] Vor dem Hintergrund dieser Argumentation wird klar, warum jegliche fremdunübliche Kondition dem Teilabzugsverbot unterfallen soll: Wenn das Darlehen der Erzielung von Beteiligungseinkünften dient, dann muss der Substanzverlust eines solchen Darlehens aus Sicht der Finanzverwaltung ebenso wie ein Substanzverlust der Beteiligung selbst behandelt werden. Unverzinsliche oder unbesicherte Darlehen werden in der Literatur zwar als Indizien anerkannt, aber nur im Rahmen einer Gesamtwürdigung aller Finanzierungsumstände.[272] Der Wortlaut des § 3c Abs. 2 S. 3 EStG stellt nicht auf fremdübliche Darlehenskonditionen ab, sondern erfordert den Nachweis, dass ein fremder Dritter das Darlehen bei sonst gleichen Umständen gewährt bzw. nicht zurückgefordert hätte. Es komme daher darauf an, ob die Unüblichkeit einer Darlehensbedingung wie z. B. die Verzinsung auf die Gewährung des Darlehens insgesamt durchschlägt.[273] Ein Risikodarlehensgeber vergäbe beispielsweise auch ein unbesichertes Darlehen, wenn das Risiko durch einen Zinszuschlag kompensiert werde.[274] Die Fremdüblichkeit von Leistungsentgelt oder Besicherung sei nicht allein entscheidend, wenn es um die Substanz der Darlehensforderung gehe.[275] Weiter sei auch die sonstige Geschäftsbeziehung zwischen Gesellschafter-Gläubiger und

---

270 Bundesministerium der Finanzen, 08.11.2010, IV C 6-S 2128/07/10001 unter 2.

271 Bundesministerium der Finanzen, 08.11.2010, IV C 6-S 2128/07/10001 unter 2.

272 *Desens*, in: H/H/R, § 3c EStG [Stand 06.2019], Rn. 73; *Herlinghaus*, in: Rödder/Herlinghaus/Neumann, § 8b KStG, Rn. 341 ff.; *Rengers*, in: Brandis/Heuermann, § 8b KStG [Stand 07.2022], 311; *Watermeyer*, in: H/H/R, § 8b KStG [Stand 06.2014], Rn. 116; *Kosner/Kaiser*, DStR 2012, 925 (927).

273 *Gosch*, in: Gosch, § 8b KStG, Rn. 279d, Niedrigverzinsung müsse Ausdruck dessen sein, "dass unter Fremden das Darlehen insgesamt nicht gewährt worden wäre."; *Herlinghaus*, in: Rödder/Herlinghaus/Neumann, § 8b KStG, Rn. 344 f.; *Rengers*, in: Brandis/Heuermann, § 8b KStG [Stand 07.2022], Rn. 311.

274 *Desens*, in: H/H/R, § 3c EStG [Stand 06.2019], Rn. 73.

275 *Frotscher*, in: Frotscher/Drüen, § 8b KStG [Stand 01.2020], Rn. 426; *Watermeyer*, in: H/H/R, § 8b KStG [Stand 06.2014], Rn. 116; sehr kritisch zur Inbezugnahme von Darlehenskonditionen für die Beurteilung der Substanzverluste *Ditz/Quilitzsch*, DStR 2015, 545 (546 f.).

Schuldner-Kapitalgesellschaft zu beachten. Die Gefahr des Verlusts einer „fruchtbringende[n] Geschäftsbeziehung“[276] verleite auch fremde Dritte zu risikoreichen oder unverzinsten Darlehensgewährungen. Für den Fremdvergleich müsse schließlich allein die (qualifizierte) Beteiligung weggedacht werden, sich also ein fremder Dritter vorgestellt werden, der in der sonst gleichen Verbindung zum Schuldner stehe.[277]

Eine verengte Perspektive erlangt der Fremdvergleich durch die sogenannte „stand-alone-Klausel“. Es werden nur die Sicherheiten des Schuldners selbst betrachtet und Sicherheiten, die von Gesellschaftern stammen, außer Acht gelassen. Damit fingiert der Gesetzgeber eine für den Nachweis der Fremdüblichkeit nachteilige Realität.[278] Sicherheiten von außen werden berücksichtigt, wenn sie von der Gesellschaft mit eigenen Mitteln finanziert wurden.[279]

Die maßgeblichen Zeitpunkte, an denen der Fremdvergleich aus Sicht des Steuerpflichtigen gelingen muss, sind die Gewährung des Darlehens und die Weitergewährung bei Kriseneintritt. Es muss daher ein fortlaufender Fremdvergleich geführt werden.[280] Die unterlassene Zurückforderung des Darlehens setzt die rechtliche Möglichkeit zur Kündigung des Darlehens bei Kriseneintritt voraus. Bei Risikofinanzierungen (insb. Krisendarlehen), dürfte es aber an einer solchen Vertragsklausel fehlen, was im Hinblick auf den Darlehenszweck keine Bedenken hinsichtlich der fremdüblichen Gewährung hervorruft.[281] Insolvenzrechtliche Vorschriften, die einer Rückzahlung von bei Kriseneintritt gekündigten Darlehen entgegenstehen können, entbinden den Gesellschafter-Gläubiger nicht von der Kündigungspflicht.[282] Kommt es aber aus Rücksicht auf die Vorschriften nicht mehr zu einer Rückgewähr, ist dies für die Beurteilung der Fremdüblichkeit unwesentlich.[283] Verpasst der Gläubiger die erste Möglichkeit zur

---

276 *Herlinghaus*, in: Rödder/Herlinghaus/Neumann, § 8b KStG, Rn. 342.

277 *Desens*, in: H/H/R, § 3c EStG [Stand 06.2019], Rn. 73.

278 *Desens*, in: H/H/R, § 3c EStG [Stand 06.2019], Rn. 73; kritisch *Gosch*, in: Gosch, § 8b KStG, Rn. 279d.

279 *Levedag*, GmbHR 2016, 261 (263); *Frotscher*, in: Frotscher/Drüen, § 8b KStG [Stand 01.2020], Rn. 423; *Paetsch*, in: BeckOK EStG, § 3c EStG [Stand 10.2020], Rn. 161.

280 *Gosch*, in: Gosch, § 8b KStG, Rn. 279b; *Frotscher*, in: Frotscher/Drüen, § 8b KStG [Stand 01.2020], Rn. 431, die keine kontinuierliche, sondern eine jährliche und anlassbezogenen Prüfobliegenheit vertritt, um den Stuerpflichtigen nicht zu überlasten.

281 *Gosch*, in: Gosch, § 8b KStG, Rn. 279b.

282 *Desens*, in: H/H/R, § 3c EStG [Stand 06.2019], Rn. 73.

283 *Desens*, in: H/H/R, § 3c EStG [Stand 06.2019], Rn. 73.

Kündigung des Darlehens, unterliegt der gesamte Wertverlust der Abzugsbeschränkung.[284] Wegen des klaren Wortlauts kommt eine Aufteilung des Wertverlusts in einen unbeschränkt abzugsfähigen Teil, der bis zur ersten Kündigungsmöglichkeit entstanden ist und einen abzugsbeschränkten Teil nicht in Betracht.[285]

Die objektive Feststellungslast für die Fremdüblichkeit trifft den darlehensgewährenden Gesellschafter. Taugliche Beweismittel können vergleichsweise eingeholte Kreditangebote, anderweitig bestehende Fremddarlehen oder Ratings sowie andere Kreditwürdigkeitsanalysen sein.[286] Aus später eintretenden Wertminderungen kann kein Rückschluss auf die fehlende Fremdüblichkeit erfolgen, da sich Bonitätsrisiken regelmäßig auch bei fremdüblichen Darlehen verwirklichen.[287] Eine Vermutung für die Fremdüblichkeit soll in den Fällen gelten, in denen der Gesellschafter zu den maßgeblichen Zeitpunkten – Gewährung und unterlassene Kündigung bei Krisenbeginn – kein qualifizierter Gesellschafter war.[288] Diese Auslegung dient der Abmilderung der zu weit geratenen zeitlichen Ausdehnung bei der Bestimmung der qualifizierten Beteiligung.[289]

b) Körperschaftsteuer

Ist der sanierende Gesellschafter Körperschaftsteuersubjekt, gleicht die steuerliche Behandlung im Wesentlichen der Behandlung bei Einkommensteuersubjekten mit der Beteiligung im Betriebsvermögen.[290] Wesentlicher Unterschied ist die vollständige steuerliche Nichtberücksichtigung von

---

284 *Herlinghaus*, in: Rödder/Herlinghaus/Neumann, § 8b KStG, Rn. 347; *Gosch*, in: Gosch, § 8b KStG, Rn. 279c; aA *Watermeyer*, in: H/H/R, § 8b KStG [Stand 06.2014], Rn. 117.

285 *Herlinghaus*, in: Rödder/Herlinghaus/Neumann, § 8b KStG, Rn. 347; *Gosch*, in: Gosch, § 8b KStG, Rn. 279c; aA *Frotscher*, in: Frotscher/Drüen, § 8b KStG [Stand 01.2020], Rn. 411.

286 *Gosch*, in: Gosch, § 8b KStG, Rn. 279e; *Herlinghaus*, in: Rödder/Herlinghaus/Neumann, § 8b KStG, Rn. 348.

287 *Pung*, in: D/P/M, § 8b KStG [Stand 06.2020], Rn. 231; aA *Gosch*, in: Gosch, § 8b KStG, Rn. 279e.

288 *Gosch*, in: Gosch, § 8b KStG, Rn. 279e; für eine Beschränkung auf Fälle in denen die gesellschaftsrechltiche Verbindung noch gar nicht oder nicht mehr besteht *Rengers*, in: Brandis/Heuermann, § 8b KStG [Stand 07.2022], Rn. 313; so wohl auch *Herlinghaus*, in: Rödder/Herlinghaus/Neumann, § 8b KStG, Rn. 348.

289 Vgl. *Herlinghaus*, in: Rödder/Herlinghaus/Neumann, § 8b KStG, Rn. 331.

290 Siehe dazu oben Kapitel 2:B.II.2.a) ab S. 49.

nachträglichen Anschaffungskosten und regelmäßig auch von Darlehensverlusten.

aa) Nachträgliche Anschaffungskosten bleiben steuerlich unberücksichtigt

Kommt es aufgrund eines gesellschaftsrechtlich veranlassten Darlehensverzichts zu nachträglichen Anschaffungskosten eines körperschaftsteuerpflichtigen Gesellschafter-Gläubigers, sind diese wegen des § 8b Abs. 2 KStG steuerlich unbeachtlich. Veräußerungsgewinne oder -verluste einer Kapitalgesellschaftsbeteiligung wirken sich bei körperschaftsteuerpflichtigen Gesellschaftern nicht aus. Damit sind auch die Anschaffungskosten jener Beteiligungen für die Besteuerung irrelevant.

bb) Abzugsbeschränkung für Darlehnsverluste (§ 8b Abs. 3 S. 4 ff. KStG)

§ 8b Abs. 3 S. 4 KStG stellt als Parallelnorm zu § 3c Abs. 2 S. 2 EStG ebenfalls eine Abzugsbeschränkung dar, die an den steuerlich relevanten Verlust aus einem Forderungsverzicht (betrieblich oder gesellschaftsrechtlich veranlasst) anknüpfen kann. Wesentlicher Unterschied ist die Höhe der Abzugsbeschränkung: Gemäß § 3c Abs. 2 EStG sind außerbilanziell 40 % des Verlustes hinzuzurechnen, während § 8b Abs. 3 S. 4 KStG die Hinzurechnung des kompletten Verlustes erfordert und somit eine steuerliche Berücksichtigung ausschließt.

Die Voraussetzungen für die Anwendung des § 8b Abs. 3 S. 4 KStG decken sich weitestgehend mit denen des § 3c Abs. 2 S. 2 EStG. Es ist eine Darlehensgewährung oder eine vergleichbare Rechtshandlung notwendig und der Gesellschafter muss qualifiziert beteiligt sein. Bei der Bestimmung der qualifizierten Beteiligung ergeben sich durch den Bezug auf den Gesellschafter und die Einbeziehung von nahestehenden Personen (§ 8b Abs. 3 S. 5 KStG) einige Auslegungsfragen. Der Steuerpflichtige ist in den Fällen der vorgenannten Voraussetzungen mit dem Nachweis der Fremdüblichkeit belastet, um die Anwendung der steuerlichen Hinzurechnung abzuwenden.

Anders als bei der Parallelnorm des EStG erfasst die Vorschrift des § 8b Abs. 3 S. 4 KStG unmittelbar oder mittelbar beteiligte *Gesellschafter*. Überwiegend wird auch die rein mittelbare Beteiligung als von der Norm erfasst angesehen.[291] Im Hinblick auf die Verwendung des Begriffs „Gesellschafter" wird vereinzelt vertreten, es müsse eine unmittelbare Beteiligung bestehen, da der nur mittelbar Beteiligte kein Gesellschafter des Kreditnehmers sein könne.[292] Die vom Gesetzgeber alternativ genannte mittelbare Beteiligung habe in den Fällen der unmittelbaren Beteiligung die Funktion, die Beteiligungsquote zutreffend zu ermitteln.[293] Gegen dieses zivilrechtliche Verständnis des Gesellschafterbegriffs wird aber gerade die Nennung des mittelbaren Gesellschafters im Gesetzeswortlaut angeführt.[294]

Die Bestimmung der Beteiligungsquote bestimmt sich nach durchgerechneten Quoten, das heißt in einer Beteiligungskette wird der nächsthöheren Gesellschaft die Beteiligung nur in Höhe ihres Anteils an der vermittelnden Gesellschaft zugerechnet.[295] Bestehen verschiedene mittelbare Beteiligungen, werden diese zusammengerechnet.[296] Gleiches gilt auch für unmittelbare und mittelbare Beteiligungen.[297]

Wird bei durchgerechneter Beteiligungsquote die Wesentlichkeitsschwelle von mehr als 25 % nicht erreicht, kann das Abzugsverbot über § 8b Abs. 3 S. 5 KStG einschlägig sein.[298] Muttergesellschaften können zugleich nahestehende Person der die Beteiligung vermittelnden Tochtergesellschaft darstellen.[299] Ist die Tochtergesellschaft zu mehr als 25 % (mittel- oder unmittelbar) an der zu sanierenden Kapitalgesellschaft beteiligt und die darlehensgewährende Muttergesellschaft nahestehende Person im Sinne von § 1 Abs. 2 AStG, wird diese Konstellation von § 8b Abs. 3 S. 5 KStG erfasst.[300] Ebenfalls über die Figur der nahestehenden Person löst die Min-

---

291 *Herlinghaus*, in: Rödder/Herlinghaus/Neumann, § 8b KStG, Rn. 326; *Gosch*, in: Gosch, § 8b KStG, Rn. 279.1; *Pohl*, in: BeckOK KStG, § 8b KStG [Stand 12.2020], Rn. 636; *Frotscher*, in: Frotscher/Drüen, § 8b KStG [Stand 01.2020], Rn. 382.

292 *Watermeyer*, in: H/H/R, § 8b KStG [Stand 06.2014], Rn. 112.

293 *Watermeyer*, in: H/H/R, § 8b KStG [Stand 06.2014], Rn. 112; aA *Frotscher*, in: Frotscher/Drüen, § 8b KStG [Stand 01.2020], Rn. 382a, die eine Zusammenrechnung von mittelbaren und unmittelbaren Beteiligungen wegen des Wortlauts "oder" verneint.

294 *Pohl*, in: BeckOK KStG, § 8b KStG [Stand 12.2020], Rn. 614.

295 *Herlinghaus*, in: Rödder/Herlinghaus/Neumann, § 8b KStG, Rn. 330.

296 *Frotscher*, in: Frotscher/Drüen, § 8b KStG [Stand 01.2020], Rn. 382a.

297 *Rengers*, in: Brandis/Heuermann, § 8b KStG [Stand 07.2022], Rn. 306; aA *Frotscher*, in: Frotscher/Drüen, § 8b KStG [Stand 01.2020], Rn. 382a.

298 *Pung*, in: D/P/M, § 8b KStG [Stand 06.2020], Rn. 229.

299 Dazu näher *Pohl*, in: BeckOK KStG, § 8b KStG [Stand 12.2020], Rn. 664 ff. mwN.

300 Vgl. *Gosch*, in: Gosch, § 8b KStG, Rn. 279.1; *Herlinghaus*, in: Rödder/Herlinghaus/Neumann, § 8b KStG, Rn. 330, jeweils für Fälle zwischengeschalteter Personengesellschaften.

dermeinung die Fälle allein mittelbarer Beteiligung, wenn sie wegen des strengen Gesellschafterverständnisses für die direkte Anwendung von § 8b Abs. 3 S. 4 KStG zumindest auch eine unmittelbare Beteiligung fordert.[301] Fälle, in denen eine qualifizierte Beteiligung am Grund- oder Stammkapital nicht vorliegt, aber ein beherrschender Einfluss, können die Anwendung des Abzugsverbots über § 8b Abs. 3 S. 5 KStG begründen.[302]

C. Debt-Equity-Swap

Der Debt-Equity-Swap, also die Einbringung von Forderungen in das Eigenkapital des Schuldners, ist in Deutschland nur als Sacheinlage möglich.[303] Die Gesellschaft muss einen entsprechenden Kapitalerhöhungsbeschluss fassen, woraufhin der anteilserwerbende Gläubiger den Einlageanspruch entweder durch Abtretung seiner Forderung an die Gesellschaft oder durch Abschluss eines Erlassvertrags gem. § 397 Abs. 1 BGB erfüllt.[304] Unabhängig von der rechtstechnischen Ausgestaltung ist eine Einbringung nur zum objektiven Marktwert der Forderung möglich.[305] Grund dafür ist das gesellschaftsrechtliche Prinzip der effektiven Kapitalaufbringung.[306] Dieses Prinzip steht auch einer Aufrechnung des Gesellschafters gegen den Einlageanspruch der Kapitalgesellschaft entgegen (§ 66 Abs. 1 S. 2 AktG, § 56 Abs. 2 i. V. m. § 19 Abs. 2 S. 2 GmbHG).[307] Es ist daher nicht möglich, einen Debt-Equity-Swap als Bareinlage und so zwingend zum Nennwert der Forderung zu strukturieren. Regelmäßig wird der Kapitalerhöhung durch den Debt-Equity-Swap eine Kapitalherabsetzung vorangehen, um

---

301 *Watermeyer*, in: H/H/R, § 8b KStG [Stand 06.2014], Rn. 112.

302 *Herlinghaus*, in: Rödder/Herlinghaus/Neumann, § 8b KStG, Rn. 325.

303 *Eilers*, GWR 2009, 3 (3); *Koch*, in: Hüffer/Koch, § 27 AktG, Rn. 17; *Priester/Tebben*, in: Scholz, § 56 GmbHG, Rn. 13; *Schmidt*, in: Schmidt/Uhlenbruck, Die GmbH in Krise, Rn. 2.380.

304 *Lieder*, in: MüKo GmbHG, § 56 GmbHG, Rn. 19b.

305 *Lieder*, in: MüKo GmbHG, § 56 GmbHG, Rn. 19; *Koch*, in: Hüffer/Koch, § 27 AktG, Rn. 17; *Schmidt*, in: Schmidt/Uhlenbruck, Die GmbH in Krise, Rn. 2.390; kritisch aber i. Erg. zustimmend *Beyer*, DStR 2012, 2199 (2200 f.); kritisch *Scholz*, in: MüHa GesR Bd. 4, § 57, Rn. 86, mit weiteren Nachweisen zur Gegenauffassung.; ausführlich zur Gegenauffassung *Müller*, in: FS Hoffmann-Becking, S. 835 (843 f.); *Clemm*, in: FG Haas, S. 67 (70 f.).

306 *Lieder*, in: MüKo GmbHG, § 56 GmbHG, Rn. 19a; *Priester/Tebben*, in: Scholz, § 56 GmbHG, Rn. 13a.

307 *Koch*, in: Hüffer/Koch, § 66 AktG, Rn. 5; *Priester/Tebben*, in: Scholz, § 56 GmbHG, Rn. 47 f.

ein angemessenes Beteiligungsverhältnis zwischen Alt- und Neu-Gesellschaftern zu erreichen.[308]

Diese gesellschaftsrechtlichen Grundsätze des Debt-Equity-Swaps werden weder durch das mit dem ESUG[309] weiterentwickelte Insolvenzplanverfahren noch durch das in Umsetzung der EU-Restrukturierungsrichtlinie[310] neu geschaffene Restrukturierungsverfahren nach dem StaRUG infrage gestellt. Vielmehr bestätigen die Regelungen des § 254 Abs. 4 InsO und § 67 Abs. 5 StaRUG das Prinzip der effektiven Kapitalaufbringung, indem sie in ihrem Anwendungsbereich lediglich die daraus folgende Differenzhaftung des Inferenten ausschließen.[311] Die wesentlichen Erleichterungen des Insolvenz- bzw. Restrukturierungsverfahren bestehen darin, dass ein Debt-Equity-Swap im jeweiligen Plan vorgesehen werden kann, jedoch nicht gegen den Willen der betroffenen Gläubiger (§ 225a Abs. 2 InsO, § 7 Abs. 4 StaRUG).

I. Steuerfolge bei sanierter Kapitalgesellschaft.

Steuerrechtlich handelt es sich bei dem Debt-Equity-Swap um eine mit dem gemeinen Wert (§ 6 Abs. 6 S. 1 EStG) zu bewertende offene Einlage, unabhängig ob die Forderungen durch Erlass oder Abtretung eingebracht werden.[312] Der auszubuchenden Verbindlichkeit der zu sanierenden Kapitalgesellschaft steht eine Erhöhung des gezeichneten Kapitals gegenüber.[313] Soweit die Forderungen werthaltig sind, kommt es zu einem erfolgsneutralen Passivtausch.[314] Sind die Forderungen in einer Sanierungssituation bereits wertgemindert, entsteht in Höhe des wertgeminderten Teils ein

308 *Eilers/Schwahn*, Sanierungssteuerrecht, Rn. 3.84 ff.

309 Gesetz zur weiteren Erleichterung der Sanierung von Unternehmen vom 7.12.2011 (BGBl. I, S. 2582).

310 RL (EU) 2019/1023.

311 Zum Ganzen *Lieder*, in: MüKo GmbHG, § 56 GmbHG, Rn. 25 f.

312 *Eilers/Schwahn*, Sanierungssteuerrecht, Rn. 3.89 ff.; fälschlicherweise auf den Teilwert abstellend *Krumm*, in: Brandis/Heuermann, § 5 EStG [Stand 03.2020], Rn. 957f; *Born*, BB 2009, 1730 (1732), auch wenn der Unterscheidung in der Rechtspraxis wohl nur akademische Bedeutung zukommt.

313 *Buth/Hermanns*, in: Buth/Hermanns, Restrukturierung, § 35, Rn. 129.

314 *Crezelius*, in: Schmidt/Uhlenbruck, Die GmbH in Krise, Rn. 2.581; fälschlicherweise auf eine bereits vorher bestehende Gesellschafterstellung abstellend *Born*, BB 2009, 1730 (1732).

grundsätzlich steuerpflichtiger Gewinn.[315] Wird die Einbringung über die Erlassvariante (§ 397 Abs. 1 BGB) strukturiert, soll ein Erlass im Sinne des § 3a Abs. 1 EStG vorliegen und unter den weiteren Voraussetzungen eine Steuerbefreiung möglich sein.[316] Werden die Forderungen durch Abtretung eingebracht und gehen infolgedessen durch Konfusion unter, ist strittig, ob ein privilegierungsfähiger Erlass angenommen werden kann.[317] Folgt man der ablehnenden Auffassung oder liegen die weiteren Voraussetzungen des § 3a EStG nicht vor, kann nur eine Verrechnung mit Verlustvorträgen unter Beachtung der Mindestbesteuerung in Betracht kommen.[318] Bei disquotalen Kapitalerhöhungen können diese Verlustvorträge aber bereits gemäß § 8c KStG untergegangen sein. Dann folgt aus dem Debt-Equity-Swap-Gewinn eine liquiditätsbelastende Steuerbelastung.

Ändern sich durch den Debt-Equity-Swap die Beteiligungsquoten der Gesellschafter, kann es zur Anwendung des § 8c KStG kommen (§ 8c Abs. 1 S. 3 KStG).[319] Erwirbt der Sanierer einen (zusätzlichen) Beteiligungsanteil von mehr als 50 % an der zu sanierenden Kapitalgesellschaft, gehen die bislang nicht genutzten Verluste unter.[320] Zwar existiert mit § 8c Abs. 1a KStG eine Sanierungsklausel, die diese nachteilige Rechtsfolge verhindert, sie ist aber an einige Voraussetzungen gebunden.[321] Der Sanierungsbegriff des § 8c Abs. 1a S. 2 KStG stimmt dabei nicht mit dem des § 3a EStG überein.[322] Für die Erhaltung der wesentlichen Betriebsstrukturen durch eine finanzwirtschaftliche Betriebssanierung wird gem. § 8c Abs. 1a S. 3 Nr. 3 S. 4 KStG nur der werthaltige Teil der erlassenen Verbindlichkeiten als Betriebsvermögenszuführung angesehen. Insgesamt muss eine solche Zuführung

---

315 *Eilers/Schwahn*, Sanierungssteuerrecht, Rn. 3.91 ff.; *Krumm*, in: Brandis/Heuermann, § 5 EStG [Stand 03.2020], Rn. 957f; *Buth/Hermanns*, in: Buth/Hermanns, Restrukturierung, § 35, Rn. 129; *Carli/Rieder/Mückl*, ZIP 2010, 1737 (1741); *Herzig/Liekenbrock*, Ubg 2011, 313 (322).

316 *Eilers/Schwahn*, Sanierungssteuerrecht, Rn. 3.92 ff.

317 Ablehnend BFH, Urt. v. 14.10.1987 – I R 381/83; BR-Drs. 59/17(B), S. 15; dafür *Desens*, FR 2017, 981 (983); *Kahlert/Schmidt*, DStR 2017, 1897 (1900); *Seer*, in: Kirchhof, § 3a EStG, Rn. 29; *Eilers/Schwahn*, Sanierungssteuerrecht, Rn. 3.94 ff.; *Skauradszun*, ZIP 2018, 1901 (1902).

318 Dazu bereits Kapitel 2:B.I.1 ab S. 39.

319 Auf diese Gefahr hinweisend *Hierstetter*, DStR 2010, 882 (884 f.); *Carli/Rieder/Mückl*, ZIP 2010, 1737 (1742); *Born*, BB 2009, 1730 (1733).

320 Zur Verfassungswidrigkeit von § 8c Abs. 1 S. 1 KStG a.F. für Anteilsübertragungen von >25 % bis 50 % siehe BVerfG, Beschl. v. 29.03.2017 – 2 BvL 6/11, BVerfGE 145, 106.

321 Näher dazu *Roser*, in: Gosch, § 8c KStG, Rn. 183 ff.

322 Vgl. *Roser*, in: Gosch, § 8c KStG, Rn. 186d.

mindestens 25 % des in der Steuerbilanz zum Schluss des vorangegangenen Wirtschaftsjahres enthaltenen Aktivvermögens ausmachen (§ 8c Abs. 1a S. 3 Nr. 3 S. 2 KStG). Erst dann kann – von den anderen Varianten abgesehen – ein Erhalt der Verlustvorträge trotz veränderter Beteiligungsquoten in Betracht kommen.

II. Steuerfolge beim sanierenden Gläubiger

Hält der Gläubiger die Forderungen im Betriebsvermögen, entspricht der gemeine Wert der eingebrachten Forderungen den Anschaffungskosten an der neu erworbenen Beteiligung.[323] Waren die Forderungen voll werthaltig und zum Nennwert beim Gläubiger aktiviert, kommt es zu einem erfolgsneutralen Aktivtausch.[324] Bei nicht mehr voll werthaltigen Forderungen entsteht in Höhe der Differenz zwischen werthaltigem Teil und aktiviertem Forderungsbetrag ein Verlust.[325]

Für entsprechende Verluste stellt sich dann weitergehend die Frage, ob sie im Hinblick auf die steuerlichen Abzugsbeschränkungen des § 3c Abs. 2 S. 2 ff. EStG für Einkommensteuersubjekte und § 8b Abs. 3 S. 4 ff. KStG für Körperschaften gelten. Ist der forderungseinbringende Gläubiger bereits vor dem Debt-Equity-Swap Gesellschafter, hängt es entscheidend von den Voraussetzungen der Normen ab, insbesondere von der Beteiligungsquote und dem Fremdvergleich.[326] Für diejenigen Gläubiger, die erst durch den Debt-Equity-Swap zum Gesellschafter werden, dürften die Abzugsbeschränkungen dagegen nicht gelten.[327]

---

323 *Mückl*, FR 2009, 497 (502 f.); *Eilers/Schwahn*, Sanierungssteuerrecht, Rn. 3.96 ff.; *Buth/Hermanns*, in: Buth/Hermanns, Restrukturierung, § 35, Rn. 128, 130; *Crezelius*, in: Schmidt/Uhlenbruck, Die GmbH in Krise, Rn. 2.582 f.

324 *Crezelius*, in: Schmidt/Uhlenbruck, Die GmbH in Krise, Rn. 2.582.

325 *Buth/Hermanns*, in: Buth/Hermanns, Restrukturierung, § 35, Rn. 130; *Krumm*, in: Brandis/Heuermann, § 5 EStG [Stand 03.2020], Rn. 957f; *Mückl*, FR 2009, 497 (503).

326 Dazu bereits Kapitel 2:B.II.2.a)bb) ab S. 52 und für körperschaftsteuerpflichtige Sanierer Kapitel 2:B.II.2.b)bb) ab S. 62.

327 *Pung*, in: D/P/M, § 8b KStG [Stand 06.2020], Rn. 227a; *Hierstetter*, DStR 2010, 882 (887).

D. Debt-Buy-Back

Im Rahmen eines Debt-Buy-Back kauft das Schuldnerunternehmen eine gegen sich bestehende Forderung vom Gläubiger. Zur Erfüllung der Verpflichtungen aus dem Kaufvertrag wird diese Forderung vom Gläubiger an den Schuldner abgetreten (§ 397 ff. BGB). Dadurch vereinigen sich Forderung und Schuld in einer Person, woraufhin grundsätzlich das Schuldverhältnis erlischt.[328] Bei sanierungsbedürftigen Gläubigern sind zudem insolvenzrechtliche Risiken zu beachten, insbesondere die Insolvenzanfechtung (§§ 129 ff. InsO).

I. Steuerfolge bei zu sanierender Kapitalgesellschaft

Kauft ein sanierungsbedürftiges Unternehmen Verbindlichkeiten unter ihrem Nennwert zurück, geht die Verbindlichkeit bei Abtretung (§ 397 ff. BGB) der Gläubigerforderung an den Schuldner unter.[329] Durch die Konfusion entsteht ein steuerlicher Gewinn zwischen Kaufpreis und Nennwert der untergegangenen Forderung.[330] Für diesen Konfusionsgewinn ist streitig, ob er als Schulderlass im Sinne des § 3a EStG angesehen werden und damit bei Vorliegen der weiteren Voraussetzungen privilegierungsfähig sein kann.[331] Ansonsten bleibt nur eine Verrechnung mit laufenden Verlusten oder Verlustvorträgen im Rahmen der Mindestbesteuerung, um eine steuerbedingte Liquiditätsbelastung zu verhindern.

---

328 *Fetzer*, in: MüKo BGB, Vor § 362 BGB, Rn. 4.

329 *Rödding/Bühring*, DStR 2009, 1933 (1936).

330 *Beutel/Sistermann*, in: Lüdicke/Sistermann, § 18, Rn. 75; *Maschlanka*, in: Heyd/Kautenburger-Behr/Wind, Rn. 866; *Herzig/Liekenbrock*, Ubg 2011, 313 (320); *Ilberg/Tschesche*, BB 2010, 259 (260 f.); *Frey/Mückl*, GmbHR 2010, 1193 (1194).

331 Ablehnend BFH, Urt. v. 14.10.1987 – I R 381/83; BR-Drs. 59/17(B), S. 15; *Eilers/Schwahn*, Sanierungssteuerrecht, Rn. 3.123 ff.; dafür *Desens*, FR 2017, 981 (983); *Sistermann/Beutel*, DStR 2017, 1065 (1066); *Förster/Hechtner*, DB 2017, 1536 (1536); *Kanzler*, NWB 2017, 2260 (2264); *Seer*, in: Kirchhof, § 3a EStG, Rn. 29; *Skauradszun*, ZIP 2018, 1901 (1902).

II. Steuerfolge beim Gläubiger

Der Kreditgeber realisiert beim Debt-Buy-Back einen Verlust in Höhe der Differenz zwischen dem vereinnahmten Kaufpreis und dem Nennwert, soweit die Forderung nicht bereits wertberichtigt wurde.[332] Bei Gesellschafter-Gläubigern sind die Verlustabzugsbeschränkungen des § 3c Abs. 2 S. 2 EStG und § 8b Abs. 3 S. 4 KStG zu beachten.[333]

332 *Ilberg/Tschesche*, BB 2010, 259 (261).
333 Ausführlich dazu Kapitel 2:B.II.2.a)bb) ab S. 52 und Kapitel 2:B.II.2.b)bb) ab S. 62.

Kapitel 3: Frankreich

A. Einführung in die französische Unternehmensbesteuerung

Das gesamte materielle Einkommens- und Körperschaftsteuerrecht ist im *code général des impôts* (CGI) geregelt. Steuersystematisch regeln die Art. 1A ff. CGI die Besteuerung der natürlichen Person durch die Einkommensteuer. Sie ist als Jahressteuer (Art. 12 CGI) ausgestaltet und besteuert das aus verschiedenen Einkunftsarten bestehende Nettoeinkommen (Art. 13 CGI) des Steuerpflichtigen. Zu diesen Einkunftsarten zählt auch das für diese Arbeit relevante Einkommen aus gewerblicher Tätigkeit (*bénéfices industriels et commerciaux*), näher geregelt in den Art. 34 ff. CGI. Es wird gem. Art. 38-2 CGI durch bilanziellen Vermögensvergleich ermittelt und erfasst alle Steigerungen des Nettovermögens als Gewinn – auch Hilfeleistungen und Sanierungsbeiträge von Dritten.[334] Für die Einkünfte aus gewerblicher Tätigkeit enthält Art. 39 CGI eine beispielhafte und nicht abschließende Aufzählung abzugsfähiger Betriebsausgaben, deren steuerliche Berücksichtigung unproblematisch ist. Fallen bereits im bilanziellen Nettogewinn berücksichtigte Ausgaben nicht unter die abzugsfähigen Betriebsausgaben, sind diese wieder hinzuzurechnen. Typisch für die in deutscher Terminologie als Gewinneinkunftsart zu bezeichnenden Einkünfte aus gewerblicher Tätigkeit ist zudem die Erfassung von Veräußerungsgewinnen betrieblichen Anlagevermögens in der steuerlichen Bemessungsgrundlage. Hier sieht der französische Gesetzgeber eine Differenzierung zwischen lang- (*plus values à long terme*) und kurzfristigen Veräußerungsgewinnen (*plus values à court terme*) vor. Hintergrund dieser Regelungen ist der Versuch einer grob typisierenden Abgrenzung von inflationsbedingten Scheingewinnen zu echten Vermögenssteigerungen.[335] Bei einer Haltedauer von nicht länger als zwei Jahren werden Veräußerungsgewinne gem. Art. 39 duodecies CGI regulär besteuert, allerdings kann zur Abmilderung von Progressionswirkungen eine Verteilung des Gewinns über drei Jahre erfolgen (Art. 39 quaterdecies-1 CGI). Kurzfristige Veräußerungsverluste sind wie normale Verluste steuerlich von der Bemessungsgrundlage in Abzug

334 *Serlooten/Debat*, Droit fiscal des affaires, Rn. 153.
335 *Serlooten/Debat*, Droit fiscal des affaires, Rn. 156.

zu bringen. Sind die Anlagegüter steuerwirksam abgeschrieben worden, unterliegt der Teil des Veräußerungsgewinns, der den steuerwirksamen Abschreibungen entspricht, unabhängig von der Haltedauer der normalen Besteuerung. Alle anderen Veräußerungsgewinne unterliegen dem System der langfristigen Veräußerungsgewinne und werden mit einem separaten, geminderten Steuersatz von 12,8 % besteuert. Langfristige Veräußerungsverluste sind gem. Art. 39 quindecies CGI nicht mit den sonstigen Einkünften verrechenbar und werden nur mit langfristigen Veräußerungsgewinnen verrechnet, zu diesem Zweck können sie zehn Jahre lang vorgetragen werden. Unter diese Regelungen des Anlagevermögens fallen auch und im Besonderen die Anteile an einer Körperschaft.

Die haftungsbeschränkten juristischen Personen sind eigenständige Besteuerungssubjekte und unterliegen nicht der Einkommens-, sondern der in den Art. 205 ff. CGI geregelten Körperschaftsteuer. Darunter fallen insbesondere die praktisch bedeutsamen Kapitalgesellschaften *société anonyme* (SA), *société par actions simplifiée* (SAS) und die *société à responsabilité limitée* (SARL). Über die Verweisung des Art. 209-I alinéa 1 CGI wird zur Gewinnermittlung auf die Vorschriften über gewerbliche Einkünfte bei natürlichen Personen verwiesen, soweit keine Spezialregelungen für die Körperschaftsteuer bestehen. Bedeutende Abweichungen ergeben sich insbesondere hinsichtlich der Behandlung von Verlusten und der Geltung des Systems der kurz- und langfristigen Veräußerungsgewinne. Art. 219-I a quater CGI statuiert die weitgehende Unanwendbarkeit des Systems der langfristigen Veräußerungsgewinne im Rahmen der Körperschaftsteuer. Eine Rückausnahme gilt jedoch bei der Veräußerung von bestimmten Anteilen an anderen Körperschaften. Zudem ist die bei der Einkommensteuer zur Abmilderung der tariflich bedingten Progression gedachte Vorschrift des Art. 39 quaterdecies-1 CGI und damit die Verteilung eines Veräußerungsgewinns auf drei Veranlagungszeiträume bei der Körperschaftsteuer nicht anwendbar.

Die französischen Personengesellschaften werden grundsätzlich transparent besteuert. Steuerpflichtig sind allein die Gesellschafter, die ihre Gewinnanteile als Einkünfte aus gewerblicher Tätigkeit zu versteuern haben. Sie können jedoch durch Ausübung eines Wahlrechts zur Körperschaftsteuer optieren und werden dann steuerlich wie eine Kapitalgesellschaft behandelt (Art. 206-3; 239 CGI).

I. Verluste und ihre steuerliche Behandlung

Entstehen im laufenden Geschäftsjahr Verluste aus gewerblicher Tätigkeit bei einkommensteuerpflichtigen Personen, werden diese nur dann mit den Einkünften aus anderen Einkunftsarten saldiert, wenn der Steuerpflichtige selbst berufsmäßig aktiv an der Erzielung der Einkünfte beteiligt ist (Umkehrschluss aus Art. 156-I, 1° bis CGI). Ein nach dieser Saldierung verbleibender Verlust kann für die nächsten sechs Steuerjahre vorgetragen werden (Art. 159-I CGI) und ist unbeschränkt abzugsfähig. Ist der Steuerpflichtige nur passiv (beispielsweise als Gesellschafter) an der Einkünfteerzielung beteiligt, können diese Verluste nur mit Gewinnen aus genau solchen gewerblichen Einkünften der folgenden sechs Jahre verrechnet werden (Art. 156-I, 1° bis CGI). Eine Ausnahme von dieser engen Schedulierung der Verluste besteht nur für die Liquidation des gewerblichen Unternehmens: Im Veranlagungszeitraum der Verfahrenseröffnung können noch bestehende (vorgetragene) Verluste ohne Beschränkung mit anderen Einkünften verrechnet werden. Die Behandlung steuerlicher Verluste stellt sich bei der Körperschaftsteuer fundamental anders dar. Neben der Möglichkeit, die Verluste zeitlich unbeschränkt vorzutragen (Art. 209-I alinéa 3 CGI) besteht eine als Wahlrecht ausgestaltete Möglichkeit zum Rücktrag der Verluste in den vorangegangenen Veranlagungszeitraum (Art. 220 quinquies CGI). Der Verlustrücktrag ist betraglich auf den steuerlichen Gewinn des Vorjahres, maximal jedoch auf eine Million Euro beschränkt. Auch für den Verlustvortrag besteht eine der deutschen Mindestbesteuerung sehr ähnliche Regelung, die eine Verrechnung von einer Million Euro pro Jahr zulässt; darüber hinaus ist ein Abzug nur in Höhe von 50 % des den Sockelbetrag von einer Million Euro übersteigenden Gewinns möglich (Art. 209-I alinéa 3 CGI).

II. Der *acte anormal de gestion*

Wichtig für das Verständnis dieses Länderberichts ist ferner das französische Konzept des *acte anormal de gestion*. Es gehört zu den zentralen Bestandteilen des französischen Steuerrechts und erfasst jede Ausgabe bzw. jeden Verlust, dessen Abzug der Steuerpflichtige begehrt. Es weist zudem Schnittmengen zum Konzept des Rechtsmissbrauchs auf, steht jedoch eigenständig daneben.

Über den *acte anormal de gestion* sollen die Ausgabenposten vom Steuerabzug ausgeschlossen werden, die nicht oder nicht hinreichend im Zusammenhang mit der betrieblichen Tätigkeit stehen. Es geht letztlich um die im Einzelfall schwierige Abgrenzung, ob eine Entscheidung im Interesse des Unternehmens oder aus betriebsfernen Gründen getroffen wurde. Differenziert werden kann insoweit danach, ob ein *acte anormal de gestion* nur der Höhe oder auch bereits dem Grunde nach vorliegt. Verhältnismäßig leicht zu fassen sind die Fälle, in denen die zu Betriebsausgaben führende Handlung selbst unstreitig im Interesse des Unternehmens liegt und nur die Höhe der Ausgabe oder der Gegenleistung zweifelhaft ist. Die Schwierigkeit dieser Fälle besteht allein in dem praktischen Problem, im Falle eines dann erforderlichen Fremdvergleichs den richtigen Vergleichsmaßstab zu bestimmen.[336] Konzeptionell deutlich schwieriger zu beurteilen sind die unternehmerischen Entscheidungen, denen *per se* schon der Verdacht einer außerbetrieblichen Veranlassung anhaftet. Fest steht, jeder unternehmerischen Entscheidung, die zu einer Minderung des Betriebsvermögens führt, muss eine Gegenleistung gegenüberstehen. Diese Gegenleistung muss jedoch nicht aus einem unmittelbaren Leistungsaustausch folgen, sondern kann auch in langfristigen unternehmerischen Interessen begründet sein.[337] In Grenzfällen ist die französische Steuerrechtsprechung lange Zeit von der Theorie des exzessiven Risikos ausgegangen und hat alle unternehmerischen Entscheidungen steuerlich unbeachtlich gelassen, bei denen das eingegangene (unternehmerische) Risiko in keinem Verhältnis zum erwarteten Ertrag steht.[338] Diese Rechtsprechung hat zu einer enormen Rechtsunsicherheit geführt, weil sie die zum Kernbereich der unternehmerischen Entscheidungsfreiheit gehörende Risikoabschätzung einer externen Kontrolle unterlegt hat. Mit Urteil vom 13.07.2016[339] hat der Conseil d'État diese Rechtsprechung aufgegeben und prüft nunmehr allein die unternehmerische Veranlassung der Entscheidung.[340] Im Grundsatz muss

336 *Gutmann*, Droit fiscal des affaires, Rn. 635.

337 *Serlooten/Debat*, Droit fiscal des affaires, Rn. 52.

338 So noch CE, 16.11.2011 n°326913; CE, 27.04.2011 n°327764 (Sté Legpes); CE, 30.05.2007 n°285575 et n°285573 (Peronnet); CE, 17.10.1990 n°83310 (M. Loiseau); die Theorie des übermäßigen Risikos verteidigend *Chadefaux*, Dr. fisc. 2012 n°50 étude 552, 32 (37).

339 CE, 13.07.2016 n°375801 (SA Monte Paschi Banque) unter 3. und 4.; bestätigt durch CE, 21.12.2018 n°402006 (Sté Croë Suisse).

340 Näher dazu und zur Entwicklung der Rechtsprechung *Gutmann*, Droit fiscal des affaires, Rn. 637.

die Finanzverwaltung Umstände darlegen, anhand derer sich objektiv eine nennenswerte Abweichung vom Üblichen und eine außerbetriebliche Motivation ergibt.[341] Die Darlegungslast, dass kein *acte anormal de gestion* vorliegt, kann jedoch auch beim Steuerpflichtigen liegen, entweder aufgrund ausdrücklicher gesetzlicher Regelungen (z. B. Art. 39-5 CGI) oder aufgrund der Atypizität bestimmter Entscheidungen.[342]

III. Beteiligung an Körperschaften aus steuerlicher Sicht

Die steuerrechtliche Eigenständigkeit der Körperschaftsteuersubjekte und die damit verbundene Trennung der steuerlichen Sphären von Gesellschaft und Gesellschafter führt zu einer steuerlichen Doppelbelastung ausgeschütteter Gewinne. Dass damit bei wirtschaftlicher Betrachtung aus der Perspektive des Gesellschafters eine Kumulation von individueller Besteuerungslast und Vorbelastung auf der Gesellschaftsebene eintritt, ist aus deutscher Perspektive kein auffälliger Befund. Genau wie der deutsche Gesetzgeber versucht auch der französische Gesetzgeber die steuerliche Vorbelastung des Gewinns durch die Körperschaftsteuer bei der Besteuerung der Beteiligungserträge des Gesellschafters zu berücksichtigen. Für laufende Gewinnausschüttungen wird bei Gesellschaftern ein verminderter Steuersatz von 12,8 % auf Dividendeneinkünfte angewandt. Alternativ kann der Steuerpflichtige auf seinen Antrag hin (Art. 200 A-2 CGI) bei Dividendeneinkünften mit seinem progressiven Normalsteuertarif veranlagt werden. In diesem Fall ist ein pauschaler Abschlag von 40 % auf den ausgeschütteten Gewinn vorzunehmen (Art. 158-3, 2° CGI).

Ist an der Körperschaft ihrerseits eine weitere Körperschaft beteiligt, entstehen ohne Sonderregeln sog. steuerliche Kaskadeneffekte.[343] Die Belastung mit der Körperschaftsteuer kumuliert sich über jede weitere zwischen natürlicher Person und am Markt tätiger Körperschaft liegende Beteiligungsgesellschaft. Dies wird vom französischen Steuergesetzgeber bei geringen Beteiligungsquoten hingenommen. Ab einer Beteiligung von mindestens 5 % der Gesellschaftsrechte bzw. 2,5 % der Gesellschaftsrechte, wenn damit zugleich 5 % der Stimmrechte verbunden sind (vgl. Art. 145 CGI), ist die Anwendung des Mutter-Tochter-Systems möglich. Dividen-

341 *Gutmann*, Droit fiscal des affaires, Rn. 642; *Spiridion*, L' essentiel de la fiscalité d'entreprise, S. 76.

342 *Gutmann*, Droit fiscal des affaires, Rn. 643 f.

343 *Gutmann*, Droit fiscal des affaires, Rn. 311.

denausschüttungen an andere Körperschaftsteuersubjekte sind dann steuerfrei (Art. 216 CGI). Allein der in Art. 216-I alinéa 2 CGI fingierte, nicht abzugsfähige Betriebskostenanteil von 5 % der Beteiligungserträge wirkt sich zu Lasten der Steuerpflichtigen aus.

Eine weitere Folge der getrennten Sphären von Körperschaft und Gesellschafter ist die Qualifikation der Beteiligung an der Körperschaft als Wirtschaftsgut des Gesellschafters. Unterliegt er der Einkommensteuer, werden die Gewinne oder Verluste aus einer Veräußerung der Beteiligung nach den oben skizzierten Regeln der kurz- oder langfristigen Veräußerungserlöse behandelt. Ist der Gesellschafter seinerseits ebenfalls eine Körperschaft, gilt für ihn grundsätzlich nur das System der kurzfristigen Veräußerungsgewinne/-verluste. Eine sehr bedeutsame Ausnahme besteht jedoch unter den zusätzlich zu Art. 39 duodecies CGI zu erfüllenden Voraussetzungen des Art. 219-I a quinquies alinéa 2 CGI. Dann gilt für Veräußerungsgewinne und -verluste das System der langfristigen Veräußerungsgewinne/-verluste mit einem Sondersteuersatz von 0 %. Die unter diese Regelung fallenden Anteile sind – stark vereinfacht – solche, die Anspruch auf die zuvor dargestellte besondere Dividendenbesteuerung vermitteln und zudem für die wirtschaftliche Betätigung der Muttergesellschaft – über die reine Kapitalbeteiligung hinaus – nützlich sind. Spiegelbildlich zu der Dividendenbesteuerung sind auch bei diesen Veräußerungserlösen fingierte, nicht abzugsfähige Betriebsausgaben in Höhe von 12 % zu berücksichtigen.[344] Entsprechende Veräußerungsverluste werden steuerlich nicht berücksichtigt.

IV. Abschreibungen

Nach der traditionellen französischen Bilanzrechtsdogmatik kann es mangels Endgültigkeit keine Teilwertabschreibung auf Anlagevermögen (insbesondere Forderungen und Beteiligungen) geben. Das französische Steuerrecht berücksichtigt Wertminderungen des Anlagevermögens über sogenannte Abschreibungsrückstellungen.[345] Dies ist allein ein terminologischer Unterschied, wirtschaftlich entsprechen sie den Teilwertabschreibungen. Bei den Abschreibungsrückstellungen für Beteiligungen ist weitergehend zu beachten, dass diese unabhängig von ihrem Zeitpunkt immer dem System

344 Näher zu den Besonderheiten dieser Hinzurechnung unter Kapitel 3:E.II.2.b) ab S. 100.

345 *Serlooten/Debat*, Droit fiscal des affaires, Rn. 259.

der langfristigen Kapitalverluste unterliegen (Art. 39-1, 5° alinéa 16 CGI). Für Körperschaften sind sie daher steuerlich unbeachtlich.

B. Art. 209-1 alinéa 4 CGI: Aufhebung der Mindestbesteuerung für erlassbegünstigte Körperschaften

Art. 209-I alinéa 4 CGI stellt auf der Ebene der sanierungsbedürftigen Kapitalgesellschaft die unbegrenzte Verrechnung von Gewinnen aus Forderungsverzichten mit Verlustvorträgen sicher.[346] Liegen die Voraussetzungen vor, erhöht sich der ohne Beachtung der Mindestbesteuerung verrechenbare Verlustvortrag um den Betrag des Verzichtsgewinns. Sachliche Voraussetzung ist ein Forderungsverzicht im Rahmen einer Vereinbarung gem. Art. L611-8 C. com.[347] (*conciliation*) oder innerhalb einer *procédure de sauvegarde,* einer *redressement judicaire* bzw. einer *liquidation judicare.* Die Beschränkung des Anwendungsbereichs auf Körperschaftsteuersubjekte ergibt sich aus der systematischen Stellung und im Umkehrschluss aus Art. 156-I CGI, der für Einkommensteuersubjekte keine Mindestbesteuerung, sondern einen zeitlich beschränkten Verlustvortrag vorsieht.

I. Partielle Aufhebung der Mindestbesteuerung

Vorbehaltlich des Verlustrücktrags gem. Art. 220 quinquies CGI ergibt sich bei der Körperschaftsteuer aus Art. 209-1 alinéa 3 CGI die Möglichkeit des Vortrags von Verlusten in nachfolgende Veranlagungszeiträume. In jedem folgenden Veranlagungszeitraum sind von den vorgetragenen Verlusten bis zu einer Million Euro unbeschränkt und darüber hinaus bis zu einer Höhe von 50 % des eine Million Euro übersteigenden steuerpflichtigen Einkommens abzugsfähig. Nicht berücksichtigungsfähige Verluste werden weiter vorgetragen. Hieran knüpft die Sanierungsprivilegierung des Art. 209-1 alinéa 4 CGI an. Bestehen ausreichend hohe Verlustvorträge, stellt Art. 209-1 alinéa 4 CGI in seinem Anwendungsbereich die vollständige Verrechnung von Erlassgewinnen mit bestehenden Verlustvorträgen sicher. Der Sockel-

346 Zu den Motiven, die zur Einführung geführt haben siehe bei *Beetschen et al.*, Les holdings, Rn. 4492.

347 Vertiefend und zur Unterscheidung von festgestellten und genehmigten Vereinbarungen *Do Carmo Silva/Falco/Grosclaude*, Gestion juridique, fiscale et sociale, S. 445.

betrag der Mindestbesteuerung von einer Million Euro wird um den Betrag des Forderungsverzichts erhöht. Es findet aber keine außerbilanzielle Verrechnung zwischen Verzichtsgewinn und Verlustvorträgen statt. Der Verzichtsgewinn wirkt sich ganz normal auf den unterjährigen Gewinn aus. Neutralisiert der Verzichtsgewinn nur einen laufenden Verlust oder entsteht durch ihn ein Gesamtgewinn, der unter die Schwelle des regulären Sockelbetrags fällt, hat Art. 209-1 alinéa 4 CGI keine steuerlichen Auswirkungen. Nur wenn durch den Verzicht ein Gesamtgewinn von über einer Million Euro entsteht, stellt Art. 209-1 alinéa 4 CGI die vollständige Verrechnung des auf den Verzicht entfallenden Gewinnanteils mit bestehenden Verlustvorträgen sicher.

II. Begünstigte Restrukturierungen

1. Conciliation

Begünstigungsfähig im Rahmen des Art. 209-I alinéa 4 CGI sind Forderungsverzichte im Rahmen einer Schlichtungsvereinbarung gemäß Art. L611-8 C. com. Diese Vereinbarung stellt den Abschluss des vorinsolvenzlichen Schlichtungsverfahrens (*conciliation*)[348] dar. Ein solches Verfahren kann nur auf Antrag des Schuldners eröffnet werden.[349] Einleitungsvoraussetzung ist, dass eine etwaige Zahlungsunfähigkeit jedenfalls nicht länger als 45 Tage besteht[350]; außerdem müssen juristische, ökonomische oder finanzielle Schwierigkeiten vorliegen oder absehbar sein (Art. L611-4 C. com.). Hohe Anforderungen sind dabei nicht zu stellen. Es reicht beispielsweise schon der Verlust eines Großkunden oder ein mangelbedingter Produktrückruf.[351] Das Gericht bestellt – in der Regel dem Vorschlag des Schuldners folgend – einen unabhängigen Schlichter[352], der mit den Gläubigern eine einvernehmliche Einigung zur Beendigung der Schwierigkeiten

348 Vertiefender Überblick zum Verfahren *Saint-Alary-Houin*, Droit des entreprises en difficulté, Rn. 340 ff.; gute Übersicht auf Deutsch *Dammann*, in: MüKo InsO, Länderbericht Frankreich, Rn. 37 ff.

349 *Saint-Alary-Houin*, Droit des entreprises en difficulté, Rn. 351.

350 Als Abgrenzungskriterium zu den formelleren Sanierungs- und Insolvenzverfahren *Do Carmo Silva/Falco/Grosclaude*, Gestion juridique, fiscale et sociale, S. 444.

351 *Do Carmo Silva/Falco/Grosclaude*, Gestion juridique, fiscale et sociale, S. 444.

352 Vgl. *Saint-Alary-Houin*, Droit des entreprises en difficulté, Rn. 356.

anstrebt.[353] Da es sich um ein vorinsolvenzrechtliches Verfahren handelt, beruht die Gläubigermitwirkung auf Freiwilligkeit.[354] Akkordstörer können nicht zu Zugeständnissen wie einem Forderungsverzicht gezwungen werden.[355]

2. Procédure de sauvegarde

Ebenfalls begünstigungsfähig sind Forderungsverzichte im Rahmen des präventiven Restrukturierungsverfahrens *procédure de sauvegarde*[356]. Antragsberechtigt ist wieder nur der Schuldner (Art. L620-1 C. com.). Die Antragsvoraussetzungen ergeben sich aus Art. L620-1 C. com.: Der Schuldner darf nicht zahlungsunfähig[357] sein und muss vor unüberwindbaren Schwierigkeiten stehen, wobei Schwierigkeiten in diesem Sinne weit ausgelegt wird.[358] Es kann sich um eine angespannte Finanzlage des Unternehmens handeln, aber auch um den Verlust von wichtigen Absatzmärkten, aggressive Konkurrenz, unterdurchschnittlich qualifiziertes Personal oder Probleme bei der Durchsetzung eigener Forderungen.[359] Weniger eindeutig ist, wann Unüberwindbarkeit vorliegt. Dies muss im Hinblick auf die individuellen Gegebenheiten, in denen sich das Unternehmen befindet, einzelfallabhängig entschieden werden.[360] Die Rechtsprechung verfolgt eine für den Antragssteller günstige Linie, indem es Eröffnungsanträge annimmt, sofern nicht ein begründeter Missbrauchsverdacht des staatlichen Schutzschirms nahe liegt.[361] Das Verfahren läuft letztlich auf die Erstellung eines Sanierungsplans hinaus, in dem – soweit nötig – den Gläubigern Forderungsverzichte oder -stundungen zur Sanierung des Schuldners vorgeschlagen werden. Grundsätzlich wird mit den Gläubigern bezüglich etwaiger finanzieller Restrukturierungsmaßnahmen einzeln verhandelt. Gläubiger

353 *Saint-Alary-Houin*, Droit des entreprises en difficulté, Rn. 357.
354 *Saint-Alary-Houin*, Droit des entreprises en difficulté, Rn. 369.
355 *Saint-Alary-Houin*, Droit des entreprises en difficulté, Rn. 369.
356 Ausführlich dazu *Saint-Alary-Houin*, Droit des entreprises en difficulté, Rn. 413 ff.; Überblick auf Deutsch *Dammann*, in: MüKo InsO, Länderbericht Frankreich, Rn. 76 ff.
357 Dazu *Saint-Alary-Houin*, Droit des entreprises en difficulté, Rn. 444.
358 *Saint-Alary-Houin*, Droit des entreprises en difficulté, Rn. 436.
359 Siehe die beispielhafte Aufzählung bei *Saint-Alary-Houin*, Droit des entreprises en difficulté, Rn. 436.
360 *Saint-Alary-Houin*, Droit des entreprises en difficulté, Rn. 437.
361 Vgl. *Saint-Alary-Houin*, Droit des entreprises en difficulté, Rn. 438.

müssen Forderungsverzichten zustimmen, Forderungsstundungen können auch gegen deren Willen durchgesetzt werden.[362] In der Regel stehen die Gläubiger vor der Wahl, die Forderung mit einem Teilverzicht zeitnah erfüllt zu bekommen oder ohne Verzicht eine gerichtlich geprüfte Stundungsfrist hinzunehmen.[363] Bei großen Unternehmen (mehr als 150 Arbeitnehmer oder € 20 Mio. Umsatz) oder auf Antrag des Schuldners wird gemäß Art. L626-29 i. V. m. Art. R626-52 C. com. für die Hauptfinanzierer und wichtigsten Lieferanten jeweils ein Gläubigerkomitee gebildet. Im Rahmen von qualifizierten Mehrheitsbeschlüssen sind sodann auch aufgezwungene Verzichte möglich.[364]

3. Redressement judicaire

Unter die Begünstigung des Art. 209-1 alinéa 4 CGI können auch Forderungsverzichte im Rahmen des *redressement judicaire*-Verfahren fallen. Antragsgrund für das Insolvenzverfahren ist einzig die Zahlungsunfähigkeit (Art. L631-1 C. com.). Tritt diese ein, muss der Schuldner innerhalb von 45 Tagen den entsprechenden Antrag stellen, soweit kein *conciliation*-Verfahren eröffnet wurde (Art. L631-4 C. com.).[365] Ebenfalls antragsberechtigt ist ein Gläubiger (Art. L631-5 C. com.) sowie unter bestimmten Voraussetzungen der Vertreter des öffentlichen Interesses[366] (Art. R631-3 C. com.). Ziel ist die Erstellung eines *plan de redressement.* Hinsichtlich der Möglichkeit von Gläubigerverzichten verweist Art. L631-19 C. com. auf das *sauvegarde*-Verfahren.[367] Unterschiede bestehen im Wesentlichen hinsichtlich der Möglichkeit, Arbeitnehmer im vereinfachten Verfahren zu entlassen und die Zwangsverwaltung oder sogar den Zwangsverkauf von Anteilen festzusetzen.[368]

---

362 Vgl. *Do Carmo Silva/Falco/Grosclaude*, Gestion juridique, fiscale et sociale, S. 462 f.; ausführlicher *Saint-Alary-Houin*, Droit des entreprises en difficulté, Rn. 1031 ff.

363 Vgl. *Do Carmo Silva/Falco/Grosclaude*, Gestion juridique, fiscale et sociale, S. 462 f.; *Dammann*, in: MüKo InsO, Länderbericht Frankreich, Rn. 116.

364 Vgl. *Saint-Alary-Houin*, Droit des entreprises en difficulté, Rn. 1043; *Dammann*, in: MüKo InsO, Länderbericht Frankreich, Rn. 120.

365 *Saint-Alary-Houin*, Droit des entreprises en difficulté, Rn. 1095, strafbewährte Pflicht.

366 *Saint-Alary-Houin*, Droit des entreprises en difficulté, Rn. 1105.

367 *Saint-Alary-Houin*, Droit des entreprises en difficulté, Rn. 1190.

368 *Dammann*, in: MüKo InsO, Länderbericht Frankreich, Rn. 136 f.

III. Liquidation judicaire

Die *liquidation judicaire* findet entweder im Anschluss an ein gescheitertes *redressement*-Verfahren oder unmittelbar auf Antrag statt, wenn eine Gesundung aussichtlos erscheint.[369] Ziel ist die Abwicklung oder die übertragende Sanierung.[370] Am Ende des Verfahrens wird der Schuldner regelmäßig gemäß Art. L643-11 C. com. von den Restschulden befreit[371]; dieser Forderungsverzicht ist ebenfalls von Art. 209-1 alinéa 4 CGI begünstigt.

C. Art. 39-1, 8° CGI: Erleichterung für kommerziell veranlasste Forderungsverzichte?

Art. 39-1, 8° CGI erlaubt den Abzug des beim Forderungsverzicht entstehenden bilanziellen Verlustes des Gläubigers ungeachtet allgemeiner Abzugsvoraussetzungen. Gemeint sind damit insbesondere Forderungsverzichte, die einen *acte anormal de gestion* darstellen.[372] Aufgrund der Tatbestandsvoraussetzungen des Art. 39-1, 8° CGI müssen die Forderungsverzichte jedoch kommerziell veranlasst sein, also aus eigenwirtschaftlichen Interessen des Verzichtenden ausgesprochen werden. Weiter ist erforderlich, dass der Forderungsverzicht Teil eines Sanierungs- oder Insolvenzplans (*plan de sauvegarde ou redressement*) oder alternativ einer gerichtlich festgestellten bzw. genehmigten Schlichtungsvereinbarung gemäß Art. L611-8 C. com ist.[373]

Als zur Bestimmung eines *acte anormal de gestion* noch die Theorie des exzessiven Risikos herangezogen wurde, war die Norm eine echte Erleichterung für den verzichtenden Gläubiger. Der Gläubiger konnte in den bestimmten Verfahren auf Forderungen gegen den Schuldner verzichten, ohne gesondert zu prüfen, ob er mit dem Verzicht eine zu risikoreiche unternehmerische Entscheidung trifft. Aufgrund einer geänderten Rechtsprechung zum *acte anormal de gestion* dürfte diese Sanierungsprivilegierung nicht mehr praxisrelevant sein.[374] Der verzichtende Gläubiger läuft

369 *Dammann*, in: MüKo InsO, Länderbericht Frankreich, Rn. 139.

370 *Do Carmo Silva/Falco/Grosclaude*, Gestion juridique, fiscale et sociale, S. 462; *Dammann*, in: MüKo InsO, Länderbericht Frankreich, Rn. 138.

371 *Dammann*, in: MüKo InsO, Länderbericht Frankreich, Rn. 143.

372 BOI-BIC-BASE-50-10-§ 80; *Beetschen et al.*, Les holdings, Rn. 4485.

373 BOI-BIC-BASE-50-10-§ 80; *Beetschen et al.*, Les holdings, Rn. 4485.

374 Siehe dazu unten Kapitel 3:E.I.2.b) ab S. 88.

– auch ohne Art. 39-1, 8° CGI – nicht mehr Gefahr, bei kommerzieller Veranlassung des Verzichts den Tatbestand des *acte anormal de gestion* zu erfüllen. Der *acte anormal de gestion* liegt nach neuer Rechtsprechung schon dann nicht vor, wenn eine unternehmerische Entscheidung rein betrieblich motiviert ist. Eine solche eigenbetriebliche Motivation ist gerade charakteristisch für die Tatbestandsvoraussetzung „kommerzielle Veranlassung" des Art. 39-1, 8° CGI. Ein logischer Anwendungsbereich dieser Sanierungsprivilegierung, der über die Ergebnisse der steuerlichen Grundregeln hinausgeht, ist daher nicht mehr denkbar.

D. Art. 39-13 alinéa 2 CGI: Ausnahme vom Abzugsverbot für Verluste aus Hilfeleistungen an verbundene Unternehmen

Gemäß Art. 39-13 alinéa 1 CGI sind Finanzhilfen, die einem anderen Unternehmen gewährt werden, steuerlich nicht abzugsfähig, wenn sie aus Gründen gewährt werden, die im Gesellschaftsverhältnis zur sanierten Gesellschaft liegen. Hieran knüpft die Privilegierung des Art. 39-13 alinéa 2 CGI an. Im Rahmen einer Schlichtungsvereinbarung gemäß Art. L611-8 C. com.[375] oder innerhalb eines *procédure de sauvegarde*[376], *redressement judicaire*[377] oder einer *liquidation judicaire*[378] sind solche Hilfen in den Grenzen des Art. 39-3 alinéa 3 CGI abzugsfähig. Der Begriff der Finanzhilfe umfasst nicht nur den Forderungsverzicht, sondern auch Ertragszuschüsse in Form von direkten Zuschusszahlungen.[379]

Unbeschränkt abzugsfähig ist der Betrag solcher Finanzhilfen, der auf ein negatives Nettovermögen der Schuldnergesellschaft entfällt, also ihrer Überschuldung entspricht. Übersteigt die Finanzhilfe das negative Nettovermögen, kann der übersteigende Betrag nur in Höhe der Anteile nicht an der Sanierung teilnehmender Gesellschafter abgezogen werden.[380] Es kommt dabei allein auf die Teilnahme an der Sanierung an, irrelevant ist, ob die an der Sanierung teilnehmenden Gesellschafter quotale Beiträge hinsichtlich ihrer Gesellschafterstellung leisten.[381]

---

375 Siehe dazu Kapitel 3:B.II ab S. 78.
376 Siehe dazu Kapitel 3:B.II.2 ab S. 79.
377 Siehe dazu Kapitel 3:B.II.3 ab S. 80.
378 Siehe dazu Kapitel 3:B.III ab S. 81.
379 BOI-BIC-BASE-50-10-§ 1.
380 BOI-BIC-BASE-50-20-10-§ 67.
381 BOI-BIC-BASE-50-20-10-§ 170.

I. Nachweis der tatsächlichen Überschuldung durch Bilanz

Das Vorliegen eines negativen Nettovermögens und damit einer Überschuldung des zu sanierenden Unternehmens hat grundsätzlich unter Berücksichtigung aller stillen Reserven und Lasten zu erfolgen.[382] Weil eine Vermutung für die Übereinstimmung der tatsächlichen Verschuldung mit der bilanziellen Überschuldung besteht, kann der Nachweis durch Vorlage der Bilanz erbracht werden.[383] Es steht sowohl dem Steuerpflichtigen (regelmäßig zu seinem Vorteil) als auch der Finanzverwaltung frei, eine Diskrepanz zwischen tatsächlicher und bilanzieller Überschuldung nachzuweisen.[384] Die zuständige Behörde muss insoweit nicht die gesamte Vermögenssituation des Verzichtsempfängers untersuchen, sondern kann sich auf einzelne Bilanzpositionen beschränken.[385] Im Rahmen ihres Ermessens soll die Finanzverwaltung eine solche Prüfung aber nur bei erheblichen und offenkundigen Abweichungen vornehmen.[386]

II. Zeitpunkt zur Beurteilung der Überschuldung

In der Rechtsprechung des Conseil d'État ist der maßgebliche Beurteilungszeitpunkt für die Überschuldung der empfangenden Tochtergesellschaft das Ende des Geschäftsjahres der gewährenden Muttergesellschaft.[387] Diese Rechtsprechung führt in der Praxis zu Unsicherheiten, da im Zeitpunkt der Vornahme der Finanzhilfe ihre steuerrechtliche Beurteilung von zukünftigen Ereignissen abhängt.[388] Vor allem flankierende Sanierungsmaßnahmen – wie beispielsweise eine zusätzliche Kapitalerhöhung – werden aus steuerlichen Gründen in das folgende Geschäftsjahr verschoben.[389] Sanierungsfreundlicher toleriert die Finanzverwaltung – abweichend von der Recht-

---

382 Vgl. CE, 30.12.2009 n°297274 (Sté Haussmann); *Oudenot*, Fiscalité des sociétés et des restructurations, Rn. 986.

383 Vgl. BOI-BIC-BASE-50-20-10-§ 70; *Oudenot*, Fiscalité des sociétés et des restructurations, Rn. 986.

384 BOI-BIC-BASE-50-20-10-§ 70; *Oudenot*, Fiscalité des sociétés et des restructurations, Rn. 986.

385 BOI-BIC-BASE-50-20-10-§ 100.

386 BOI-BIC-BASE-50-20-10-§ 100.

387 CE, 30.12.2009 n°297274 (Sté Haussmann).

388 *Oudenot*, Fiscalité des sociétés et des restructurations, Rn. 987.

389 *Oudenot*, Fiscalité des sociétés et des restructurations, Rn. 987.

sprechung – auch eine Beurteilung am Tag der Finanzhilfe.[390] Sie erlaubt sogar, den zur Sanierungsleistung nächstliegenden Tag heranzuziehen, zu dem die erforderlichen (bilanziellen) Informationen vorliegen.[391]

E. Forderungsverzicht

Der Forderungsverzicht ist auch im französischen Recht kein einseitiger Rechtsakt, sondern ein Vertrag.[392] Zivilrechtlich geregelt wird er in den Art. 1350 bis 1350-2 C. civ.

I. Durch gesellschaftsrechtlich unverbundene Dritte

1. Steuerfolge bei sanierter Kapitalgesellschaft

Verzichtet ein Nichtgesellschafter auf eine Forderung gegenüber einer Kapitalgesellschaft (insb. SA und SARL), muss diese einen steuerpflichtigen Gewinn in Höhe der Verzichtssumme ausweisen. In Sanierungssituationen ist unter den o. a. Voraussetzungen des Art. 209-I alinéa 4 CGI die Mindestbesteuerung für Gewinne aus Forderungsverzichten suspendiert. Weitere Sanierungsprivilegierungen existieren nicht, wenn ein Nicht-Gesellschafter auf Forderungen verzichtet. Im Einzelnen:

Die SA und die SARL unterliegen gem. Art. 206-1 CGI unabhängig von ihrem Unternehmensgegenstand der Körperschaftsteuer. Die Gewinnermittlungsvorschrift der Kapitalgesellschaften verweist vorbehaltlich spezieller Regelungen auf die allgemeine Gewinnermittlung der gewerblichen Einkünfte (Art. 209-I alinéa 1 CGI). Sie ermitteln ihren Gewinn durch Betriebsvermögensvergleich.[393] Wird daher zugunsten der Kapitalgesellschaft auf eine Forderung verzichtet, verringert sich die Summe der Verbindlich-

---

390 BOI-BIC-BASE-50-20-10-§ 110; dazu *Oudenot*, Fiscalité des sociétés et des restructurations, Rn. 988; *Chadefaux*, Dr. fisc. 2012 n°50 étude 552, 32 (37); *Beetschen et al.*, Les holdings, Rn. 4491.

391 BOI-BIC-BASE-50-20-10-§ 110.

392 *Malinvaud/Fenouillet/Mekki*, Droit des obligations, Rn. 945; *Voirin/Goubeaux*, Droit Civil, Rn. 1465.

393 Siehe dazu *Collet*, Droit fiscal, Rn. 557, 559 ff.; *Disle et al.*, Droit fiscal, S. 348 f.; explizit zum Forderungsverzicht BOI-BIC-BASE-50-20-20-§ 1.

keiten, und es entsteht ein steuerpflichtiger Gewinn.[394] Die steuerliche Behandlung auf Ebene des Verzichtsempfängers ist grundsätzlich unabhängig von der steuerlichen Behandlung des Forderungsverzichts auf Ebene des Verzichtenden (Ausnahme: Art. 216 A CGI, der nur zwischen verbundenen Unternehmen gilt).[395]

Der durch den Forderungsverzicht entstandene Gewinn wird dann entsprechend allgemeiner Regeln mit den laufenden Verlusten oder etwaig bestehenden Verlustvorträgen verrechnet. Grundsätzlich sind dabei die Regeln der Mindestbesteuerung zu beachten (Art. 209-I alinéa 3 CGI): Verlustvorträge können nur bis zu einer Millionen Euro unbeschränkt mit den laufenden Gewinnen verrechnet werden. Darüber hinaus können sie nur bis zur Höhe von 50 % des eine Millionen Euro übersteigenden Gewinns verrechnet werden. Diese ungünstige Folge der Mindestbesteuerung setzt die Sanierungsprivilegierung des Art. 209-I alinéa 4 CGI für Forderungsverzichte in Sanierungssituationen außer Kraft.[396] Der Sockelbetrag des unbeschränkt abzugsfähigen Verlustes von einer Millionen Euro wird um den Betrag des Forderungsverzichts erhöht. Die Verrechnung des Verzichtsgewinns mit bestehenden Verlustvorträgen wird daher nicht durch die Mindestbesteuerung begrenzt.[397]

2. Steuerfolge bei sanierendem Gläubiger (Forderung im Betriebsvermögen)

Aus französischer Sichtweise steht die Behandlung des Forderungsverzichts auf Ebene des Verzichtenden im steuerrechtlichen Fokus. Lieferanten oder sonstigen Kreditgeber dürften den typischen Anwendungsfall des Forderungsverzichts eines Nicht-Gesellschafters darstellen. Soweit sie keine Gesellschafter sind, bestehen keine Unterschiede zwischen Körperschaftsteuersubjekten und Einkommensteuersubjekten mit gewerblichen Einkünften. Die Abzugsfähigkeit des mit der Ausbuchung der Forderung verbundenen bilanziellen Verlustes hängt entscheidend davon ab, ob der Forderungsverzicht im wirtschaftlichen Interesse des Verzichtenden liegt.

394 BOI-BIC-BASE-50-20-20-§ 1; *Oudenot*, Fiscalité des sociétés et des restructurations, Rn. 976.
395 BOI-BIC-BASE-50-20-20-§ 1.
396 Zu den Voraussetzungen siehe oben Kapitel 3:A ab S. 71.
397 Zur genauen Wirkweise des Art. 209-1 alinéa 4 CGI siehe Kapitel 3:B.I ab S. 77.

Allgemein setzt das französische Steuerrecht für die steuerliche Berücksichtigung jeglicher Kostenfaktoren voraus, dass die Entscheidung, die zu den Ausgaben geführt hat, keinen *acte anormal de gestion* darstellt.[398] Hieran muss sich auch der Forderungsverzicht messen lassen.[399] Der Conseil d'État prüft im Rahmen dieser Abzugsvoraussetzung mittlerweile nur noch die unternehmerische Veranlassung[400] und nicht mehr die Risikotragfähigkeit[401] der unternehmerischen Entscheidung. Gelingt dem Steuerpflichtigen der Nachweis der unternehmerischen Veranlassung des Forderungsverzicht und überspringt er damit die erste Hürde der Abzugsfähigkeit, hat er zugleich die kommerzielle Art seines Forderungsverzichts (*abandon de créance à caractère commercial*) nachgewiesen.[402] Der bilanzielle Verlust dieses kommerziell veranlassten Forderungsverzichts findet volle steuerliche Berücksichtigung.[403] Für die Sanierungsprivilegierung des Art 38-1, 8° CGI bleibt kein Anwendungsbereich mehr, weil ein kommerziell veranlasster Forderungsverzicht nie einen *acte anormal de gestion* darstellen kann. Der Verzichtsbetrag ist damit bereits nach allgemeinen Regeln abzugsfähig.

a) Forderungsverzicht als *acte normal de gestion*

Der Nachweis des unternehmerischen Eigeninteresses am Forderungsverzicht ist Voraussetzung für dessen steuerliche Anerkennung. Im Regelfall muss die Finanzverwaltung den Nachweis des fehlenden unternehmerischen Eigeninteresses erbringen, um einen *acte anormal de gestion* zu beweisen.[404] Anders für den Fall des Forderungsverzichts: Auf Forderungen gegen Geschäftspartner zu verzichten, gehört nicht zum regelmäßigen und

398 Vgl. *Gutmann*, Droit fiscal des affaires, Rn. 633.

399 BOI-BIC-BASE-50-20-§ 80.

400 Ausdrücklich CE, 13.07.2016 n°375801 (SA Monte Paschi Banque) unter 3. und 4.; dazu *Fouquet*, Dr. fisc. 2017 n°28 étude 395, 52 (57); betätigt durch CE, 21.12.2018 n°402006 (Sté Croë Suisse); anschaulich zur Entwicklung des *acte anormal de gestion Lesprit/Duvauchelle*, https://taj-strategie.fr/larret-croe-suisse-redefinit-concept-dacte-anormal-de-gestion.

401 So noch CE, 16.11.2011 n°326913; CE, 27.04.2011 n°327764 (Sté Legpes); CE, 30.05.2007 n°285575 et n°285573 (Peronnet); CE, 17.10.1990 n°83310 (M. Loiseau); die Theorie des übermäßigen Risikos verteidigend *Chadefaux*, Dr. fisc. 2012 n°50 étude 552, 32 (37).

402 *Oudenot*, Fiscalité des sociétés et des restructurations, Rn. 970.

403 BOI-BIC-BASE-50-20-10-§ 50.

404 *Spiridion*, L' essentiel de la fiscalité d'entreprise, S. 76.

objektiv normalen Geschäftsgebaren eines Unternehmens.[405] Es liegt daher eine objektiv anormale unternehmerische Entscheidung vor, deren Interessengerechtigkeit der Steuerpflichtige nachzuweisen hat.[406] Dafür hat der Steuerpflichtige eine tatsächliche und angemessene Gegenleistung darzulegen.[407] Eine solche Gegenleistung muss weder monetär noch zeitnah erfolgen, sondern kann auch in der Wahrung von langfristigen wirtschaftlichen Interessen bestehen.[408] Diese weite Auslegung des Gegenleistungsbegriffs lässt sich an Art. 39-1, 7° CGI festmachen, der den Abzug von philanthropischen, wissenschaftlichen, sozialen und kulturellen Ausgaben zulässt, sofern sie im direkten wirtschaftlichen Interesse stehen.[409] Mangels direkter monetärer Gegenleistung solcher Engagements kann das direkte wirtschaftliche Interesse im Sinne des Gesetzes gerade auch in den wirtschaftlich indirekt-generell werbenden Effekten des Engagements liegen.[410] Ein Gegenleistungsbegriff, der nur unmittelbare Gegenleistungen erfasst, würde die Auslegung des *acte anormal de gestion* wieder bedenklich nah an die überholte Theorie des übermäßigen Risikos rücken.[411] Es wären nur Ausgaben, denen eine sofortige Rendite gegenübersteht, steuerlich anerkannt, was einen zu starken Eingriff in die unternehmerische Risikoentscheidung zur Folge hätte.[412] Eine Aufwendung ist daher zum Zeitpunkt ihrer Vornahme aus der *ex-ante* Perspektive auf die vom Unternehmen erwartete Gegenleistung zu beurteilen.[413] Ohne gesellschaftsrechtliche Verbindung muss die Gegenleistung einem Interesse an der Geschäftsbeziehung entspringen. Die Beurteilung erfolgt an den gesamten Umständen des Einzelfalls; eine schematische Lösung verbietet sich.[414]

---

405 CE, 23.01.2015 n°365525; CE, 17.12.2010 n°307463; *Serlooten/Debat*, Droit fiscal des affaires, Rn. 56; *Spiridion*, L' essentiel de la fiscalité d'entreprise, S. 76 f.

406 *Spiridion*, L' essentiel de la fiscalité d'entreprise, S. 76 f.; generell zur Rechtfertigung objektiv anormaler Handlungen durch subjektive Interessen des Unternehmens *Gutmann*, Droit fiscal des affaires, Rn. 636.

407 BOI-BIC-BASE-50-20-§ 80; *Chadefaux*, Dr. fisc. 2012 n°50 étude 552, 32 (37); *Gutmann*, Droit fiscal des affaires, Rn. 635.

408 *Serlooten/Debat*, Droit fiscal des affaires, Rn. 52.

409 *Gutmann*, Droit fiscal des affaires, Rn. 636.

410 *Gutmann*, Droit fiscal des affaires, Rn. 636.

411 *Bokdam-Tognetti*, Concl. sur CE, 22.02.2017 n°387786 (Sté Additek), S. 5.

412 *Bokdam-Tognetti*, Concl. sur CE, 22.02.2017 n°387786 (Sté Additek), S. 5.

413 *Bokdam-Tognetti*, Concl. sur CE, 22.02.2017 n°387786 (Sté Additek), S. 5; vgl. auch *Fouquet*, Dr. fisc. 2017 n°28 étude 395, 52 (57).

414 BOI-BIC-BASE-50-20-§ 80.

b) Kommerzielle Veranlassung des Forderungsverzichts schließt *acte anormal de gestion* aus

Hat der Verzichtende den Nachweis des wirtschaftlichen Eigeninteresses erbracht, ist zugleich der kommerzielle Charakter des Forderungsverzichts belegt.[415] Die Abzugsfähigkeit des verzichtsbedingten Verlustes steht damit fest[416], denn der Nachweis, dass kein *acte anormal de gestion* vorliegt, erfordert mittlerweile nur noch die wirtschaftliche Veranlassung von Aufwendungen.[417] Bei unverbundenen Unternehmen können die wirtschaftlichen Interessen nur aus der gemeinsamen Geschäftsbeziehung stammen. Kommerzielle Forderungsverzichte haben beispielsweise das Ziel, die Lieferantenbeziehungen zwischen zwei Unternehmen zu festigen, um Absatzmärkte für eigene Produkte zu schaffen oder zu erhalten; hierin besteht das eigene wirtschaftliche Interesse des Verzichtenden.[418] So beinhaltet jeder Nachweis der kommerziellen Verzichtsveranlassung zwangsläufig die Darlegung eigenwirtschaftlicher Interessen und ist damit zugleich kein *acte anormal de gestion.*[419]

c) Bedeutungslosigkeit der Sanierungsprivilegierung des Art. 39-1, 8° CGI

Das Sanierungsprivileg des Art. 39-1, 8° CGI ist durch den Zusammenhang zwischen dem kommerziellen Forderungsverzicht und dem *acte anormal de gestion* irrelevant geworden. Jeder kommerziell veranlasste Forderungsverzicht ist eine unternehmerisch nachvollziehbare Entscheidung[420] und damit nach allgemeinen Regeln abzugsfähig.[421] In den Anwendungsbereich der Sanierungsprivilegierung des Art. 39-1, 8° CGI fallen jedoch nur solche Forderungsverzichte, die zwar kommerziell veranlasst sind, aber einen *acte*

415 *Oudenot*, Fiscalité des sociétés et des restructurations, Rn. 970.
416 BOI-BIC-BASE-50-20-10-§ 50; *Oudenot*, Fiscalité des sociétés et des restructurations, Rn. 975.
417 Siehe unter Kapitel 3:E.I.2.a) ab S. 86.
418 *Chadefaux*, Dr. fisc. 2012 n°50 étude 552, 32 (35); *Oudenot*, Fiscalité des sociétés et des restructurations, Rn. 969.
419 BOI-BIC-BASE-50-10-§ 120; *Oudenot*, Fiscalité des sociétés et des restructurations, Rn. 969; *Chadefaux*, Dr. fisc. 2012 n°50 étude 552, 32 (35).
420 Siehe oben Kapitel 3:E.I.2.b) ab S. 88.
421 BOI-BIC-BASE-50-20-10-§ 50; *Oudenot*, Fiscalité des sociétés et des restructurations, Rn. 975.

anormal de gestion darstellen.[422] Sie sind im Rahmen von Schutz- und Sanierungsplänen (*plan de sauvegarde ou redressement*) steuerlich abzugsfähig.[423] Denkbar war eine solche Situation jedoch nur unter der Geltung der Theorie des übermäßigen Risikos. Art. 39-1, 8° CGI war stets dann relevant, wenn ein Forderungsverzicht im eigenwirtschaftlichen Interesse veranlasst war, aber wegen des unverhältnismäßigen Risikos einen *acte anormal de gestion* darstellte.[424]

II. Durch Gesellschafter

1. Steuerfolge bei sanierter Gesellschaft

Die Rechtslage stellt sich für die Gesellschaft grundsätzlich so dar wie beim Forderungsverzicht durch einen Nicht-Gesellschafter. Der Verzichtsbetrag führt zu einem steuerlichen Gewinn, der unter den Voraussetzungen des Art. 209-I alinéa 4 CGI von der Mindestbesteuerung ausgenommen ist.[425] Weitergehend hat der Gesetzgeber mit Art. 216 A CGI eine Ausnahme von der Steuerpflicht des Forderungsverzichtsgewinns statuiert. Sie dient der Abmilderung der Folgen einer Gesetzesänderung auf Ebene des verzichtenden Gesellschafters[426] und soll Anreize zur besseren Kapitalausstattung von Tochtergesellschaften schaffen.[427] Soweit eine Muttergesellschaft i. S. v. Art. 145 CGI Verluste aus einem Forderungsverzicht gegenüber einer Tochtergesellschaft nicht vom steuerpflichtigen Ergebnis abziehen kann, bleibt der Gewinn bei der Tochter unter den weiteren Voraussetzungen des Art. 216 A CGI steuerfrei. Die Schuldnergesellschaft muss sich im Geschäftsjahr des Forderungsverzichts verpflichten, innerhalb der zwei folgenden Geschäftsjahre eine Kapitalerhöhung in Höhe des Forderungsverzichts zugunsten der Muttergesellschaft vorzunehmen. Dabei ist keine zusätzliche Einlage von neuen Barmitteln notwendig, die Kapitalerhöhung kann mit notleidenden Forderungen durchgeführt werden. Wichtig ist jedoch die Einhaltung der Frist von zwei Jahren für die tatsächliche Durchführung der Kapitalerhöhung, die nicht rückwirkend auf den Sanierungs-

422 BOI-BIC-BASE-50-10-§ 80; *Beetschen et al.*, Les holdings, Rn. 4485.
423 BOI-BIC-BASE-50-10-§ 80; *Beetschen et al.*, Les holdings, Rn. 4485.
424 Vgl. BOI-BIC-BASE-50-10-§ 80.
425 Siehe oben Kapitel 3:E.I.1 ab S. 84.
426 Dazu unten Kapitel 3:E.II.2.a)bb) ab S. 93.
427 *Gutmann*, Droit fiscal des affaires, Rn. 647.

zeitraum vorgenommen werden muss. Die einschlägige Verwaltungsanweisung[428] legt die Voraussetzungen folgendermaßen aus:

- Die Kapitalerhöhung muss in voller Höhe vor Abschluss des zweiten Geschäftsjahres, das auf das Geschäftsjahr des Forderungsverzichts folgt, abgeschlossen sein. Innerhalb der Frist können auch mehrere Kapitalerhöhungen erfolgen.
- Die Kapitalerhöhung muss bis zum Betrag des Forderungsverzichts allein auf die Gläubigergesellschaft entfallen, andere Eigentümer können sich nur mit zusätzlichen Beträgen an einer solchen Kapitalerhöhung beteiligen.
- Der Zeichnungsbetrag der Kapitalerhöhung kann entweder durch Bareinlage oder durch Schuldumwandlung (Debt-Equity-Swap) eingezahlt werden. Bei der Schuldumwandlung müssen die Forderungen unmittelbar von der Gläubigergesellschaft gehalten werden.
- Eine Kapitalerhöhung durch die Einbringung von Reserven ist unzulässig.

Erreichen die Kapitalerhöhung bzw. die Kapitalerhöhungen den Betrag des Forderungsverzichtes nicht, kann weder eine komplette noch eine teilweise Steuerbefreiung in Anspruch genommen werden.[429]

Neben den sachlichen Voraussetzungen ist der persönliche Anwendungsbereich durch den Verweis auf Art. 145 CGI auf Muttergesellschaften beschränkt, die selbst der Körperschaftsbesteuerung unterliegen. Zum Zeitpunkt der Vornahme des Forderungsverzichts haben grundsätzlich die folgenden weitergehenden Voraussetzungen vorzuliegen[430]: Die verzichtende Muttergesellschaft muss über den Zeitraum von zwei Jahren mindestens 5 % des Stammkapitals der Gesellschaft wenigstens im rechtlichen Eigentum (d. h. mit Nießbrauch belastetes Eigentum) gehalten haben. Alternativ reicht auch aus, wenn über fünf Jahre zumindest 2,5 % des Stammkapitals im rechtlichen Eigentum gehalten wurden und damit zugleich 5 % der Stimmrechte verbunden waren (vgl. Art. 145 CGI).

Ist der persönliche Anwendungsbereich des Art. 216 A CGI eröffnet, liegen die sachlichen Voraussetzungen weitestgehend in der Hand von Mutter- und Tochtergesellschaft. Eine interessante Gestaltungsmöglichkeit ergibt sich für Muttergesellschaften, die keine zusätzliche Bareinlage in

428 BOI-IS-BASE-10-10-30-§ 90.
429 BOI-IS-BASE-10-10-30-§ 90.
430 BOI-IS-BASE-10-10-30-§ 70.

Höhe des Forderungsverzichts leisten wollen, weil sie damit ihre Hilfssumme faktisch verdoppeln müssten (Entlastung von Verbindlichkeit zuzüglich gleich hoher Bareinlage). Die Muttergesellschaft verzichtet lediglich auf die Hälfte der Forderungssumme und bringt die andere Hälfte im Rahmen der Kapitalerhöhung als Schuldumwandlung zum Nennwert ein.[431] Damit hat sie ihre Hilfe auf bereits bestehende Forderungen beschränkt und gleichsam die sachlichen Voraussetzungen des Art. 216 A CGI herbeigeführt.

2. Steuerfolge bei sanierendem Gläubiger

a) Gewerbliche Einkünfte

Wie bereits bei gesellschaftsrechtlich Unverbundenen stellt sich in Frankreich die Hauptfrage der steuerrechtlichen Beurteilung des Forderungsverzichts auf der Ebene des Verzichtenden. Wieder steht die Abzugsfähigkeit des bilanziellen Verlustes im Fokus. Die Rechtslage wird durch die gesellschaftsrechtliche Verbundenheit zwischen Verzichtendem und Verzichtsempfänger deutlich komplexer. Die Beurteilung, ob ein *acte anormal de gestion* vorliegt, gewinnt durch die finanzierenden Motive und der – zumindest teilweisen – Anerkennung der ökonomischen Realität von Unternehmensgruppen bei der Auslegung des eigenwirtschaftlichen Interesses eine neue Perspektive. Mit der Einführung des Art. 39-13 CGI im Jahr 2012 ist die Abgrenzung von finanzierenden und kommerziell veranlassten Forderungsverzichten entscheidend geworden. Während der kommerzielle Forderungsverzicht – wie schon zwischen unverbundenen Verzichtsparteien – grundsätzlich abzugsfähig ist, ist dies bei finanzierenden Forderungsverzichten lediglich im Rahmen einer Sanierungsausnahme der Fall. Die Abzugsfähigkeit sowohl finanzierender als auch kommerziell veranlasster Forderungsverzichte ist zudem immer dann ausgeschlossen, wenn der Forderungsverzicht als Teil der (nachträglichen) Anschaffungskosten anzusehen ist.

---

431 Siehe dazu *Oudenot*, Fiscalité des sociétés et des restructurations, Rn. 990. Siehe zum Debt-Equity-Swap in Höhe des Nennwerts der Forderung unten Kapitel 3:F.I.2 ab S. 106.

aa) Auslegung des *acte anormal de gestion* zwischen ökonomischer Gruppenrealität und steuerrechtlicher Einzelbetrachtung

Im Ausgangspunkt gilt hier das unter I.2.a)[432] erwähnte: Jeder Aufwand ist abzugsfähig, sofern die dazu führende unternehmerische Entscheidung im wirtschaftlichen Interesse des Unternehmens getroffen wurde. Das setzt eine ausreichende Gegenleistung voraus, die auch in einem unsicheren, zukünftigen wirtschaftlichen Vorteil liegen kann. Hinzu tritt jedoch die Perspektive der gesellschaftsrechtlichen Verbindung. Im bilateralen Verhältnis ist der Aufwand der Muttergesellschaft der Gewinn der Tochtergesellschaft (oder umgekehrt). Daraus sich ergebende Gestaltungen zur steueroptimalen Verlagerung von Gewinnen sollen gerade nicht dem Korrektiv des *acte anormal de gestion* entzogen sein.[433] Gleichwohl führt in der Rechtsprechung des Conseil d'État der Verzicht auf einen wirtschaftlichen Vorteil gegenüber einem verbundenen Unternehmen nicht unbedingt zu einem *acte anormal de gestion.*[434] Denn der Vorteil des anderen kann bei direkter gesellschaftsrechtlicher Verbundenheit auch der eigene sein.[435] Auf diese Erkenntnis beschränkt sich die Berücksichtigung der gesellschaftsrechtlichen Verbindung bei der Auslegung des *acte anormal de gestion.* Die ökonomische Realität von Unternehmensgruppen ist eine andere: Unternehmern steht es frei, ihre wirtschaftlichen Aktivitäten organisatorisch in eigenständige juristischen Personen aufzugliedern, die am Markt eine Einheit darstellen.[436] Es ist aber Aufgabe des Gesetzgebers, diese ökonomische Realität rechtlich abzubilden.[437] Solange dies nicht geschieht, muss der wirtschaftliche Vorteil steuerrechtlich auf Ebene jeder einzelnen Gesellschaft betrachtet werden.[438] Für die Rechtfertigung des Forderungsverzichts kann daher

432 ab S. 86.

433 BOI-BIC-BASE-50-10-§ 100; dazu auch *Chadefaux*, Dr. fisc. 2012 n°50 étude 552, 32 (32).

434 Zu unterfakturierten Leistungen CE, 25.11.2009 n°307227 (Cie Rhénane de Raffingage).

435 *Serlooten/Debat*, Droit fiscal des affaires, Rn. 54; vgl. auch *Martin*, Concl. sur CE, 21.06.1995 n°132531, RJF 1995, 559.

436 *Chadefaux*, Dr. fisc. 2012 n°50 étude 552, 32 (32).

437 *Rivière*, Concl. sur CE 26.07.1982 n°19.645, Dr. fisc. 1983 n°10, comm. 378, p.339 (343); *Serlooten/Debat*, Droit fiscal des affaires, Rn. 56.

438 *Rivière*, Concl. sur CE 26.07.1982 n°19.645, Dr. fisc. 1983 n°10, comm. 378, p.339 (343); *Chadefaux*, Dr. fisc. 2012 n°50 étude 552, 32 (32); *Serlooten/Debat*, Droit fiscal des affaires, Rn. 56.

nicht pauschal auf das Konzerninteresse verwiesen werden.[439] Deshalb muss gegenüber einer wirtschaftlich schwächelnden Tochtergesellschaft grundsätzlich auf Zahlung der Schuld bestanden und zunächst nach anderen Sanierungsmöglichkeiten gesucht werden.[440] Grundlegende Finanzierungsentscheidungen wie beispielsweise eine Kapitalerhöhung gehören nicht zu den zunächst anzudenkenden Alternativmöglichkeiten, denn es gilt der Grundsatz der freien unternehmerischen Entscheidung.[441] Daher ist die steuerliche Anerkennung eines Gesellschafterforderungsverzichts möglich. Zusätzlich zu den bei unverbundenen Dritten gebilligten Eigeninteressen kommerzieller[442] Art können beim Gesellschafter auch Finanzierungsinteressen[443] berücksichtigt werden. Hilfeleistungen aus finanziellen Eigeninteressen des Gesellschafters werden zum Beispiel dann anerkannt, wenn die Insolvenz einer Tochtergesellschaft abgewendet wird[444], damit der eigene Vermögenswert „Beteiligung" erhalten bleibt oder wenn die wirtschaftliche Situation der Tochtergesellschaft gestärkt wird, um die eigene Solvenz (und ggf. die des Gesamtkonzerns) zu verbessern.

bb) Die steuerliche Relevanz der Abgrenzung zwischen kommerziell veranlasstem und finanzierendem Forderungsverzicht

Bei der Prüfung des *acte anormal de gestion* ist unerheblich, ob aus kommerziellen Interessen oder Interessen finanzieller Art verzichtet wurde; beide Veranlassungen sind gleichwertig. Die steuerliche Berücksichtigung des bilanziellen Verlustes ist seit 2012 jedoch anders.[445] Während der kommerzielle Forderungsverzicht für den Gesellschafter zu unbeschränkt abziehbaren Verlusten führt, sind Verzichtsverluste aus finanzierenden Forderungsverzichten wegen Art. 39-13 CGI nur ausnahmsweise abzugsfähig.

---

439 BOI-BIC-BASE-50-10-§ 80; *Beetschen et al.*, Les holdings, Rn. 4460; vgl. auch *Serlooten/Debat*, Droit fiscal des affaires, Rn. 56.

440 *Oudenot*, Fiscalité des sociétés et des restructurations, Rn. 986.

441 *Chadefaux*, Dr. fisc. 2012 n°50 étude 552, 32 (32); *Spiridion*, L' essentiel de la fiscalité d'entreprise, S. 96.

442 Dazu schon oben Kapitel 3:E.I.2.b) ab S. 88.

443 *Spiridion*, L' essentiel de la fiscalité d'entreprise, S. 76 f.

444 *Beetschen et al.*, Les holdings, Rn. 4463 f.; *Serlooten/Debat*, Droit fiscal des affaires, Rn. 52.

445 Dazu BOI-BIC-BASE-50-20-10-§ 60.

Mit dem Abzugsverbot für finanzierungswirkende Forderungsverzichte wollte der französische Gesetzgeber den indirekten Import ausländischer Verluste über den Forderungsverzicht verhindern.[446] Eine solche Praxis hatte sich im Anschluss an die großzügige Rechtsprechungslinie des Conseil d'État zur Anerkennung finanzierender Motive gebildet.[447] Wegen europarechtlicher Bedenken ist die Regelung des Art. 39-13 CGI nicht auf den Forderungsverzicht gegenüber ausländischen Töchtern beschränkt, sondern auf alle Fälle ausgedehnt, bei denen keine kommerziellen Motive für den Verzicht ausschlaggebend waren.[448] Die neue Gesetzeslage will Anreize für einen stärkeren Fokus auf die steuerneutrale Rekapitalisierung von Tochtergesellschaften schaffen und deren Eigenkapitalausstattung stärken.[449] In diesen Kontext passt auch die Vorschrift des Art. 216 A CGI, der die Folgen der Gesetzesänderung beim Forderungsverzicht abmildern soll, allerdings auf Ebene der Tochtergesellschaft.[450]

Die Abgrenzung zwischen kommerziellem und finanzierendem Forderungsverzicht erfordert eine umfassende Prüfung aller tatsächlichen und rechtlichen Elemente des konkreten Einzelfalls.[451] Neben den tatsächlichen Gründen, die zum Forderungserlass geführt haben, nimmt die Finanzverwaltung für die Einordnung insbesondere die Art der geschäftlichen Beziehung sowie Art und Höhe der erlassenen Forderung in den Blick.[452] Wenn alle Kriterien auf eine Veranlassungsvariante hinweisen, ist die Einstufung unproblematisch.[453] In Zweifelsfällen ist das hauptsächliche Motiv (subjektives Element) des Verzichts die entscheidende Komponente.[454] Ein kommerzielles Interesse am Forderungsverzicht wird dann anerkannt, wenn der Verzichtende seine eigene gewerbliche Tätigkeit fördern möchte, etwa durch die Entwicklung oder Aufrechterhaltung von Lieferantenbe-

---

446 *Chadefaux*, Dr. fisc. 2012 n°50 étude 552, 32 (38); *Gutmann*, Droit fiscal des affaires, Rn. 647; *Oudenot*, Fiscalité des sociétés et des restructurations, Rn. 977.

447 *Chadefaux*, Dr. fisc. 2012 n°50 étude 552, 32 (38); *Gutmann*, Droit fiscal des affaires, Rn. 647; *Oudenot*, Fiscalité des sociétés et des restructurations, Rn. 977.

448 *Chadefaux*, Dr. fisc. 2012 n°50 étude 552, 32 (38).

449 *Chadefaux*, Dr. fisc. 2012 n°50 étude 552, 32 (38); *Oudenot*, Fiscalité des sociétés et des restructurations, Rn. 977.

450 *Chadefaux*, Dr. fisc. 2012 n°50 étude 552, 32 (38). Ausführlich zu Art. 216 A CGI siehe oben Kapitel 3:E.II.1 ab S. 89.

451 BOI-BIC-BASE-50-10-§ 110.

452 BOI-BIC-BASE-50-10-§ 110.

453 BOI-BIC-BASE-50-10-§ 110.

454 BOI-BIC-BASE-50-10-§ 140; *Beetschen et al.*, Les holdings, Rn. 4483.

ziehungen und/oder Absatzmärkten.[455] Eindeutiger wird die kommerzielle Veranlassung, wenn die erlassene Forderung zusätzlich noch aus der wirtschaftlichen Geschäftsbeziehung stammt.[456] Werterhaltungsinteressen an der Kapitalbeteiligung charakterisieren dagegen einen finanzierenden Forderungsverzicht.[457] Ein solcher dürfte insbesondere bei Verzichten auf Gesellschafterdarlehen zu prüfen sein oder bei Unterstützungsleistungen an Tochtergesellschaften in finanziellen Schwierigkeiten, zu denen keine gewerblichen Geschäftsbeziehungen bestehen.[458] Zu den finanzierenden Forderungsverzichten zählen daneben Verzichte, bei denen die Muttergesellschaft als Kompensation für die Beendigung von Geschäftsbeziehungen auf eine Forderung verzichtet.[459]

Über die grundlegenden Differenzierungen zwischen kommerziellen und finanzierenden Forderungsverzichten besteht weitgehend Einigkeit, trotzdem treten Kontroversen bezüglich der Einordnung von einzelnen Fallgestaltungen auf. Es ist beispielsweise streitig, ob zwingend eine gewerbliche Geschäftsbeziehung bestehen muss, damit ein Forderungsverzicht kommerziell veranlasst sein kann und welche Anforderungen an die konkrete Geschäftsbeziehung zu stellen wären. Bei Forderungsverzichten gegenüber Tochtergesellschaften in Schwierigkeiten verzichten einige Stimmen in der Literatur ganz auf das Bestehen gewerblicher Beziehungen zwischen den Verzichtsparteien, wenn die Muttergesellschaft den Ruf und die Kreditwürdigkeit der Gruppe durch Hilfeleistung an die Tochter erhalten möchte.[460] Der eigene Ruf und damit die Kreditwürdigkeit der Gruppe diene dem eigenwirtschaftlichen Interesse der Mutter an stabilen Liefer- und Finanzierungsbedingungen mit ihren Geschäftspartnern.[461] Trotz fehlender gewerblicher Beziehung von Mutter- und Tochtergesellschaft sei der Forderungsverzicht gewerblich veranlasst und unbeschränkt abzugsfähig. So weit gehen Rechtsprechung und Finanzverwaltung nicht, sie setzen

455 BOI-BIC-BASE-50-10-§ 110; *Chadefaux*, Dr. fisc. 2012 n°50 étude 552, 32 (35); *Oudenot*, Fiscalité des sociétés et des restructurations, Rn. 969.

456 BOI-BIC-BASE-50-10-§§ 110, 120.

457 BOI-BIC-BASE-50-10-§ 130; *Oudenot*, Fiscalité des sociétés et des restructurations, Rn. 978; *Chadefaux*, Dr. fisc. 2012 n°50 étude 552, 32 (36).

458 BOI-BIC-BASE-50-10-§ 130; *Oudenot*, Fiscalité des sociétés et des restructurations, Rn. 978.

459 BOI-BIC-BASE-50-10-§ 160.

460 *Oudenot*, Fiscalité des sociétés et des restructurations, Rn. 978; *Chadefaux*, Dr. fisc. 2012 n°50 étude 552, 32 (36); *Blanluet*, Dr. fisc. 2012 n°50 étude 557, 39 (40).

461 *Oudenot*, Fiscalité des sociétés et des restructurations, Rn. 978; *Chadefaux*, Dr. fisc. 2012 n°50 étude 552, 32 (36).

sich vielmehr über die konkreten Anforderungen an eine gewerbliche Geschäftsbeziehung auseinander. Die Finanzverwaltung sieht die Erbringung von rein gruppeninternen Dienstleistungen (z. B. Übernahme von Verwaltungstätigkeiten gegen Entgelt oder Koordination eines gemeinsamen Einkaufs) zwischen Mutter- und Tochtergesellschaften nicht als ausreichend an.[462] Diese strenge Ansicht teilt der Conseil d'État nicht und präferiert eine Einzelfallwürdigung, innerhalb derer ein gegenteiliges Ergebnis vertretbar wäre.[463] Nach dieser Ansicht ist ein solcher Forderungsverzicht kommerziell veranlasst und unbeschränkt abzugsfähig.

cc) Betrag des Forderungsverzichts als Anschaffungskosten

Nicht immer führt der Forderungsverzicht beim erlassenden Gläubiger zu Verlusten; er kann auch ganz oder teilweise zu nachträglichen Anschaffungskosten der Beteiligung werden. Weil es insoweit keinen Verlust gibt, kommt es nicht auf die steuerlichen Regelungen zur Verlustberücksichtigung von kommerziellen und finanzierenden Forderungsverzichten an. Trotzdem ist die Differenzierung entscheidend, denn die Bestimmung der nachträglichen Anschaffungskosten knüpft an ihr an. Während die allgemeine Anschaffungskostendogmatik für beide Arten gilt, hat sich zusätzlich noch eine spezielle Anschaffungskostendoktrin für Verzichte mit Finanzierungswirkung entwickelt.

Nach der allgemeinen Anschaffungskostendogmatik sind Forderungsverzichte, die in engem Zusammenhang mit der Übernahme von Geschäftsanteilen gegenüber dem Veräußerer erklärt werden, als Anschaffungskosten anzusehen.[464] Die tatsächliche Gegenleistung setzt sich dann aus dem Betrag des Forderungsverzichts und darüber hinaus erfolgten Kaufpreiszahlungen zusammen. Die Analyse der Rechtsprechung legt die Annahme eines engen zeitlichen und sachlichen Zusammenhangs zwischen Anteilserwerb oder Kapitalerhöhung und dem Forderungsverzicht als Vorausset-

462 BOI-BIC-BASE-50-10-§ 160.

463 CE, 07.02.2018 n°398676 (SARL France Frais); dazu *Oudenot*, Fiscalité des sociétés et des restructurations, Rn. 971.

464 *Gutmann*, Droit fiscal des affaires, Rn. 648; *Chadefaux*, Dr. fisc. 2012 n°50 étude 552, 32 (36).

zung für die Qualifizierung als Anschaffungskosten nah.[465] Den sachlichen Zusammenhang zum Erwerb durchbrechen kann ein aus kommerziellen Gründen gerechtfertigter Forderungsverzicht, wenn der sonstige Kaufpreis dem Marktwert der Beteiligung entspricht.[466] Auch erhebliche Verluste zwischen Anteilserwerb und zeitlich eng folgendem Forderungsverzicht sind geeignet, den sachlichen Zusammenhang zu durchbrechen.[467]

Für finanzierende Forderungsverzichte kommt noch die seit der Entscheidung des Conseil d'État vom 30.04.1980[468] geltende Doktrin über Anschaffungskosten hinzu.[469] Soweit das Nettovermögen der Tochtergesellschaft positiv ist, erhöht der Forderungsverzicht der Muttergesellschaft den Wert ihrer Beteiligung in Höhe der Beteiligungsquote an der erlassbegünstigen Tochter.[470] In dieser Höhe stellt der finanzierende Forderungsverzicht nachträglich Anschaffungskosten dar und ist selbst bei Einschlägigkeit der Rückausnahme des Art. 39-13 alinéa 2 CGI nicht als Verlust abzugsfähig.[471]

dd) Sanierungsprivilegierung des Art. 39-13 CGI als Rückausnahme zur Missbrauchsvermeidung durch finanzierende Forderungsverzichte

Für Forderungsverzichte finanzieller Art, die grundsätzlich nicht abzugsfähig sind, hat der Gesetzgeber für Sanierungsfälle in Art. 39-13 alinéa 2 CGI eine Rückausnahme vorgesehen. Sofern ein Forderungsverzicht im Rahmen einer Vereinbarung gemäß Art. L611-8 C. com. oder innerhalb eines *procédure de sauvegarde, redressement judicaire* bzw. einer *liquidation judicare* ausgesprochen wird, ist der bilanzielle Verlust beim Gläubiger nach Maßgabe des Art. 39-13 alinéa 3 CGI abzugsfähig.[472] Soweit der Betrag des Forderungsverzichts auf negatives Nettovermögen der Schuldner-

465 CE, 25.05.1988 n°50138 (Sté KER EOL); CE, 15.10.1982 n°26585 (Sté X); CE, 27.11.1981 n°16814 (Sté X); ohne eigene Anmerkungen auf vorstehende Urteile verweisend BOI-BIC-BASE-50-20-10-§ 40.

466 *Gutmann*, Droit fiscal des affaires, Rn. 648; allein auf den Vergleich zwischen Marktwert und Barpreis abstellend *Beetschen et al.*, Les holdings, Rn. 4470.

467 CE, 27.06.1984 n°35030 (Sté Courtaulds); CE, 27.11.1981 n°16814 (Sté X).

468 CE, 30.04.1980 n°16253.

469 Bestätigt durch CE, 16.03.2001 n°199580; dazu auch BOI-BIC-BASE-50-20-10-§ 60; *Oudenot*, Fiscalité des sociétés et des restructurations, Rn. 981.

470 CE, 16.03.2001 n°199580; *Oudenot*, Fiscalité des sociétés et des restructurations, Rn. 981.

471 *Oudenot*, Fiscalité des sociétés et des restructurations, Rn. 982.

472 Siehe oben Kapitel 3:D ab S. 82.

gesellschaft entfällt, kann der Verzichtende den Verlust steuerlich geltend machen. Übersteigt der Forderungsverzicht das negative Nettovermögen, kann der übersteigende Betrag nur in Höhe der Anteile der nicht an der Sanierung teilnehmenden Gesellschafter abgezogen werden.[473] Die Vorschrift fügt sich mit einigen negativen Abweichungen in das vormals geltende System der Aufteilung des Verzichtsbetrags in einen abzugsfähigen Verlust und in nicht abzugsfähige nachträgliche Anschaffungskosten ein.

Art. 39-13 alinéa 2 CGI ist keine partielle Rückkehr zur Rechtslage vor 2012 für Sanierungsfälle, sondern enthält steuererhöhende Abweichungen. Der Sanierer ist zwar bessergestellt als bei der Anwendung der Grundregel des Art. 39-13 alinéa 1 CGI, steht aber teilweise schlechter als vor dessen Einführung. Gleich geblieben ist Folgendes: Unbeschränkt als Verlust abzugsfähig ist der Betrag des Forderungsverzichts, der nur das negative Nettovermögen der Tochtergesellschaft ausgleicht.[474] Nehmen mehrere Gesellschafter an der Sanierung teil und übersteigen ihre Verzichtsbeiträge die Überschuldung der Tochter, dann ist nach Anteilen am Gesamtbetrag der Sanierung aufzuteilen (Anteil an der Sanierungssumme entspricht dem Anteil am Überschuldungsbetrag).[475] Die Berechnung der nachträglichen Anschaffungskosten hat sich durch Art. 39-13 alinéa 2 CGI ebenfalls nicht verändert.[476] Anschaffungskosten sind weiterhin die Beträge, die in Höhe des eigenen Kapitalanteils auf das positive Nettovermögen der Tochter entfallen.[477] Nach alter Rechtslage waren dazu korrespondierend die Verzichtsanteile, die auf das positive Nettovermögen und die Kapitalanteile der anderen Gesellschafter entfielen, als Verluste abzugsfähig. Der gesamte Betrag des Forderungsverzichts wurde entweder als Anschaffungskosten oder als Verlust berücksichtigt. Dieser Zusammenhang gilt unter Art. 39-13 alinéa 2 CGI nicht mehr bzw. nur noch zufällig. Für die Berechnung des abzugsfähigen Verlustes ist die Kapitalbeteiligungshöhe der nicht an der Sanierung teilnehmenden Gesellschafter entscheidend. Soweit die Verzichtssumme die Überschuldung der Tochtergesellschaft übersteigt, ist nur noch der auf die nicht teilnehmenden Gesellschafter entfallende Anteil des Forderungsverzichts abzugsfähig.[478] In Fällen mit nur einem an der Sanie-

473 BOI-BIC-BASE-50-20-10-§ 67.

474 Zur alten Rechtslage CE, 30.04.1980 n°16253; zustimmend *Plagnet*, Revue de Société 1980, 785 (792); heute direkt in Art. 39-13 alinéa 3 CGI geregelt.

475 BOI-BIC-BASE-50-20-10-§ 170 mit Rechenbeispiel.

476 *Oudenot*, Fiscalité des sociétés et des restructurations, Rn. 981, 983 ff.

477 CE, 16.03.2001 n°199580; CE, 30.04.1980 n°16253.

478 Anschauliches Rechenbeispiel im BOI-BIC-BASE-50-20-10-§ 170.

rung teilnehmenden Gesellschafter sind über die Anwendung des Art. 39-13 alinéa 3 CGI die gleichen Ergebnisse zu erzielen wie vor der Rechtsänderung im Jahr 2012. Soweit der Forderungsverzicht nicht ausschließlich auf ein negatives Nettovermögen bei der Tochtergesellschaft entfällt, entsteht bei mehreren teilnehmenden Gesellschaftern ein nicht nutzbarer Verlust. Er ist weder als nachträgliche Anschaffungskosten zu betrachten, noch anderweitig abzugsfähig.[479]

ee) Auswirkungen des Systems langfristiger Kapitalgewinne und Verluste auf steuerliche Nutzung nachträglicher Anschaffungskosten

Nachträgliche Anschaffungskosten wirken sich erst bei der Veräußerung aus, weshalb es für deren Nutzung auf die Besteuerungsregelungen zu Veräußerungsgewinnen ankommt. In Frankreich können weitere sanierungserhebliche Überlegungen zu nachträglichen Anschaffungskosten aus dem System der langfristigen Kapitalgewinne/-verluste folgen. Bezieher gewerblicher Einkünfte versteuern Veräußerungsgewinne gemäß Art. 39 duodecies-1 CGI abweichend von der steuerlichen Grundregel des Art. 38 CGI. Während kurzfristige Veräußerungsgewinne/-verluste in die allgemeine Bemessungsgrundlage einbezogen werden, sind langfristige Kapitalgewinne/-verluste in einer eigenen Schedule verhaftet. Im langfristigen wie im kurzfristigen System sind die nachträglichen Anschaffungskosten und eventuell daraus resultierende Veräußerungsverluste steuerlich berücksichtigungsfähig. Durch die Schedulierung im langfristigen System sind langfristige Kapitalverluste jedoch nur begrenzt nutzbar. Diese begrenzte Nutzbarkeit gilt dann mittelbar auch für die bei der Veräußerungsgewinnberechnung zu berücksichtigenden nachträglichen Anschaffungskosten aus Forderungsverzichten.

Anteile an anderen Gesellschaften werden nach dem System der kurzfristigen Kapitalgewinne/-verluste besteuert, soweit sie nicht länger als zwei Jahre nach ihrer Anschaffung veräußert werden (Art. 39 duodecies-2a, -4a CGI). Veräußerungsgewinne (Art. 39 quaterdecies-1 CGI) und -verluste (Art. 39 quaterdecies-3 CGI) werden in die normale Steuerbemessungs-

479 *Oudenot*, Fiscalité des sociétés et des restructurations, Rn. 980, ausdrücklich nochmal in Rn. 1262; aA wohl *Beetschen et al.*, Les holdings, Rn. 4498, die unter Bezugnahme auf Rechtsprechung vor der Gesetzesänderung 2012 diese Verluste als zusätzliche Beiträge (*supplément d'apport*) sehen, die im Veräußerungsfall bei der Berechnung des Veräußerungsgewinns zu berücksichtigen sind.

grundlage integriert. Für Veräußerungsgewinne kann der Steuerpflichtige ein Wahlrecht zur Verteilung der Gewinne auf drei Veranlagungszeiträume ausüben.

Langfristige Kapitalgewinne/-verluste liegen dann vor, wenn Anteile nach über zwei Jahren veräußert werden (Art. 39 duodecies-3,-5 CGI). Entsprechende Gewinne werden nur mit unterjährigen und vorgetragenen langfristigen Verlusten verrechnet (Art. 39 quindecies-I, 1 CGI). Sofern innerhalb eines Veranlagungszeitraums ein Überschuss langfristiger Kapitalgewinne vorhanden ist, wird dieser mit den allgemeinen Betriebsverlusten verrechnet (Art. 39 quindecies-I, 1 CGI).[480] Gibt es keinen verrechnungsfähigen allgemeinen Verlust oder verbleiben nach der Verrechnung noch langfristige Kapitalgewinne, ist auf sie ein besonderer Steuersatz von 12,8 % anzuwenden. Ein Überschuss an langfristigen Kapitalverlusten darf nur mit langfristigen Kapitalgewinnen verrechnet werden und kann dazu bis zu zehn Jahre vorgetragen werden. (Art. 39 quindecies-I, 2 CGI). Führen nachträgliche Anschaffungskosten zu langfristigen Kapitalverlusten, erfolgt eine tatsächliche Verlustnutzung nur, soweit verrechnungsfähige langfristige Veräußerungsgewinne vorhanden sind oder in den folgenden Jahren entstehen.

b) Körperschaftsteuer

Die steuerliche Behandlung des Forderungsverzichts bei der gewährenden Kapitalgesellschaft folgt denselben Regeln wie bei natürlichen Personen als Beziehern gewerblicher Einkünfte.[481] Allein bei der steuerlichen Berücksichtigungsfähigkeit von nachträglichen Anschaffungskosten gibt es durch Abweichungen im System der langfristigen Kapitalverluste relevante Unterschiede.

Körperschaftsteuersubjekte können nachträgliche Anschaffungskosten[482] aus Forderungsverzichten gegenüber Tochtergesellschaften nur innerhalb von zwei Jahren nach Beteiligungserwerb bei der Berechnung des Veräußerungsgewinns/-verlustes steuerlich berücksichtigen.[483] Andernfalls greift

480 Asymmetrische Durchbrechung der Schedulenbesteuerung.
481 Siehe Kapitel 3:E.II.2.a) ab S. 91.
482 Dazu Kapitel 3:E.II.2.a)cc) ab S. 96.
483 *Oudenot*, Fiscalité des sociétés et des restructurations, Rn. 981 anschaulich im Rechenbeispiel.

korrespondierend zur Steuerbefreiung von langfristigen Kapitalgewinnen das Abzugsverbot für langfristige Kapitalverluste aus Art. 219-I a quinquies alinéa 5 CGI. Verluste aus der Veräußerung von langfristigen Beteiligungen sind damit steuerlich nicht weiter abzugsfähig.[484] Im Falle eines Veräußerungsgewinns ist die Höhe der Anschaffungskosten wegen der Steuerbefreiung nicht relevant, bei einem Verlust ist dieser steuerlich unerheblich. Soweit nachträgliche Anschaffungskosten zu einer insgesamt verlustbringenden Veräußerung führen, sind diese Verluste aus einem Veräußerungsvorgang bei der Berechnung der pauschalen Hinzurechnung von nicht abzugsfähigen Betriebskosten steuermindernd zu berücksichtigen; seit einer Gesetzesänderung zum Jahr 2013 allerdings nur noch sehr eingeschränkt, da seitdem grundsätzlich jeder Veräußerungsvorgang getrennt zu betrachten ist.[485] Zur Abwehr von missbräuchlichen Gestaltungen durch konzerninterne Veräußerungen von verlustbringenden Beteiligungen innerhalb der Zweijahresfrist hat der Gesetzgeber Art. 219-I a septies CGI geschaffen.[486]

Grundsätzlich werden Erträge aus der Veräußerung von Beteiligungen gem. Art. 219-I CGI zum normalen Tarif der Körperschaftsteuer versteuert. Sofern jedoch langfristige Kapitalgewinne/-verluste i. S. v. Art. 219-I a quinquies CGI vorliegen, ergibt sich als Rechtsfolge die Steuerfreiheit von Veräußerungsgewinnen und die damit korrespondierende Unbeachtlichkeit von Veräußerungsverlusten. Ob langfristige Kapitalgewinne/-verluste vorliegen, bestimmt sich zum einen über den Verweis des Art. 209-I CGI aus Art. 39 duodecies CGI.[487] Daraus ergibt sich die Voraussetzung der mehr als zweijährigen Haltedauer der Anteile.[488] Zum anderen sieht Art. 219-I a quinquies alinéa 2 CGI Anforderungen an die Art der Beteiligung vor. Es müssen sogenannte *titre de participation* vorliegen. Darunter ist eine qualifizierte Beteiligung an der Tochtergesellschaft zu verstehen.[489] Notwendig ist eine auf Dauer angelegte Beteiligung[490], die für die eigene unternehmerische Tätigkeit nützlich ist[491]. Bei der Nützlichkeit für die eigene wirtschaftliche Tätigkeit kommt es entscheidend auf die ausgeübte unternehmerische

484 Dazu BOI-IS-BASE-20-20-10-20-§ 1 unter Verweis auf; BOI-IS-DEF-30-§§ 20–50; siehe auch *Gutmann*, Droit fiscal des affaires, Rn. 326.
485 Kritisch *Gutmann*, Droit fiscal des affaires, Rn. 326.
486 *Gutmann*, Droit fiscal des affaires, Rn. 326; dazu BOI-IS-BASE-20-30-20.
487 BOI-IS-BASE-20-10-§ 1.
488 Vgl. Art. 39 duodecies-3, 2 und 5, 4 CGI
489 Detailliert in BOI-BIC-PVMV-30-10-§§ 30–98.
490 BOI-BIC-PVMV-30-10-§ 50.
491 BOI-BIC-PVMV-30-10-§ 70.

Tätigkeit an.[492] Hohe Anforderungen gelten nicht: Es reicht beispielsweise schon die Integration von Wertschöpfungen – horizontal wie vertikal – oder auch eine Diversifikationsstrategie, die die eigene Marktposition stärken soll.[493] Zusätzlich muss die Beteiligung darauf abzielen, Einfluss (z. B. Sperrminorität) oder Kontrolle (bestimmende Mehrheit) über die Tochtergesellschaft zu erlangen.[494] Diese Aspekte sind vollumfänglich zum Zeitpunkt des Ersterwerbs der Beteiligung zu beurteilen und grundsätzlich unabhängig von der bilanziellen Qualifikation der Anteile, die nur Vermutungswirkung hat.[495] Für Forderungsverzichte von Muttergesellschaften dürfte neben der Grundregel auch noch die dritte Variante des Art. 219-I a quinquies alinéa 2 CGI in Betracht kommen. Ebenfalls in den Anwendungsbereich der Steuerbefreiung fallen Beteiligungen, die Anspruch auf die Anwendung des Mutter-Tochter-Systems (Art. 145 CGI)[496] einräumen, soweit sie im entsprechenden Bilanzkonto verbucht sind[497], und zwar selbst dann, wenn von der Option für die Dividendenbesteuerung (französisches „Schachtelprivileg“) kein Gebrauch gemacht wurde[498].

Die Steuerfreiheit der langfristigen Kapitalgewinne ist eingeschränkt durch eine pauschale Hinzurechnung von nicht abzugsfähigen Betriebsausgaben in die steuerliche Bemessungsgrundlage (Art. 219-I a quinquies alinéa 2 CGI). Mit einer Gesetzesänderung für Geschäftsjahre, die am 31.12.2012 oder später enden, hat der Gesetzgeber den Satz von 10 % der Netto-Veräußerungsgewinne auf 12 % der Brutto-Veräußerungsgewinne geändert.[499] Weniger die Erhöhung des Satzes um 2 Prozentpunkte als die Änderung von der Netto- auf die Brutto-Berechnungsmethode hat erhebliche Auswirkungen auf die Nutzung von Veräußerungsverlusten und damit auf die Berücksichtigungsfähigkeit von nachträglichen Anschaffungskosten.[500] Unter Geltung der Netto-Methode wurden alle unterjährigen langfristigen Kapitalgewinne und -verluste verrechnet, bevor auf Basis die-

---

492 BOI-BIC-PVMV-30-10-§ 70.

493 BOI-BIC-PVMV-30-10-§ 70.

494 CE, 25.01.2017 n°391057 (SARL C2M); BOI-BIC-PVMV-30-10-§§ 80, 85.

495 BOI-BIC-PVMV-30-10-§§ 96, 130.

496 BOI-BIC-PVMV-30-10-§ 250. Überblick zu den Voraussetzungen des Art. 145 CGI oben Kapitel 3:E.II.1 ab S. 89.

497 BOI-BIC-PVMV-30-10-§ 270 unwiderlegbare Vermutung für qualifizierte Beteiligung bei Vorlage der materiellen Voraussetzungen.

498 BOI-BIC-PVMV-30-10-§§ 240, 250.

499 Siehe dazu Dr. fisc. 2013 n°1 comm. 28, 97.

500 Kritisch *Gutmann*, Droit fiscal des affaires, Rn. 326.

ser Summe die hinzuzurechnende Pauschale berechnet wurde. Verluste aus einem Veräußerungsvorgang und damit auch nachträgliche Anschaffungskosten konnten über die einzelne Veräußerung hinaus berücksichtigt werden und minderten – Gewinne aus anderen Veräußerungen vorausgesetzt – jedenfalls die pauschale Hinzurechnung. Die jetzt geltende Brutto-Methode verhindert genau diesen unterjährigen Ausgleich, sie statuiert ein Verrechnungsverbot zwischen verschiedenen Veräußerungen.[501] Das schränkt die Nutzung von nachträglichen Anschaffungskosten und den darauf aufbauenden Verlusten stark ein. Die Rechtsprechung des Conseil d'État[502] hat allerdings eine für den Steuerpflichtigen günstige Einschränkung vorgenommen. Entgegen der Ansicht der Finanzverwaltung[503] kann eine Hinzurechnung der pauschalen Betriebsausgaben in die steuerliche Bemessungsgrundlage trotz des Verrechnungsverbotes nur erfolgen, wenn überhaupt ein Gesamtveräußerungsgewinn im Geschäftsjahr entstanden ist.[504] Es sind daher zumindest hierfür alle langfristigen Gewinne und Verluste zu verrechnen. Insoweit ist eine beschränkte Berücksichtigung von nachträglichen Anschaffungskosten daher möglich.

Damit Steuerpflichtige in Verlustfällen nicht missbräuchlich vom Steuerregime der kurzfristigen Kapitalgewinne profitieren, hat der französische Gesetzgeber unter anderem Art. 219-I a septies CGI geschaffen.[505] Eine Veräußerung an verbundene Unternehmen im Sinne von Art. 39-12 CGI bleibt bei der Berechnung der Zweijahresfrist im Rahmen der kurzfristigen Kapitalverluste ohne Bedeutung. In solchen Fällen kommt es auf den früheren Zeitpunkt an, an dem entweder die Beteiligung an einen unverbundenen Dritten (weiter-)veräußert wird oder die Verbundenheit zwischen den ursprünglichen Veräußerungsparteien endet. Steuerpflichtigen wird somit wegen der abstrakten Missbrauchsgefahr die Möglichkeit genommen, durch die Veräußerung an verbundene Unternehmen Verluste steuerwirksam zu realisieren.[506] Diese Regelung gilt nur zulasten der Steuerpflichtigen bei der Anwendung des Systems der kurzfristigen Kapitalverluste und schließt die Anwendbarkeit des Systems der kurzfristigen Kapitalgewinne

501 BOI-IS-BASE-20-20-10-20-§§ 125, 127; Dr. fisc. 2013 n°1 comm. 28, 97 (97).
502 CE, 14.06.2017 n°400855 (Sté Orange Participations).
503 BOI-IS-BASE-20-20-10-20, S. 95, 125, 127 ff.
504 CE, 14.06.2017 n°400855 (Sté Orange Participations).
505 *Gutmann*, Droit fiscal des affaires, Rn. 326.
506 *Gutmann*, Droit fiscal des affaires, Rn. 326.

nicht aus, selbst wenn beide Fälle durch eine konzerninterne Veräußerung zusammenhängen.[507]

F. Debt-Equity-Swap

Gesellschaftsrechtlich kann der Debt-Equity-Swap in Frankreich sowohl als Sacheinlage durch Einbringung der Forderung wie auch durch eine Aufrechnung des Einlageanspruchs der zu sanierenden Kapitalgesellschaft mit der ihr gegenüber bestehenden Forderung durchgeführt werden. Für die Aufrechnungsvariante des Debt-Equity-Swaps müssen die Forderungen den Voraussetzungen des Art. L.225-128 C. com. entsprechend fällig und zahlbar sein.[508] Direkt gilt Art. L.225-128 C. com. nur für die französische Aktiengesellschaft (SA). Daraus folgt aber nicht die Unanwendbarkeit für andere Körperschaften, insbesondere die SARL.[509] Die Voraussetzungen der Spezialregelung zur SA sind deckungsgleich mit den allgemeinen bürgerlich-rechtlichen Aufrechnungsvoraussetzungen des Art. 1347-1 C. civ.[510] Der dahinterstehende Rechtsgedanke ist daher auf alle Gesellschaftsformen übertragbar.[511] Die nötige Fälligkeit kann von den beteiligten Parteien durch eine vertragliche Vereinbarung hergestellt werden, gesellschaftsrechtlich ist dies kein Gestaltungsmissbrauch.[512]

Regelmäßig wird die Kapitalerhöhung durch einen Debt-Equity-Swap mit einer vorhergehenden Kapitalherabsetzung (sog. *coup d'accordéon*[513]) verbunden, um zwischen den Alt- und Neu-Gesellschaftern ein ausgewogenes Beteiligungsverhältnis zu schaffen.

---

507 Siehe dazu kritisch und mit Rechenbeispiel *Gutmann*, Droit fiscal des affaires, Rn. 326.

508 Zum weiterführenden Problem des Verhältnisses eines Zahlungsverbots nach Art. L622-7 C. com. und dem Erfordernis von fälligen und zahlbaren Forderungen siehe *D. Martin/François*, in: Roussel Galle, Entreprises en difficulté, Rn. 1351 ff.

509 *Fargues*, conversion, S. 15 ff.

510 *Fargues*, conversion, S. 15 ff. noch zum alten Art. 1290 Code Civil.

511 *Fargues*, conversion, S. 15 ff.

512 Cass. Com., 17.05.1994 n°91-21.364.

513 Siehe dazu vertieft *Ladoux*, BF Lebfevre 2010, 647.

I. Steuerfolge bei sanierter Gesellschaft

Die steuerlichen Auswirkungen eines Debt-Equity-Swaps auf Ebene einer zu sanierenden Kapitalgesellschaft hängen grundsätzlich davon ab, ob die Forderungen als Sacheinlage eingebracht werden (Einbringungsvariante) oder die Einlagepflicht im Nachgang zur Zeichnung der Kapitalerhöhung mit den bestehenden Forderungen aufgerechnet wird (Aufrechnungs-/Kompensationsvariante). Bei der Sacheinlage entsteht regelmäßig ein Gewinn in Höhe der Differenz zwischen Buch- und Marktwert der Verbindlichkeit. Demgegenüber ist die Aufrechnung zum Nennwert für die Schuldnergesellschaft steuerneutral. Eine steuerliche Begünstigung für Gewinne – auch sanierungsspezifische – existiert beim Debt-Equity-Swap nicht.[514]

1. Einbringungsvariante

Wegen ihrer steuerlichen Folgen ist die Einbringungsvariante in der Praxis wenig beliebt.[515] Sie bezeichnet die Möglichkeit, eine Forderung als Sacheinlage in die Schuldnergesellschafft einzubringen und im Gegenzug neue Anteile mit dem entsprechenden Gegenwert zu zeichnen.[516] Sacheinlagen werden gem. Art. 231-1 PCG iVm Art. 38 quater CGI mit ihrem beizulegenden Zeitwert bewertet. Bei Forderungen gegenüber notleidenden Unternehmen ist dies regelmäßig ein Betrag deutlich unter dem Nennwert.[517] Wird die Forderung vom Gläubiger eingebracht, löst sich die Verbindlichkeit der Schuldnerin durch Konfusion auf.[518] Der Nennwert der erloschenen Verbindlichkeit wird nur in der Höhe des beizulegenden Zeitwerts der Forderung steuerneutral in neues Stammkapital umgewandelt, darüber hinaus entsteht ein steuerpflichtiger Gewinn.[519]

514 Anders beim Forderungsverzicht, siehe Kapitel 3:E.I.1 ab S. 84.

515 *Daniel-Mayeur*, Derivates & Financial Instruments 2012, 108 (111).

516 *Fumenier/Grillier-Rousseau*, Dr. fisc. 2013 n°36 ét. 448, 7 (7); *Daniel-Mayeur*, Derivates & Financial Instruments 2012, 108 (111).

517 *Daniel-Mayeur*, Derivates & Financial Instruments 2012, 108 (111).

518 *Daniel-Mayeur*, Derivates & Financial Instruments 2012, 108 (111).

519 *Daniel-Mayeur*, Derivates & Financial Instruments 2012, 108 (111).

2. Aufrechnungsvariante

Steuerlich neutral und damit interessanter für die Praxis ist die Aufrechnungsvariante.[520] Die Schuldnergesellschaft erhöht ihr Stammkapital durch Ausgabe neuer Anteile zum Nennwert und der Gläubiger zeichnet diese.[521] Statt die Einlageforderung mit Barmitteln zu bedienen, rechnet der Gläubiger mit seinen bestehenden Forderungen (zum Nennwert) auf und erbringt so seine Bareinlage.[522] Die Ausbuchung der Verbindlichkeit bei der Schuldnerin bleibt durch die Gegenbuchung mit der Einlageforderung steuerneutral.[523] Die Kapitalerhöhung selbst ist ebenfalls nicht erfolgswirksam.[524]

II. Steuerfolge bei sanierendem Gläubiger

1. Sanierer erzielt gewerbliche Einkünfte

Die steuerliche Behandlung des Debt-Equity-Swaps auf Ebene des sanierenden Gläubigers unterscheidet sich je nachdem, ob die Einbringungsvariante oder die Kompensationsvariante gewählt wurde. Während die Einbringungsvariante der bilanziellen Betrachtung folgt, ist die Behandlung der Aufrechnungsvariante durch einen implizit vom Gesetzgeber entschiedenen Streit um die Maßgeblichkeit der Handelsbilanz geprägt.

a) Einbringungsvariante

Bringt der Schuldner im Rahmen einer Sacheinlage seine Forderung zum Marktwert ein, erhält er im Gegenzug neue Anteile zum Gegenwert des wirtschaftlichen Werts seiner Forderung. Die Differenz zwischen dem Wert der erhaltenen Anteile und dem bilanziellen Wert der Forderung ist dann

---

520 *Fumenier/Grillier-Rousseau*, Dr. fisc. 2013 n°36 ét. 448, 7 (10); *Daniel-Mayeur*, Derivates & Financial Instruments 2012, 108 (111).

521 *Fumenier/Grillier-Rousseau*, Dr. fisc. 2013 n°36 ét. 448, 7 (10); *Daniel-Mayeur*, Derivates & Financial Instruments 2012, 108 (111).

522 *Fumenier/Grillier-Rousseau*, Dr. fisc. 2013 n°36 ét. 448, 7 (10); *Daniel-Mayeur*, Derivates & Financial Instruments 2012, 108 (111).

523 *Fumenier/Grillier-Rousseau*, Dr. fisc. 2013 n°36 ét. 448, 7 (10); *Daniel-Mayeur*, Derivates & Financial Instruments 2012, 108 (111).

524 CE, 20.03.1989 n°56087 (Malet Materiaux).

ergebniswirksam.[525] Für den ursprünglichen Gläubiger der Forderung entsteht ein Verlust in Höhe des Wertverlustes seiner Forderung. Hat der einbringende Gläubiger die Forderung möglicherweise mit Risikoabschlägen von einem Dritten erworben, erzielt er je nach Anschaffungspreis der Forderung einen Gewinn oder Verlust.

b) Aufrechnungsvariante

Die steuerlichen Auswirkungen der wesentlich praxisrelevanteren Aufrechnungsvariante sind entscheidend davon geprägt, mit welchem Wert die neuen Anteile steuerbilanziell erfasst werden. Nach umstrittener, aber mittlerweile vom Gesetzgeber bestätigter Rechtsansicht[526], knüpft die steuerliche an die handelsbilanzielle Behandlung an (Grundregel des Art. 38 quater CGI).

aa) Übernahme der handelsrechtlichen Behandlung vs. eigenständige steuerliche Behandlung

Einem Vorschlag des Verbands der Wirtschaftsprüfer folgend, werden neu gezeichneten Anteile handelsbilanziell mit ihrem Nennwert beim sanierenden Gläubiger verbucht.[527] Bei Gläubigern, die die Forderung unter dem Nennwert in der Bilanz aktiviert hatten, führt dies zu einem Gewinn. Damit die Bilanz den wahren wirtschaftlichen Wert der Anteile widerspiegelt, muss darauf folgend eine Abschreibung in Höhe der Differenz zwischen aktiviertem Nennwert und dem beizulegenden Zeitwert der Anteile gebildet werden.[528] Gegen die Übernahme dieser Vorgehensweise für die Steuerbilanz wurde ausgeführt, sie sei mit steuerlichen Regeln unvereinbar und erfülle so die Bedingung für eine Abweichung von der handelsbilanziellen Maßgeblichkeit des Art. 38 quater CGI.[529] Der Debt-Equity-Swap sei als Tauschgeschäft eine Veräußerung und die Bestimmung des Veräußerungsgewinns erfolge durch einen Vergleich des Bilanzwerts des Veräuße-

525 *Daniel-Mayeur*, Derivates & Financial Instruments 2012, 108 (111).
526 Vgl. *Fumenier/Hôo*, Dr. fisc. 2013 n°1 comm. 25, 87 (89).
527 CNCC Bulletin n°131, 2003, zitiert nach BOI-IS-BASE-10-30-§ 80.
528 *Fumenier/Grillier-Rousseau*, Dr. fisc. 2013 n°36 ét. 448, 7 (10).
529 *Fumenier/Grillier-Rousseau*, Dr. fisc. 2013 n°36 ét. 448, 7 (10).

rungsguts mit der erhaltenen Gegenleistung.[530] Beim Debt-Equity-Swap sei die Gegenleistung der Marktwert der erhaltenen Anteile.[531] Es sei nicht einzusehen, eine Pflicht des Steuerpflichtigen zu konstatieren, die neu gezeichneten Anteile absichtlich zu einem höheren Wert (Nennwert) zu aktivieren, wenn in der Rechtsprechung des Conseil d'État bei bewusst überteuert erworbenen und aktivierten Vermögenswerten ein steuerliches Abschreibungsverbot gelte.[532] So hat es auch das Pariser Appellationsgericht im einzigen dazu entschiedenen Fall gesehen und eine Bewertung der neu gezeichneten Anteile zum Marktwert vorgeschrieben.[533]

Ob die neuen Anteile zum Nennwert aktiviert werden und dann eine Abschreibung auf immaterielle Vermögenswerte (französisches Pendant zur Teilwertabschreibung) auf den Marktwert vorgenommen wird oder die Anteile direkt mit ihrem Marktwert bewertet werden, ist für den korrekten Wertausweis in der Bilanz unerheblich. Steuerrechtlich sind die Konsequenzen jedoch immens. Bei der Aktivierung mit dem Marktwert entsteht ein steuerlich beachtlicher Verlust, soweit die aufgerechnete Forderung mit einem höheren Wert in der Bilanz aktiviert war.[534] Werden die neuen Anteile hingegen mit ihrem höheren Nennwert aktiviert, ist der Debt-Equity-Swap für den ursprünglichen Gläubiger steuerneutral. Für Dritterwerber, die die Forderung zu ihrem abgewerteten Marktwert erstanden haben, entsteht in der Regel ein (zu hoher) Gewinn. Die handelsrechtliche Abschreibung der Anteile auf ihren Teilwert führt steuerrechtlich zu einer Abschreibung auf immaterielle Vermögenswerte, die gem. Art. 38 sexies CGI nur unter Beachtung der weiteren Voraussetzungen des Art. 39-1 5° CGI steuerlich abzugsfähig ist. Der sechzehnte Absatz von Art. 39-1, 5° CGI ordnet für Abschreibungen auf immaterielle Vermögenswerte die Geltung des Systems der langfristigen Kapitalgewinne an – unabhängig von der Haltedauer der betreffenden Anteile.[535] Nach den allgemeinen steuerrechtlichen Regeln bedeutet dies für gewerbliche, nicht-körperschaftsteuer-

530 *Fumenier/Grillier-Rousseau*, Dr. fisc. 2013 n°36 ét. 448, 7 (10).

531 Vgl. *Fumenier/Grillier-Rousseau*, Dr. fisc. 2013 n°36 ét. 448, 7 (10).

532 *Fumenier/Grillier-Rousseau*, Dr. fisc. 2013 n°36 ét. 448, 7 (10).

533 CAA Pairs, 28.05.1998 n°94PA01916 (Sté Cocinor); zustimmend *Daniel-Mayeur*, Derivates & Financial Instruments 2012, 108 (112); *Fumenier/Grillier-Rousseau*, Dr. fisc. 2013 n°36 ét. 448, 7 (10).

534 *Daniel-Mayeur*, Derivates & Financial Instruments 2012, 108 (112).

535 Dazu BOI-IS-PROV-40-10-10-§ 280.

pflichtige Einkommensteuersubjekte[536]: Verluste können mit unterjährigen Gewinnen aus der Veräußerung von langfristig gehaltenen Beteiligungen verrechnet werden (Art. 39 quindecies-I, 1. CGI). Ein Überschuss an Verlusten darf zehn Jahre lang vorgetragen werden, um eine Verrechnung mit zukünftigen Überschüssen aus dem System der langfristigen Kapitalgewinnen zu ermöglichen (Art. 39 quindecies-I, 2. CGI).

bb) Gesetzliches Abzugsverbot für Veräußerungsverluste in Höhe der Differenz zwischen Nennwert und beizulegendem Zeitwert der eingebrachten Anteile

Der französische Steuergesetzgeber hat durch die Schaffung des Abzugsverbots in Art. 39 quaterdecies-2 bis CGI zweifach nachteilig in die steuerliche Behandlung des Debt-Equity-Swaps eingegriffen.

Erstens ist das Abzugsverbot eine mittelbare Absage an die in Literatur und Rechtsprechung vertretene Durchbrechung des handelsbilanziellen Maßgeblichkeitsprinzips.[537] Die steuerlich ungünstige Behandlung durch Aktivierung zum Nennwert mit nachfolgender Abschreibung ist vorzunehmen. Denn nur bei Anwendung der handelsbilanziellen Sichtweise auf das Steuerrecht kann die von Art. 39 quaterdecies-2 bis CGI vorausgesetzte Differenz zwischen Buch- und Teilwert zum Ausgabezeitpunkt vorkommen.

Zweitens ist innerhalb der ersten zwei Jahre nach Erwerb der neuen Anteile ein gewinnmindernder Abzug der Differenz zwischen Nenn- und Marktwert am Einbringungsstichtag bei der Berechnung eines Veräußerungsgewinns nicht zu berücksichtigen. Veräußert der Gläubiger nach einem erfolgten Debt-Equity-Swap seine dadurch erhaltenen Anteile innerhalb von zwei Jahren, findet das System der kurzfristigen Kapitalgewinne/-verluste Anwendung. Daraus folgt die Einbeziehung der Gewinne und Verluste in die allgemeine Steuerbemessungsgrundlage (Art. 39 quater-

536 Zu den Körperschaftsteuersubjekten siehe unten Kapitel 3:F.II.2 ab S. 110; insoweit bezieht sich die Darstellung bei *Fumenier/Grillier-Rousseau*, Dr. fisc. 2013 n°36 ét. 448, 7 (9) nur auf die Körperschaftsteuer. Das Abzugsverbot kann daher nicht auf die Bezieher gewerblicher Einkünfte übertragen werden.

537 Noch deutlicher wird dies unter Hinzuziehung der Rückausnahme im Körperschaftsteuerrecht, dazu *Fumenier/Hôo*, Dr. fisc. 2013 n°1 comm. 25, 87 (89). Siehe auch Kapitel 3:F.II.2.b) ab S. 111.

decies-1, -3 CGI).[538] Der steuerlich relevante Gewinn oder Verlust wird durch den Vergleich von aktivierten Anschaffungskosten (hier: Nennwert der erhaltenen Anteile) und dem Veräußerungspreis ermittelt. Bei der Aufrechnungsvariante des Debt-Equity-Swaps greift aber im Falle eines durch die Grundregel ermittelten Veräußerungsverlustes das Abzugsverbot des Art. 39 quaterdecies-2 bis CGI. War der Nennwert der vom Gläubiger gezeichneten Anteile zum Zeitpunkt des Debt-Equity-Swaps größer als ihr Teilwert, ist die Differenz steuerlich nicht abzugsfähig. Veräußert der Sanierer die neuen Anteile innerhalb von zwei Jahren, sind nur die Verluste abzugsfähig, die über diese Differenz hinausgehen. Bei Veräußerungen nach Ablauf der Zweijahresfrist ist der Anwendungsbereich des Verlustabzugsverbotes nicht mehr eröffnet. Für Steuerpflichtige mit gewerblichen Einkünften ist daher nach mehr als zweijähriger Haltedauer der gesamte etwaige Verlust (einschließlich der Differenz zwischen Buch- und Marktwert bei erstmaliger Aktivierung der Anteile) mit anderen Gewinnen aus langfristigen Kapitalanlagen verrechenbar (Art. 39 quinquies-I, 2. CGI).

2. Sanierer unterliegt der Körperschaftsteuer

Die steuerliche Behandlung des Debt-Equity-Swaps bei Körperschaftsteuersubjekten unterliegt der gleichen steuerlichen Grundkonzeption wie bei Steuerpflichtigen mit gewerblichen Einkünften.[539] Wieder gilt: Die steuerliche Behandlung differenziert zwischen Einbringungs- und Aufrechnungsvariante. Während bei die Einbringungsvariante keine Abweichungen zu berücksichtigen sind, ergeben sich wesentliche Unterschiede bei der Aufrechnungsvariante durch das Verlustverrechnungsverbot von langfristigen Kapitalverlusten und durch eine implizite Sanierungsprivilegierung für Dritterwerber von Forderungen.

538 Zu Gewinnen und der zusätzlichen Möglichkeit der gleichmäßigen Verteilung auf drei Steuerjahre BOI-BIC-PVMV-20-30-10-§ 20, zu den Verlusten siehe auch §§ 500, 510.

539 Siehe dazu Kapitel 3:F.II.1 ab S. 106.

a) Auswirkungen der körperschaftsteuerlichen Änderungen des Systems der langfristigen Kapitalgewinne/-verluste

Bei der Aufrechnungsvariante des Debt-Equity-Swaps sind – wie bei Beziehern gewerblicher Einkünfte – die erhaltenen neuen Anteile mit ihrem Nennwert zu aktivieren.[540] Die nachfolgend gebotene Abschreibung auf den Teilwert ist gemäß Art. 38 sexies CGI in Verbindung mit Art. 39-1, 5° alinéa 16 CGI steuerrechtlich dem System der langfristigen Kapitalverluste zuzuordnen. Korrespondierend zur Steuerbefreiung für Gewinne sind Verluste aus langfristigen Kapitalgewinnen nicht abzugsfähig (Art. 219-I a quinquies alinéa 5 CGI), gleiches gilt für die Abschreibung auf immaterielle Vermögenswerte.[541] Weder die Abschreibungsverluste noch die Verluste aus der Anteilsveräußerung nach mehr als zwei Jahren sind daher steuerlich relevant. Insoweit stehen Körperschaftsteuersubjekte schlechter da als die Bezieher gewerblicher Einkünfte. Sofern durch eine Veräußerung innerhalb der Zweijahresfrist die Anteile dem System der kurzfristigen Kapitalgewinne/-verluste unterfallen, gilt das Abzugsverbot aus Art. 39 quaterdecies-2 bis CGI. Nicht abzugsfähig ist der Verlust, der dem Wertunterschied zwischen Nenn- und Marktwert beim Bezug der neu gezeichneten Anteile entspricht.

b) Protektionistisch motivierte Rückausnahme in Art. 209-VII bis CGI

Art. 209-VII bis CGI privilegiert die steuerliche Behandlung des Debt-Equity-Swaps durch eine Rückkehr zur steuerrechtlichen Beurteilung, wie sie vom CAA Paris[542] und in der Literatur[543] vertreten wurde.[544] Die Steuerwirkungen eines Debt-Equity-Swaps werden auf Basis des Markt- und nicht des Nennwertes der erhaltenen Anteile ermittelt. Eine besondere Bedeutung dürfte die Vorschrift in Sanierungssituationen haben, weil dort typischerweise der Marktwert der erhaltenen Anteile negativ vom bilanzierungspflichtigen Nennwert abweicht. Der privilegierte Steuerpflichtige kann die Differenz zwischen Markt- und Nennwert außerbilanziell

540 Siehe Kapitel 3:F.II.1.b)aa) ab S. 107.
541 *Fumenier/Grillier-Rousseau*, Dr. fisc. 2013 n°36 ét. 448, 7 (9).
542 CAA Pairs, 28.05.1998 n°94PA01916 (Sté Cocinor).
543 *Fumenier/Grillier-Rousseau*, Dr. fisc. 2013 n°36 ét. 448, 7 (10); *Daniel-Mayeur*, Derivates & Financial Instruments 2012, 108 (111 f.).
544 *Fumenier/Hôo*, Dr. fisc. 2013 n°1 comm. 25, 87 (89).

als Verlust geltend machen und genießt daher einen deutlichen Steuervorteil. Allerdings begrenzt der eng gefasste Tatbestand des protektionistisch motivierten Art. 209-VII bis CGI den Anwendungsbereich auf Sonderkonstellationen. Ausschlaggebend für dessen Einführung war die Sorge des Gesetzgebers, ausländische Steuerpflichtige könnten einen steuerlich begründeten Wettbewerbsvorteil auf dem Markt für „Distressed-Debt-Investitionen“ haben und deshalb Steuerinländer bei übertragenden Sanierungen überbieten.[545] Im Regelfall dürften außerhalb Frankreichs günstigere Bilanzierungsvorschriften für die neu gezeichneten Anteile des Sanierers gelten und folglich zu einem Steuervorteil dort ansässiger Gläubiger führen, wenn sie in Frankreich einen Debt-Equity-Swap zum Nennwert durchführen. Erwerben französische Steuerpflichtige notleidende Forderungen zu einem deutlich unter dem Nominalbetrag liegenden Kaufpreis und rechnen damit gegen eine Einlageforderung der Gesellschaft auf, müssen sie die neu gezeichneten Anteile zum Nennwert in ihrer Bilanz einbuchen. Dadurch entsteht beim Zeichner ein steuerpflichtiger Gewinn, denn der Nennwert der neuen Anteile wird deutlich höher sein als die bisher mit den niedrigen Anschaffungskosten bilanzierte Forderung. Im Ausland ansässige Investoren müssen in der Regel keinen Gewinn ausweisen, weil sie die neuen Anteile mit ihren Anschaffungskosten und nicht zum Nennwert bilanzieren. Bei gleicher Ertragsprognose könnten Steuerausländer wegen der ausbleibenden Gewinnrealisierung höhere Kaufpreise für notleidende, in Eigenkapital umzuwandelnde Forderungen bieten. Genau diesen Fall empfand der französische Gesetzgeber als schädlich, da ohne die Privilegierung Unternehmensübernahmen durch ausländische Investoren begünstigt wären. Art. 209 VII bis CGI erlaubt daher einen außerbilanziellen Verlustabzug in Höhe der Differenz von Nenn- und Marktwert der neu gezeichneten Anteile, um Wettbewerbsgleichheit herzustellen.

Mit der sehr begrenzten Zwecksetzung erklärt sich der eng gefasste Anwendungsbereich. Aus der systematischen Stellung des Art. 209-VII bis CGI ergibt sich die Privilegierung allein für körperschaftsteuerpflichtige Sanierer. Zudem müssen die neuen Anteile für den zeichnenden Gesellschafter sogenannte *titre de participation*[546] sein. In Sanierungsfällen kann dies vorausgesetzt werden. Deutlich weitreichender ist die Beschränkung auf angekaufte Forderungen. Hinzu kommt noch das Erfordernis der Unverbundenheit zwischen Forderungsveräußerer und Schuldner (Sanierter);

545 Dazu Dr. fisc. 2013 n°1 comm. 25, 87 (88).
546 Siehe dazu Kapitel 3:E.II.2.b) ab S. 100.

Gesellschafterforderungen sind daher grundsätzlich von der Privilegierung ausgenommen. Zur Vermeidung missbräuchlicher Gestaltungen dürfen Forderungsveräußerer und -erwerber (*Sanierer*) ebenfalls nicht im Sinne von Art. 39-12 CGI verbunden sein. Der Beurteilungs- und zugleich Beobachtungszeitraum für die Verbundenheitsvoraussetzungen beginnt ein Jahr vor dem Debt-Equity-Swap und endet ein Jahr nach Abschluss der Operation. Damit sind zwei typische Fälle von Art. 209-VII bis CGI erfasst: Zum einen fremde Dritte, die notleidende Forderungen von Nichtgesellschaftern ihres Übernahmeobjekts erwerben, um diese in Anteile zu wandeln. Zum anderen können auch Gesellschafter von der Privilegierung profitieren, wenn sie von Drittgläubigern Forderungen erwerben und dann zum Nennwert in ihre Gesellschaft einbringen.

Mit Gesetz[547] vom 29.12.2020 hat der französische Gesetzgeber Art. 209-VII bis alinéa 2 CGI angefügt, nach dem die Verbundenheit von Forderungsveräußerer und Schuldner unschädlich ist, wenn der Debt-Equity-Swap im Rahmen einer Vereinbarung nach Art. L.611-8 C. com. oder innerhalb eines *plan de sauvegarde* bzw. *redressement* erfolgt. Damit wird der Anwendungsbereich auf Gesellschafterforderungen erweitert. Werden diese durch fremde Dritte oder andere Mitgesellschafter erworben und zum Nennwert eingebracht, kann ausnahmsweise die Differenz zwischen Nenn- und Marktwert der erhaltenen Anteile als Verlust geltend gemacht werden. Erwerber und Veräußerer der Forderung dürfen jedoch auch dann nicht verbunden sein.

Sollten die durch den Debt-Equity-Swap erworbenen Anteile innerhalb von zwei Jahren veräußert werden, findet das System der kurzfristigen Kapitalgewinne/-verluste und damit auch Art. 39 quaterdecies-2 bis CGI Anwendung. Beide Vorschriften greifen ineinander und ergänzen sich. Der Veräußerungsgewinn oder -verlust wird aus der Differenz zwischen Veräußerungserlös und Buchwert der veräußerten Anteile berechnet. Aufgrund der außerbilanziellen Wirkung[548] des Art. 209-VII bis CGI sind die durch den Debt-Equity-Swap erworbenen Anteile noch zum Nennwert aktiviert. Ohne Art. 39 quaterdecies-2 bis CGI bestünde daher die Gefahr der doppelten Verlustnutzung. Die Differenz zwischen Nenn- und Marktwert der Anteile im Kapitalerhöhungszeitpunkt ist bereits durch den außerbilanziellen Verlustabzug berücksichtigt. Veräußert der Gesellschafter seine Beteiligung genau zum Marktwert der Anteile im Kapitalerhöhungs-

547 LOI n°2020-1721 du 29 décembre 2020 de finances pour 2021, Art. 32.

548 Zur außerbilanziellen Wirkung siehe BOI-IS-BASE-10-30-§ 120.

zeitpunkt, entsteht bilanziell ein Verlust in Höhe der Differenz von Nenn- und Marktwert. Dieser ist aber wegen Art. 39 quaterdecies-2 bis CGI steuerlich unbeachtlich, nur darüberhinausgehende Verluste können geltend gemacht werden. Hier zeigt sich, dass Art. 39 quaterdecies-2 bis CGI die Steuerbegünstigung aus Art. 209-VII bis CGI nicht neutralisiert, sondern ergänzt: Eine doppelte Berücksichtigung des Verlustes zwischen Nenn- und Marktwert der Anteile ist so nicht möglich.

G. Debt-Buy-Back

Wegen des in Frankreich geltenden Kausalprinzips sind Forderungskauf und Abtretung nicht zwei Geschäfte, sondern ein einheitliches Rechtsgeschäft. Die Regelungen der Forderungszession finden sich in Art. 1321 ff. C. civ.[549] Der Übergang der Forderung an den Forderungskäufer tritt in der Regel sofort ein.[550] Kauft der Forderungsschuldner im Rahmen eines Debt-Buy-Back die Forderungen gegen sich selbst, kommt es durch den Transfer der Forderung zu einer Vereinigung von Gläubiger und Schuldner. Die Forderung geht dann durch Konfusion unter.[551] Wegen der geringen Praxisrelevanz des Debt-Buy-Backs durch insolvenzgefährdete Schuldnerunternehmen ist unklar, ob der Rückkauf von Forderungen zwischen Eintritt der Zahlungsunfähigkeit und der Eröffnung eines *Redressement*-Verfahrens (*période suspecte*[552]) eine nichtige Rechtshandlung gemäß Art. L632-1 I. 2°, 3° C. com. sein kann.[553]

I. Sanierungsfall/Forderungskäufer

Kauft das Krisenunternehmen eine gegen sich bestehende Verbindlichkeit zurück, wird der Kaufpreis regelmäßig unter dem Nennwert der Verbindlichkeit liegen. Betrachtet man diese Sanierungsoperation unter dem Be-

549 Vertiefend *Malinvaud/Fenouillet/Mekki*, Droit des obligations, Rn. 863; *Voirin/Goubeaux*, Droit Civil, Rn. 1368 ff. ff.

550 Vgl. Art. 1323 C. civ.

551 Vgl. Art. 1349 C. civ.; siehe dazu auch *Malinvaud/Fenouillet/Mekki*, Droit des obligations, Rn. 943.

552 Dazu *Jacquemont/Vabres*, Droit des entreprises en difficulté, Rn. 282.

553 Vertiefend zu den Nichtigkeitsgründen *Mestre et al.*, Droit commercial, Rn. 1457; *Jacquemont/Vabres*, Droit des entreprises en difficulté, Rn. 622 ff. ff.

triebsvermögensvergleich des Art. 38-2 CGI, dann steht der Ausbuchung zum Nennwert nur ein Mittelabfluss in Höhe des niedrigeren Kaufpreises gegenüber. Es entsteht daher ein Gewinn.[554] Zwar erlaubt Art. 39 quaterdecies-1 quinquies CGI unter bestimmten Bedingungen[555] eine Verteilung dieses Gewinns auf fünf Veranlagungszeiträume, jedoch galt dies nur für bis Ende 2010 zurückgekaufte Forderungen.[556]

II. Sanierer/Forderungsverkäufer

Für den Forderungsveräußerer entsteht bei bilanzieller Betrachtung gem. Art. 38-2 CGI ein Verlust zwischen dem Wert der ausgebuchten Forderung und dem niedrigeren Veräußerungspreis.

554 Vgl. *Daniel-Mayeur*, Derivates & Financial Instruments 2012, 108 (109).
555 Siehe dazu BOI-BIC-PDSTK-10-20-50.
556 LOI n°2009-431, 20 avril 2009, Art. 2; siehe auch BOI-BIC-PDSTK-10-20-50-§ 1.

Kapitel 4: Beihilfenrecht als Prüfungsmaßstab für Sanierungsprivilegierungen

A. Die beihilfenrechtliche Perspektive auf steuerliche Sanierungsbegünstigungen

Das europäische Beihilfenrecht ist im Bereich der direkten Steuern geprägt vom Konflikt zwischen dem gemeinsamen europäischen Binnenmarkt und der nationalen Fiskalhoheit.[557] Die Suche nach der richtigen Balance durchzieht die gesamte Anwendung und Auslegung des steuerlichen Beihilfenrechts. Fest steht: Die einzelnen Mitgliedstaaten können im Rahmen ihrer Fiskalhoheit die steuerliche Normalbelastung selbst festlegen.[558] Einen freien Markt, auf dem Steuern festgelegt werden, gibt es nicht. Damit unterscheidet sich die Ausgangssituation im Bereich der direkten Besteuerung fundamental von anderen Bereichen, in denen die Beihilfenkontrolle Anwendung findet. Es fehlt der durch Marktkräfte gebildete Maßstab zur Kontrolle des staatlichen Handelns.[559] Deshalb kann nur eine Überprüfung des mitgliedstaatlichen Handelns an den von ihm selbst festgelegten Grundwertungen erfolgen.[560] Gleichwohl beschränkt sich das steuerliche Beihilfenrecht nicht auf eine Anwendungs- bzw. Umsetzungskontrolle der Steuergesetze, auch die steuergesetzgeberische Tätigkeit eines Mitgliedstaats ist erfasst.[561] Für die Ermittlung eines selektiven Vorteils – dem Herzstück der beihilfenrechtlichen Prüfung – müssen steuerliche Normen an der grundlegenden Belastungsentscheidung des mitgliedschaftlichen Steuersystems gemessen werden.

Nach dem Vorgenannten hat die europäisch-beihilfenrechtliche Perspektive steuerliche Sanierungsprivilegierungen nicht isoliert, sondern in ihrem

557 Dazu *Balbinot*, FR 2018, 729 (730); *Ellenrieder*, Die materielle Selektivität steuerlicher Beihilfen, S. 25; *Schön*, in: Koenig/Roth/Schön, Aktuelle Fragen des EG-Beihilfenrechts, S. 106 (110 f.).

558 *Schön*, in: Hancher/Ottervanger/Slot, EU State Aids, Rn. 12–008 f.; *Schön*, in: Koenig/Roth/Schön, Aktuelle Fragen des EG-Beihilfenrechts, S. 106 (117).

559 Vgl. *Schön*, in: Hancher/Ottervanger/Slot, EU State Aids, Rn. 12–055.

560 *Schön*, in: Richelle/Schön/Traversa, State Aid Law and Business Taxation, S. 3 (9).

561 Siehe nur EuGH, Urt. v. 19.12.2018, Rs. C-374/17 (A-Brauerei); EuGH, Urt. v. 28.06.2018, Rs. C-203/16 P (Andres Heitkamp BauHolding); EuGH, Urt. v. 21.12.2016, Rs. C-20/15 P u.a. (World Duty Free).

Regelungskontext zu betrachten. Der Fokus liegt dabei nicht – wie in den zwei vorangegangenen Kapiteln – auf der umfassenden Betrachtung von Sanierungsoperationen im jeweiligen Land. Die beihilfenrechtliche Kontextsuche ist Mittel zum Zweck. Sie dient der Ermittlung, ob die sanierungsprivilegierende Norm einen Vorteil für bestimmte Unternehmen darstellt und unter den weiteren Voraussetzungen des Art. 107 Abs. 1 AEUV eine verbotene Beihilfe ist.

Bei der beihilfenrechtlichen Beurteilung der französischen und deutschen Sanierungsprivilegierungen liegt das Hauptaugenmerkt auf der Selektivitätsfrage: Begünstigen die Sanierungsregelungen „bestimmte Unternehmen oder Produktionszweige"? Für den weitgreifenden Ansatz des Europäischen Gerichtshofs dürfte es darauf ankommen, inwieweit die Privilegierungen Unternehmen ungleich behandeln, die sich hinsichtlich des Regelungszwecks der Besteuerung in vergleichbarer tatsächlicher und rechtlicher Situation befinden.[562] Dieser auf eine Diskriminierungsprüfung hinauslaufende Ansatz ist massiver Kritik ausgesetzt.[563] Eine stärkere Berücksichtigung wettbewerbsökonomischer Gesichtspunkte und die damit einhergehende Achtung der bei den Mitgliedstaaten verbliebenen Fiskalhoheit erfordern einen enger ausgelegten Selektivitätsbegriff. Allein die Begünstigung sanierungsbedürftiger Unternehmen sollte nicht das Selektivitätskriterium erfüllen. Vielmehr muss die Frage beantwortet werden, ob die konkrete Sanierungsregelung so ausgestaltet ist, dass sie bestimmte Unternehmen oder Produktionszweige indirekt begünstigt (*de-facto*-Selektivität). Diskussionswürdig, aber wenig ergiebig für die Beurteilung der Vorteilhaftigkeit, ist in diesem Zusammenhang die Fallgruppe des marktwirtschaftlich handelnden Wirtschaftsbeteiligten. Handelt der Staat beim Besteuerungsverzicht wie ein privater Gläubiger, der in einem vergleichbaren Fall ebenfalls auf die Forderung verzichtet hätte, soll gerade kein Vorteil vorliegen.[564] Insoweit wäre das staatliche Handeln auf normale marktwirtschaftliche Betätigung des Mitgliedstaates zurückzuführen.

---

562 EuGH, Urt. v. 21.12.2016, Rs. C-20/15 P u.a. (World Duty Free), Rn. 54; EuGH, Urt. v. 19.12.2018, Rs. C-374/17 (A-Brauerei), Rn. 35; EuGH, Urt. v. 22.06.2006, Rs. C-182/03 (Belgien Forum 187), Rn. 119.

563 *Schön*, ZHR 2019, 393 (402); *Englisch*, in: Schaumburg/Englisch, Europäisches Steuerrecht, Rn. 9.28, der einen "Mangel an rechtsdogmatischer Stringenz" beklagt.

564 Vgl. EuGH, Urt. v. 24.10.2013, Rs. C-73/11 P (Frucona Košice), Rn. 72; Europäische Kommission, 2016/C 262/01, Bekanntmachung der Kommission zum Begriff der staatlichen Beihilfe im Sinne des Art. 107 Abs. 1 des Vertrags über die Arbeitsweise der Europäischen Union, Rn. 74 f.; nur in Fällen des Verzichts auf bereits entstande-

Sanierungsbeiträge von verbundenen Unternehmen und ihre steuerliche Behandlung müssen – abweichend zur Ansicht der Kommission – wegen des eigenständigen beihilfenrechtlichen Unternehmensbegriffs übergreifend gewürdigt werden.[565] Aufeinander bezogene Vor- und Nachteile gleichen sich aus; dies ist Folge des umfassenden Beihilfenbegriffs. Die am kartellrechtlichen Unternehmensbegriff orientierte Auslegung des Europäischen Gerichtshofs berücksichtigt die Zwecke des Beihilfenrechts nicht hinreichend. Deshalb sollten nicht nur Beteiligungen, die aus rechtlichen oder tatsächlichen Gründen unternehmerische Kontrolle vermitteln, zu einem beihilfenrechtlichen Unternehmen zusammengefasst werden. Für beihilfenrechtliche Zwecke ist jegliche Form der Beteiligung ausreichend.

Keine besonderen Probleme im Kontext steuerlicher Fragen bereiten die beihilfenrechtlichen Tatbestandsmerkmale „Finanzierung aus staatlichen Mitteln und auf staatliche Veranlassung" sowie die „Beeinträchtigung des Handels zwischen den Mitgliedstaaten und Wettbewerbsverzerrung".[566] Der Verzicht auf die Generierung von Steueraufkommen steht der Ausgabe von vereinnahmten Mitteln gleich.[567] Den innergemeinschaftlichen Handel verfälscht nach Ansicht des Europäischen Gerichtshofs jede Begünstigung, da so die Stellung gegenüber anderen Unternehmen gestärkt wird.[568] Für eine Begünstigung reicht es aus, wenn die in dem betreffenden Mitgliedstaat ausgeübte Tätigkeit beibehalten werden kann.[569] Sanierungsprivilegierungen erfüllen diese Merkmale des Beihilfentatbestandes daher definitionsgemäß, denn sie verfolgen das Ziel einer Unternehmensweiterführung.

---

ne Steueransprüche *Schön*, in: Richelle/Schön/Traversa, State Aid Law and Business Taxation, S. 3 (4).

565 Ausführlich dazu unten Kapitel 4:E ab S. 174.

566 Kritisch zur untergeordneten Rolle der Beeinträchtigung des Binnenmarktes *Schön*, ZHR 2019, 393 (395); ebenfalls kritisch *Hey*, FR 2017, 453 (457).

567 Vgl. EuGH, Urt. v. 08.09.2011, Rs. C-78/08 u.a. (Paint Graphos), Rn. 45; EuGH, Urt. v. 10.01.2006, Rs. C-222/04 (Cassa di Risparmio di Firenze), Rn. 131; EuGH, Urt. v. 15.11.2011, Rs. C-106/09 P u.a. (Gibraltar), Rn. 71; näher dazu *Englisch*, in: Schaumburg/Englisch, Europäisches Steuerrecht, Rn. 9.36 ff.

568 EuGH, Urt. v. 22.06.2006, Rs. C-182/03 (Belgien Forum 187), Rn. 131.

569 EuGH, Urt. v. 08.09.2011, Rs. C-78/08 u.a. (Paint Graphos), Rn. 80.

B. Zwischen abstrakt-genereller und konkret-individueller Betrachtung von Beihilfenregelungen

Unstrittig bedarf es bei Einzelfallbeihilfen einer individuellen Prüfung der Tatbestandsmerkmale des Art. 107 Abs. 1 AEUV. Für beihilfenverdächtige Gesetzesnormen ist das weniger eindeutig. Reicht es aus, wenn bei Beurteilung der abstrakt generellen Regelung eine Beihilfe möglich oder nicht ausgeschlossen ist? Oder muss die Feststellung des Verstoßes gegen Art. 107 Abs. 1 AEUV jeden denkbaren Einzelfall (getrennt) bewerten? Gemeinhin wird dazu vertreten, die Bewertung als Beihilfenregelung habe anhand einer abstrakt-generellen Würdigung zu erfolgen.[570] Erst im Rahmen der Rückforderungsentscheidung seien einzelfallbezogene Gesichtspunkte zu berücksichtigen.[571] Richtigerweise ist die Lösung dagegen im Anwendungsvorrang des EU-Rechts zu finden.[572] Von den Unionsorganen kann nicht verlangt werden, jeden denkbaren Einzelfall einer beihilfenverdächtigen Norm zu durchdenken. Es reicht daher grundsätzlich aus, den Beihilfecharakter abstrakt festzustellen. Das Beihilfenverdikt führt jedoch nicht zu einer Ungültigkeit der Beihilfenregelung, sondern nur zur Unanwendbarkeit. Wird die Norm vom nationalen Gesetzgeber nicht abgeschafft und werden im konkreten Einzelfall die Voraussetzungen von Art. 107 Abs. 1 AEUV nicht erfüllt, ist eine Anwendung weiterhin möglich.[573] Sofern typische Konstellationen im Tatbestand einer Beihilfenregelung angelegt sind, sollte die Kommission deren Ausnahme vom Beihilfenverdikt bereits in der Entscheidung klarstellen.

Nach der Rechtsprechung des Europäischen Gerichtshofs reicht es bei der Beurteilung von Rechtsnormen aus, wenn diese auf abstrakter Ebene hinsichtlich ihrer Vereinbarkeit mit dem Beihilfenrecht bewertet werden.[574] Die konkreten Auswirkungen im Einzelfall seien über die Rückforderungs-

570 *Englisch*, in: Schaumburg/Englisch, Europäisches Steuerrecht, Rn. 9.68.

571 *Krumm*, in: DStJG 41 (2018), S. 561 (572 f.); *Englisch*, in: Schaumburg/Englisch, Europäisches Steuerrecht, Rn. 9.68.

572 Zum Anwendungsvorrang siehe *Ruffert*, in: Calliess/Ruffert, Art. 1 EUV, Rn. 18.

573 Siehe dazu für den Fall der fehlenden Unternehmereigenschaft *Bode*, FR 2011, 1034 (1035).

574 EuGH, Urt. v. 09.06.2011, Rs. C-71/09 P u.a. (Venezia vuole vivere), Rn. 63–64, 114–115 ff.; EuG, Urt. v. 11.06.2009, Rs. T-297/02 (ACEA), Rn. 161; bestätigt durch EuGH, Urt. v. 21.12.2001, Rs. C-319/09 P (ACEA), Rn. 138 ff.; EuGH, Urt. v. 07.03.2002, Rs. C-319/99 (Italien/Kommission), Rn. 89, 91 ff.; EuGH, Urt. v. 14.10.1987, Rs. 248/84 (Deutschland/Kommission), Rn. 18.

entscheidung zu berücksichtigen.[575] Damit sei der umsetzungsadressierte Mitgliedstaat unter Berücksichtigung der Erwägungen der Beihilfenentscheidung und in enger Abstimmung mit der Kommission betraut.[576] Bislang ist dieser gestufte Ansatz der Rechtsprechung überwiegend bei der Frage aufgekommen, ob eine Wettbewerbsverfälschung vorliegt, die den Handel den Mitgliedstaaten beeinträchtigt.[577] Vereinzelt sind die Erwägungen in der Urteilsbegründung ohne Beschränkung auf das Tatbestandsmerkmal „Wettbewerbsverfälschung" gefasst.[578] In der Literatur finden sich noch weitere Kriterien, bei denen eine Unterscheidung zwischen individueller und abstrakter Beurteilung möglich erscheint.[579] Nicht alle von der Beihilfenregelung erfassten Subjekte müssen beispielsweise Unternehmen im Sinne des Beihilfenrechts sein.[580] Die Gesetzesnorm ist dann Beihilfe, auch wenn nicht jeder von ihr erfasste Fall den Tatbestand des Art. 107 AEUV erfüllt und eine Rückforderung rechtfertigt. Die Berücksichtigung der Wirkungen im Einzelfall ist indes nicht auf einzelne Merkmale des Beihilfentatbestands beschränkbar, sondern ein allgemeingültiger Gedanke. Folglich muss diese Logik genauso für den selektiven Vorteil gelten. Es sind Normen denkbar, die auf abstrakter Ebene einen selektiven Vorteil gewähren, aber nicht in jedem Einzelfall. Möglicherweise wird für einzelne Steuerpflichtige der Vorteil anderweitig eingeschränkt/kompensiert. Vorstellbar ist ebenfalls, dass die Norm sowohl Steuerpflichtige ungleich behandelt, die sich hinsichtlich des Besteuerungszwecks mit anderen Unternehmen in vergleichbarerer rechtlicher und tatsächlicher Lage befinden, als auch solche, für die das gerade nicht gilt.

Eine Berücksichtigung der individuellen Sachverhaltsgegebenheiten allein bei der Rückforderung reicht nicht aus. Die Unionsorgane können keine Beurteilung der beihilfenverdächtigen Norm unter jeglichen möglichen Sachverhaltskonstruktionen leisten[581], sodass die abstrakte Prüfung

575 EuGH, Urt. v. 09.06.2011, Rs. C-71/09 P u.a. (Venezia vuole vivere), Rn. 63.

576 Besonders deutlich EuG, Urt. v. 11.06.2009, Rs. T-297/02 (ACEA), Rn. 162 f.

577 Besonders deutlich EuGH, Urt. v. 09.06.2011, Rs. C-71/09 P u.a. (Venezia vuole vivere), Rn. 114 f.; sich aus der Zusammenschau der Erwägungen ergebend EuGH, Urt. v. 21.12.2001, Rs. C-319/09 P (ACEA), Rn. 138 ff.; EuGH, Urt. v. 14.10.1987, Rs. 248/84 (Deutschland/Kommission), Rn. 18.

578 EuGH, Urt. v. 07.03.2002, Rs. C-319/99 (Italien/Kommission), Rn. 89.

579 *Krumm*, in: DStJG 41 (2018), S. 561 (573 f.).

580 *Krumm*, in: DStJG 41 (2018), S. 561 (573).

581 In diese Richtung *Krumm*, in: DStJG 41 (2018), S. 561 (572).

grundsätzlich richtig ist.[582] Jedoch darf dem Mitgliedstaat die Anwendung einer Norm nicht allein deshalb umfassend verboten werden, weil sie bei abstrakter Prüfung eine Beihilfe darstellt. Ist in bestimmten Sachverhaltskonstellationen keine Rückforderung erforderlich, gebietet die Souveränität der Mitgliedstaaten die Weiteranwendung der Norm für die Zukunft, da aufgrund individueller Gegebenheiten keine Beihilfe vorliegt. Dogmatischer Ansatzpunkt dafür ist der Anwendungsvorrang des Unionsrechts. Ein Verstoß gegen Europarecht führt nicht zur Nichtigkeit der verstoßenden Bestimmung, sondern nur zu ihrer Unanwendbarkeit.[583] Der Europäische Gerichtshof ist nicht befugt über die Gültigkeit von nationalem Recht zu entscheiden.[584] Die Beihilfenregelung bleibt daher gültiges Recht des Mitgliedstaats und darf nur nicht weiter angewandt werden. Der durch den Beihilfenverstoß ausgelöste Anwendungsvorrang ist jedoch auf das Nötige limitiert. Eine Anwendung der abstrakten Beihilfennorm für die Zukunft ist in den Fällen, in denen *ex post* eine Rückforderung unterbleibt, nicht durch den Anwendungsvorrang gesperrt. Dieser Ansatz erfüllt zugleich den wirkungsorientierten Ansatz des Beihilfenrechts. Der Tatbestandstechnik/-formulierung darf bei der Beurteilung von Normen keine Relevanz zukommen.[585] Jeder Tatbestand ließe sich theoretisch dergestalt formulieren, dass die Sachverhalte, die den Beihilfentatbestand erfüllen bzw. nicht erfüllen, getrennt werden. Dann wäre nur die gegen das Beihilfenverbot verstoßende Norm unanwendbar. Die unverdächtige Norm könnte weiter angewandt werden. Wird die Reichweite des Beihilfenverbots – zutreffend – nicht von der Tatbestandstechnik abhängig gemacht, muss der Anwendungsvorrang bei ungeteilten Normen zu gleichen Ergebnissen kommen. Sind solche gespaltenen beihilfenrechtlichen Bewertungen aus dem Tatbestand der untersuchten Norm ersichtlich oder wurden sie von den Beteiligten im Prüfverfahren (hilfsweise) vorgetragen, ist dies von der Kommission bei der Beihilfenentscheidung zu berücksichtigen. Im Beihilfenverdikt wären sodann zur Schaffung von Rechtsklarheit Ausnahmen anzufügen, bei denen

582 Zur Rückforderungsentscheidung Europäische Kommission, (2007/C 272/05), Rn. 38.

583 EuGH, Urt. v. 07.02.1991, Rs. C-184/89 (Nimz), Rn. 19; näher dazu *Jarass/Beljin*, NVwZ 2004, 1 (4 f.); kritisch *Hwang*, EuR 2016, 355.

584 EuGH, Urt. v. 07.02.1984, Rs. C-237/82 (Jongeneel Kaas), Rn. 6; *Ruffert*, in: Calliess/Ruffert, Art. 1 EUV, Rn. 18.

585 So aber *Krumm*, in: DStJG 41 (2018), S. 561 (574 Fn. 57), wenn er die ausdrückliche Beschränkung des Tatbestands auf nicht beihilfenwidrige Konstellationen fordert.

die beanstandete Norm anwendbar bliebe.[586] Zu beachten bleibt jedoch die kritische Haltung des Europäischen Gerichtshofs gegenüber der unverändert fortbestehenden Norm, wenn sie sich zumindest teilweise als europarechtswidrig erweist.[587] Möglichweise muss der Gesetzgeber klarstellend tätig werden, wenn der Normadressat wegen der europarechtlich erforderlichen Teilunanwendbarkeit die komplexe Rechtslage angesichts ihrer Verworrenheit nicht durchblicken kann.

C. Sanierungsprivilegierung als selektiver Vorteil

I. Wirkungsbasierter Ansatz des Europäischen Gerichtshofs

Bei der Beurteilung steuerrechtlicher Normen am beihilfenrechtlichen Maßstab hat der Europäische Gerichtshof die Differenzierung zwischen Vorteil und Selektivität immer weiter aufgegeben. Beide Merkmale werden regelmäßig innerhalb des eigenen dreistufigen Prüfungsansatzes komprimiert begutachtet.[588] Aus Sicht des Europäischen Gerichtshof ist die Verschmelzung der Tatbestandsmerkmale Ausdruck des wirkungsbasierten Ansatzes des Beihilfenrechts, das an wirtschaftlichen Zusammenhängen interessiert ist und nicht an Regelungstechniken anknüpft.[589] Dieser Sichtweise hat sich die Kommission inhaltlich angeschlossen, auch wenn sie in ihrer

586 So wie in Europäische Kommission, K(2002) 2006 = (2003/193/EG) = ABl. 2003 L 77/21, Rz. 72, 85, 126; siehe auch zum Parallelproblem bei der abstrakten Bestimmung des Rückforderungsbetrags Europäische Kommission, (2007/C 272/05), Rn. 37.

587 EuGH, Urt. v. 26.04.1988, Rs. 74/86 (Kommission/Deutschland), Rn. 10 f.; EuGH, Urt. v. 15.10.1986, Rs. 168/85 (Kommission/Italien), Rn. 11; EuGH, Urt. v. 04.04.1974, Rs. 167/73 (Kommission/Frankreich), Rn. 47; dazu *Krumm*, in: DStJG 41 (2018), S. 561 (591 f.).

588 EuGH, Urt. v. 08.11.2001, Rs. C-143/99 (Adria-Wien Pipeline), Rn. 42 f.; EuGH, Urt. v. 19.12.2018, Rs. C-374/17 (A-Brauerei), Rn. 36; siehe dazu auch *Kokott*, Das Steuerrecht der Europäischen Union, § 3 Rn. 169, Vorteils- und Selektivitätsprüfung seien im Rahmen dieses Ansatzes kaum trennbar.

589 Vgl. EuGH, Urt. v. 15.11.2011, Rs. C-106/09 P u.a. (Gibraltar), Rn. 87 f.; ausdrücklich Europäische Kommission, 2016/C 262/01, Bekanntmachung der Kommission zum Begriff der staatlichen Beihilfe im Sinne des Art. 107 Abs. 1 des Vertrags über die Arbeitsweise der Europäischen Union, S. 129 mwN zur Rechtsprechung des EuGH.

Mitteilung zum steuerlichen Beihilfenbegriff zumindest gliederungstechnisch eine Unterscheidung zwischen Vorteil und Selektivität vornimmt.[590]

1. Bestimmung der Normalbelastung

Wegen ihrer maßstabsbildenden Funktion kommt der steuerlichen Normalbelastung im weiteren Verlauf der Prüfung entscheidende Bedeutung zu.[591] Die Normalbelastung leitet sich aus dem allgemeinen Steuersystem des betreffenden Mitgliedstaats ab.[592] Dafür wird vom Europäischen Gerichtshof regelmäßig die betreffende Abgabe selbst herangezogen; die Benchmark im Rahmen der Prüfung von Körperschaftsteuernormen bildet das allgemeine Körperschaftsteuersystem.[593] Diese Herangehensweise ist Ausdruck der vom Europäischen Gerichtshof vertretenen wirkungsbezogenen und damit objektiven Bestimmung einer Beihilfe. Auf die – subjektiven – Motive und Absichten des Mitgliedstaates bei Einführung der Steuernorm soll es nicht ankommen.[594] Zugleich ist der wirkungsbasierte Ansatz Grund, warum es nicht auf die Regelungstechnik zur Bestimmung eines selektiven Vorteils ankommen kann. Darauf aufbauend begründet der Europäische Gerichtshof in seinen Entscheidungen Gibraltar[595] und World Duty Free[596], dass die Einführung einer in ihrer Grundstruktur selektiven Besteuerung eine Beihilfe darstellen kann. Der wirkungsbasierte Ansatz kann folglich ebenso gegenteilige Auswirkungen haben: Trotz einer rege-

---

590 Siehe dazu Europäische Kommission, 2016/C 262/01, Bekanntmachung der Kommission zum Begriff der staatlichen Beihilfe im Sinne des Art. 107 Abs. 1 des Vertrags über die Arbeitsweise der Europäischen Union, Rn. 68, 128, 132 ff., die Befreiung von sonst zu tragenden Belastung im Rahmen der Vorteilsanalyse entspricht der Prüfung, die im ersten Schritt der Selektivitätsanalyse nötig ist.

591 *Kokott*, Das Steuerrecht der Europäischen Union, § 3 Rn. 172.

592 EuGH, Urt. v. 15.15.2005, Rs. C-66/02 (Italien/Kommission), Rn. 100; EuGH, Urt. v. 22.06.2006, Rs. C-182/03 (Belgien Forum 187), Rn. 95.

593 EuGH, Urt. v. 08.09.2011, Rs. C-78/08 u.a. (Paint Graphos), Rn. 50; siehe auch *Schön*, in: Hancher/Ottervanger/Slot, EU State Aids, Rn. 12–065 f., der darauf hinweist, dass im Rahmen des wirkungsbasierten Ansatzes einzelne Steuersysteme für den EuGH auch Teil eines übergeordneten und steuerartenübergreifenden Systems sein können.

594 Siehe dazu nur EuGH, Urt. v. 09.10.2014, Rs. C-522/13 (Navantia), Rn. 28; EuGH, Urt. v. 29.03.2012, Rs. C-417/10 (3M Italia), Rn. 36; EuGH, Urt. v. 22.12.2008, Rs. C-487/06 P (British Aggregates), Rn. 85 jeweils mwN.

595 EuGH, Urt. v. 15.11.2011, Rs. C-106/09 P u.a. (Gibraltar).

596 EuGH, Urt. v. 21.12.2016, Rs. C-20/15 P u.a. (World Duty Free).

lungstechnisch als Ausnahme konzipierten Vorschrift, müsse eine solche Norm nicht zwangsläufig einen Vorteil auslösen, sie könne auch Teil der grundsätzlichen Belastungsentscheidung (Normalbesteuerung) sein.[597] So begründet sich, warum Rückausnahmen zu einer Sonderbelastung keinen Vorteil darstellen.[598]

2. Abweichung von der Regelbesteuerung und Ungleichbehandlung mit vergleichbaren Gruppen von Steuerpflichtigen

Ist die Normalbelastung bestimmt, kommt es im zweiten Schritt darauf an, ob die in Frage stehende Steuerregelung begünstigend von der Regelbesteuerung abweicht.[599] Ist dies festgestellt, prüft der Gerichtshof, inwieweit eine Ungleichbehandlung von Wirtschaftsteilnehmern vorliegt, die sich im Hinblick auf die Ziele der allgemeinen Steuerregelung in vergleichbarer rechtlicher und tatsächlicher Lage befinden.[600] Der Fokus dieser Selektivitätsformel liegt damit weniger auf der Herausarbeitung einer eng umgrenzten bestimmten oder zumindest bestimmbaren Gruppe von Unternehmen, sondern folgt einer weitgreifenden Diskriminierungslogik.[601] So erklärt sich möglicherweise, warum der Europäische Gerichtshof eine Selbstverständlichkeit feststellt[602]: Allein der Umstand, dass nur die Steuerpflichtigen, die den Tatbestand einer Norm erfüllen, von der Rechtsfolge betroffen sind, begründet noch nicht die Selektivität einer Regelung.[603]

---

597 EuGH, Urt. v. 28.06.2018, Rs. C-203/16 P (Andres Heitkamp BauHolding), Rn. 90 ff.

598 Kritisch bei einer zu formalen Vorgehensweise *Englisch*, in: Schaumburg/Englisch, Europäisches Steuerrecht, Rn. 9.29; kritisch auch *Eisendle*, ISR 2018, 315 (318), der in der formalen Regel-Ausnahme-Rückausnahme-Denkweise einen Widerspruch zur Rechtsprechung des EuGH sieht, dass es entscheidend auf die Vergleichbarkeit der betroffenen und nicht betroffenen Steuerpflichtigen ankommt.

599 Siehe dazu *GA Geelhoed*, Schlussanträge v. 18.09.2003, Rs. C-308/01 (GIL Insurance), Rn. 77.

600 EuGH, Urt. v. 19.12.2018, Rs. C-374/17 (A-Brauerei), Rn. 36; EuGH, Urt. v. 21.12.2016, Rs. C-20/15 P u.a. (World Duty Free), Rn. 57; EuGH, Urt. v. 22.06.2006, Rs. C-182/03 (Belgien Forum 187), Rn. 119.

601 Die Entwicklungslinie der Rechtsprechung zu diesem weiten Verständnis nachzeichnend *Schön*, ZHR 2019, 393 (397-399).

602 Siehe dazu auch *Schön*, ZHR 2019, 393 (398 f.).

603 EuGH, Urt. v. 29.03.2012, Rs. C-417/10 (3M Italia), Rn. 42; EuGH, Urt. v. 21.12.2016, Rs. C-20/15 P u.a. (World Duty Free), Rn. 59; EuGH, Urt. v. 19.12.2018, Rs. C-374/17 (A-Brauerei), Rn. 24.

Im Rahmen der Ungleichbehandlungsprüfung braucht keine nach bestimmten Merkmalen bestimmte Gruppe von Steuerpflichtigen begünstigt zu werden.[604] Dies ist Ausdruck des vom Europäischen Gerichtshof vertretenen wirkungsbasierten Ansatzes, nach dem es nicht auf formale Aspekte für die Auslegung und Anwendung des Beihilfenrechts ankommen soll.[605] Folgerichtig reicht es für den Ausschluss der Selektivität nicht aus, wenn sehr viele und breit über verschiedene Branchen gestreute Steuerpflichtige von der Regelung betroffen sind.[606] Selbst bei völliger Unabhängigkeit der Steuerbegünstigung von der wirtschaftlichen Tätigkeit des Unternehmens kann Selektivität angenommen werden.[607] Daher wird die Begünstigung von sanierungsbedürftigen Unternehmen grundsätzlich als Förderung einer bestimmten Gruppe im Rahmen der Selektivitätsprüfung gesehen.[608] Nicht entscheidend sei insoweit, ob die Begünstigung dieser Gruppe sich bereits rechtlich (*de jure*) durch die Tatbestandsvoraussetzungen oder auch nur faktisch durch deren Wirkungen ergibt (*de facto*).

Es kommt allein auf die Ungleichbehandlung mit anderen Steuerpflichtigen an, die in vergleichbarer tatsächlicher und rechtlicher Lage sind. Während im Urteil Adria-Wien Pipeline[609] noch die Vergleichbarkeit im Hinblick auf die konkret zu prüfende Steuernorm ausschlaggebend für die Bildung der Vergleichsgruppe war[610], hat die Rechtsprechung diesen Ansatz mittlerweile stillschweigend aufgegeben.[611] Entscheidend ist allein

---

604 EuGH, Urt. v. 21.12.2016, Rs. C-20/15 P u.a. (World Duty Free), Rn. 78.

605 EuGH, Urt. v. 21.12.2016, Rs. C-20/15 P u.a. (World Duty Free), Rn. 79.

606 EuGH, Urt. v. 21.12.2016, Rs. C-20/15 P u.a. (World Duty Free), Rn. 80; EuGH, Urt. v. 08.11.2001, Rs. C-143/99 (Adria-Wien Pipeline), Rn. 48.

607 EuGH, Urt. v. 21.12.2016, Rs. C-20/15 P u.a. (World Duty Free), Rn. 82.

608 Europäische Kommission, 2016/C 262/01, Bekanntmachung der Kommission zum Begriff der staatlichen Beihilfe im Sinne des Art. 107 Abs. 1 des Vertrags über die Arbeitsweise der Europäischen Union, Rn. 121; EuG, Urt. v. 04.02.2016, Rs. T-287/11 (Heitkamp BauHolding), Rn. 129 ff.

609 EuGH, Urt. v. 08.11.2001, Rs. C-143/99 (Adria-Wien Pipeline), Rn. 41.

610 So auch noch EuGH, Urt. v. 29.04.2004, Rs. C-308/01 (GIL Insurance), Rn. 68.

611 Dazu *Englisch*, in: Schaumburg/Englisch, Europäisches Steuerrecht, Rn. 9.22, der zu Recht darauf verweist, dass eine solcher Ansatz nur die folgerichtige Ausgestaltung einer Begünstigungsnorm verlangen würde; siehe auch die Einschätzung von *Ellenrieder*, Die materielle Selektivität steuerlicher Beihilfen, S. 473, der sich auf den folgeden Seiten seiner Arbeit intensiv mit den Fragen der Vergleichbarkeit hinsichtlich Maßnahme oder System auseinandersetzt; *Ismer/Piotrowski*, DStR 2015, 1993 (1995 f.).

die Ungleichbehandlung von Steuerpflichtigen, die hinsichtlich der Ziele des allgemeinen Steuersystems in vergleichbarer Lage sind.[612]

3. Rechtfertigung durch Grund- und Leitprinzipien

Regelmäßig wird im Rahmen der Selektivitätsprüfung eine gesetzestechnische Ausnahmeregelung zumindest *a priori* als selektiv eingestuft, wenn die Ungleichbehandlung festgestellt wird.[613] Damit verschiebt sich die Rechtfertigungslast auf den Mitgliedstaat.[614] Im Rahmen des letzten Prüfungspunktes kann die *a priori* selektive Regelung noch durch die Grund- und Leitprinzipien der mitgliedstaatlichen Steuerordnung gerechtfertigt werden.[615] Anerkannt werden nur dem Steuersystem inhärente Ziele und die dafür erforderlichen Maßnahmen.[616] Externe – insbesondere wirtschafts- und beschäftigungspolitische – Ziele sind gerade nicht zur Rechtfertigung geeignet.[617] Das gilt auch, wenn sie auf die Beseitigung eines im internationalen oder europäischen Vergleich (vermeintlich) bestehenden Nachteils der eigenen Steuerrechtsordnung gerichtet sind.[618] Anerkannt sind beispielsweise Normen zur Vereinfachung des Besteuerungsverfahrens, zur Verhinderung von Steuerumgehung und -missbrauch sowie Normen zur Vermeidung

---

612 EuGH, Urt. v. 08.09.2011, Rs. C-78/08 u.a. (Paint Graphos), Rn. 54; EuGH, Urt. v. 28.06.2018, Rs. C-203/16 P (Andres Heitkamp BauHolding), Rn. 89.

613 EuGH, Urt. v. 19.12.2018, Rs. C-374/17 (A-Brauerei), Rn. 33.

614 Zur Beweislast des Mitgliedstaates siehe EuGH, Urt. v. 08.09.2011, Rs. C-78/08 u.a. (Paint Graphos), Rn. 65; EuGH, Urt. v. 06.09.2006, Rs. C-88/03 (Portugal/Kommission), Rn. 80; EuGH, Urt. v. 08.11.2011, Rs. C-279/08 P (Kommission/Niederlande), Rn. 62.

615 EuGH, Urt. v. 19.12.2018, Rs. C-374/17 (A-Brauerei), Rn. 48 f.; EuGH, Urt. v. 08.09.2011, Rs. C-78/08 u.a. (Paint Graphos), Rn. 64; EuGH, Urt. v. 29.03.2012, Rs. C-417/10 (3M Italia), Rn. 40; EuGH, Urt. v. 08.11.2001, Rs. C-143/99 (Adria-Wien Pipeline), Rn. 42; EuGH, Urt. v. 22.12.2008, Rs. C-487/06 P (British Aggregates), Rn. 83; EuGH, Urt. v. 06.09.2006, Rs. C-88/03 (Portugal/Kommission), Rn. 52.

616 EuGH, Urt. v. 06.09.2006, Rs. C-88/03 (Portugal/Kommission), Rn. 81.

617 Siehe nur Europäische Kommission, 2016/C 262/01, Bekanntmachung der Kommission zum Begriff der staatlichen Beihilfe im Sinne des Art. 107 Abs. 1 des Vertrags über die Arbeitsweise der Europäischen Union, Rn. 138; zustimmend *Ismer/Piotrowski*, DStR 2015, 1993 (1996).

618 Siehe dazu nur Europäische Kommission, 2016/C 262/01, Bekanntmachung der Kommission zum Begriff der staatlichen Beihilfe im Sinne des Art. 107 Abs. 1 des Vertrags über die Arbeitsweise der Europäischen Union, Rn. 72; *Englisch*, in: Schaumburg/Englisch, Europäisches Steuerrecht, Rn. 9.25.

der Doppelbesteuerung im internationalen Kontext.[619] Weitgehend unklar ist, inwieweit auch steuerverfassungsrechtliche Wertungen und Ziele des jeweiligen Mitgliedstaates vom Europäischen Gerichtshof berücksichtigt werden.[620]

II. Selektiver Vorteil zwischen nationaler Fiskalhoheit und gemeinsamem Binnenmarkt

Der Prüfungsansatz des Europäischen Gerichtshofs überzeugt nicht. Richtigerweise muss eine klare Differenzierung zwischen Vorteils- und Selektiviätsprüfung vorgenommen werden.[621] Insbesondere aus ökonomischen und kompetenziellen Gründen ist ein eigenständiger Bedeutungsgehalt der Selektivität nötig. Daran gemessen erweist sich die Begünstigung sanierungsbedürftiger Unternehmen nicht als *de jure* selektiv. Allein eine *de facto* Selektivität kann sich aus dem besonderen Zuschnitt der Voraussetzungen der Sanierungsprivilegierungen ergeben.

1. Beihilfenrecht kein besonderes Diskriminierungsverbot (Kritik am Ansatz des Europäischen Gerichtshofs)

Der dreistufige Prüfungsansatz des Europäischen Gerichtshofs, der sich immer weiter zu einer besonderen (gleichheitsrechtlichen) Diskriminierungsprüfung entwickelt hat, kann vor dem Hintergrund der europäischen Verträge nicht bestehen.[622] Stellt der Gerichtshof im ersten Schritt das Re-

---

619 Siehe dazu *Englisch*, in: Schaumburg/Englisch, Europäisches Steuerrecht, Rn. 9.23; ausführlich zur Rechtfertigung im internationalen Kontext *Jozipović*, Die Anwendung des EU-Beihilferechts auf das internationale Steuerrecht, S. 215 ff.

620 Dafür *Englisch*, in: Schaumburg/Englisch, Europäisches Steuerrecht, Rn. 9.23; vgl. auch *Drüen*, DStR 2011, 289 (292); zweifelnd *Hey*, FR 2017, 453 (456), die keine Anhaltspunkte für eine Auseinandersetzung des EuGH mit den steuerverfassungsrechtlichen Argumentationen der Mitgliedstaaten sieht.

621 *Englisch*, in: Schaumburg/Englisch, Europäisches Steuerrecht, Rn. 9.28; *Schön*, in: Hancher/Ottervanger/Slot, EU State Aids, Rn. 12–033 ff.; siehe auch *Schön*, in: Richelle/Schön/Traversa, State Aid Law and Business Taxation, S. 3 (8, 15 ff.); *Rossi-Maccanico*, EC Tax Review 2007, 90 (94 f.); ausführlich *Balbinot*, Beihilfeverbot und Rechtsformneutralität, S. 45 ff. zu Wortlaut, Systematik und vergleichend zum WTO-Recht.

622 Sehr pointiert *Schön*, ZHR 2019, 393 (405), der Kommission und Rechtsprechung auf "einem Weg extensiver Selbstermächtigung" sieht.

ferenzsystem anhand der Grund- und Leitentscheidungen der Steuerordnung des betreffenden Mitgliedstaates fest, bildet er die Normalbelastung aus einer umfassenden Analyse aller vergleichbaren Steuerpflichtigen. Unerheblich ist, ob der Mitgliedstaat seine Steuerordnung fragmentiert und in vielen Einzelsteuergesetzen Subsysteme kodifiziert. Aus dem wirkungsbasierten Ansatz folgt, dass die Normalbelastung alle zu einem gemeinsamen System zählenden Subsysteme umfasst.[623] Im zweiten Schritt wird aus der begünstigenden Abweichung vom festgestellten Referenzrahmen die *a priori* Selektivität gefolgert.[624] Dafür müssen die begünstigten Steuerpflichtigen in vergleichbarer rechtlicher und tatsächlicher Situation wie andere nicht begünstigte Steuerpflichtige sein.[625] Durch den Bezug dieser Vergleichbarkeit auf das übergreifende Steuersystem wird das Kriterium zirkulär.[626] Die Vergleichbarkeit muss sich schon zwingend aus der Zugehörigkeit zum gemeinsamen Referenzsystem ergeben. Bei Annahme eines Vorteils wird die Selektivität zu einer selbsterfüllenden Prophezeiung. Freilich kann über die dritte Stufe der Prüfung noch eine Rechtfertigung über die Grund- und Leitprinzipien des Steuersystems erfolgen. Hier ist aber fraglich, inwieweit dies nicht bereits über die Berücksichtigung im Rahmen der Ermittlung der Normalbelastung hätte erfolgen können.[627]

---

623 *Schön*, in: Koenig/Roth/Schön, Aktuelle Fragen des EG-Beihilfenrechts, S. 106 (119).

624 Kritisch *Balbinot*, Beihilfeverbot und Rechtsformneutralität, S. 57, die darin die Gefahr einer zu formalen Betrachtung sieht.

625 So EuGH, Urt. v. 19.12.2018, Rs. C-374/17 (A-Brauerei), Rn. 36; EuGH, Urt. v. 21.12.2016, Rs. C-20/15 P u.a. (World Duty Free), Rn. 57; EuGH, Urt. v. 22.06.2006, Rs. C-182/03 (Belgien Forum 187), Rn. 119.

626 In diese Richtung auch *Balbinot*, Beihilfeverbot und Rechtsformneutralität, S. 61 ff. Vergleichbarkeitsprüfung nicht überzeugend, da Begünstigung und Selektivität dann nicht auseinandergehalten werden können; vgl. auch *Englisch*, in: Schaumburg/Englisch, Europäisches Steuerrecht, Rn. 9.32, eine gesonderte Vergleichbarkeitsprüfung sei redundant.

627 *Schön*, in: 17. ÖJT IV/2, Die Auswirkungen des gemeinschaftsrechtlichen Beihilferechts auf das Steuerrecht, S. 21 (30); *Ellenrieder*, Die materielle Selektivität steuerlicher Beihilfen, S. 431 f.; *Balbinot*, Beihilfeverbot und Rechtsformneutralität, S. 59 f.; pointiert *Sutter*, Das EG-Beihilfenverbot und sein Durchführungsverbot in Steuersachen, S. 96 f., der die Rechtfertigungsprüfung als "tautologisch" bezeichnet; *López López*, EStAL 2010, 807 (817); differenzierend *Englisch*, in: Schaumburg/Englisch, Europäisches Steuerrecht, Rn. 9.33, nur bei Zielen wie der Rechtsanwendungsgleichheit in der Verzugspraxis und der Vermeidung internationaler Doppelbesteuerung kann Rechtfertigung eine Rolle spielen.; generell kritisch zur Rechtfertigungsprüfung *Birkenmaier*, Die Vorgaben der Beihilfevorschriften des EG-Vertrages für die direkte Unternehmensbesteuerung, S. 99 ff.

Der so entstandene gleichheitsrechtliche Prüfungsansatz ist in der Literatur aufgegriffen worden. Zum Teil wird darüber hinaus sogar eine Aufgabe der Vorteilsprüfung gefordert.[628] Ob mit oder ohne Aufgabe der Bestimmung einer Normalbelastung, jeglicher Form der gleichheitsrechtlichen Diskriminierungsprüfung stehen erhebliche Gegenargumente entgegen. Die Umbildung des Beihilfenrechts in eine Vergleichbarkeitsprüfung kann schon deshalb nicht überzeugen, weil der Europäische Gerichtshof den allgemeinen Gleichheitssatz in Art. 20 GrCh neben Bedenken hinsichtlich des Anwendungsbereichs – aus Rücksicht auf die Fiskalhoheit der Mitgliedstaaten – nicht anwendet.[629] Bei einem gleichheitsrechtlich fundierten Prüfungsansatz des Beihilfenrechts kommt erschwerend hinzu, dass die vielfältigen, innerhalb der gleichheitsrechtlichen Prüfung akzeptierten Rechtfertigungsgründe im Rahmen des Beihilfenrechts nicht angewandt werden können. Dies trifft insbesondere sozial-, wirtschafts- und wettbewerbspolitische Gründe.[630] Damit wäre ein noch stärkerer Eingriff in die Fiskalhoheit der Mitgliedstaaten verbunden als bei Anwendung des auch deswegen nicht zum Tragen kommenden allgemeinen Gleichheitssatzes.

Weiter wird auch das Verhältnis zu den Grundfreiheiten erheblich gestört.[631] Die Grundfreiheiten sind nach klassischem Verständnis Diskriminierungsverbote, die an grenzüberschreitende Sachverhalte anknüpfen.[632] In ihrer heutigen Funktion sind sie zwar nicht mehr auf die Ausländerdis-

628 *Lang*, Die Auswirkungen des gemeinschaftsrechtlichen Beihilferechts auf das Steuerrecht, S. 25 ff.; *Lang*, IStR 2010, 570 (576 f.); *Lang*, in: Lüdicke, Praxis und Zukunft des deutschen internationalen Steuerrechts, S. 85 (95 ff.); zur Kritik daran siehe ausführlich *Balbinot*, Beihilfeverbot und Rechtsformneutralität, S. 66 ff.; ebenfalls aA *Zorn*, in: 17. ÖJT IV/2, Die Auswirkungen des gemeinschaftsrechtlichen Beihilferechts auf das Steuerrecht, S. 61 (62); *Englisch*, in: Schaumburg/Englisch, Europäisches Steuerrecht, Rn. 9.33.

629 Zur Nichtanwendung des Art. 20 GrCh im direkten Steuerrecht siehe *Kokott*, Das Steuerrecht der Europäischen Union, § 3 Rn. 16.

630 Vgl. *Englisch*, in: Schaumburg/Englisch, Europäisches Steuerrecht, Rn. 9.23, der von externen Zielen spricht; *Ellenrieder*, Die materielle Selektivität steuerlicher Beihilfen, S. 97 f.; aA *López López*, EStAL 2010, 807 (815).

631 Zur Grundsätzlichen Unterscheidung von Beihilfenrecht und Grundfreiheitsverstößen *Wattel*, in: Richelle/Schön/Traversa, State Aid Law and Business Taxation, S. 59 (60); ausführlich *Ismer/Piotrowski*, in: Panayi/Haslehner/Traversa, Research Handbook Taxation, S. 450 (453 ff.).

632 *Streinz*, Europarecht, Rn. 830; *Kokott*, Das Steuerrecht der Europäischen Union, § 3 Rn. 81.

kriminierung beschränkt, diese bildet aber weiterhin den Kernbereich.[633] Zudem unterliegen Beschränkungen der Grundfreiheiten einer ausgefeilten Rechtfertigungsprüfung.[634] Wird das Beihilfenrecht weiter zu einem umfassenden Diskriminierungsverbot umgeformt, ergeben sich vielfältige Konfliktfelder.[635] Das Beihilfenrecht ist weder auf grenzüberschreitende Sachverhalte, noch auf eine Diskriminierung von Ausländern beschränkt.[636] Auch die Rechtfertigungsmöglichkeiten stehen weitgehend im Ermessen der Kommission. Regelmäßig dürfte bei einer solch umfassenden Auslegung des Beihilfenverbots eine Grundfreiheitsbeschränkung auch zu einem Beihilfenverstoß führen.[637] Ausnahmen bilden die Fälle, in denen die Ausländer einer Sonderbelastung ausgesetzt sind, also die Inländerbesteuerung die Normalbelastung darstellt.[638] Hinsichtlich der konträren Rechtsfolgen[639] sollte daher eine Auslegung bevorzugt werden, die den Überschneidungsbereich nicht übermäßig vergrößert. Sieht man von den weitergehenden Problemen des Verhältnisses der grundfreiheitsrechtlichen Rechtfertigung zum Beihilfenverbot ab, zeigt sich hier bereits eine Friktion der weiten Lesart des Europäischen Gerichtshofs. Deshalb ist die Diskri-

633 Vgl zur Entwicklung vom reinen Diskriminierungsverbot zum Beschränkungsverbot *Streinz*, Europarecht, Rn. 830 ff.; *Classen/Nettesheim*, Europarecht, § 22 Rn. 3.

634 *Streinz*, Europarecht, Rn. 855 ff.; *Classen/Nettesheim*, Europarecht, § 3 Rn. 11 f.

635 Zur Annäherung des beihilfenrechtlichen Diskriminierungstests an die Diskriminierungsprüfung der Grundfreiheiten siehe *Wattel*, in: Richelle/Schön/Traversa, State Aid Law and Business Taxation, S. 59 (68); *Wattel*, World Tax Journal 2013, 128 (134) siehe auch S. 133 aE: Selektivität und Diskriminierung seien konzeptionell identisch.; vertiefend die Annäherung der Prüfungsmethoden analysierend *Szudoczky*, The sources of EU law and their relationships, S. 468 ff.

636 *Ismer/Piotrowski*, in: Panayi/Haslehner/Traversa, Research Handbook Taxation, S. 450 (454).

637 Sehr deutlich *GA Kokott*, Schlussanträge v. 02.07.2009, Rs. C-169/08 (Presidente del Consiglio dei Ministri/Regione autonoma della Sardegna), Rn. 133 f., die nach Wiedergabe der auf eine Diskriminierungsprüfung hinauslaufenden Selektivitätsfomel darauf hinweist, dass sich damit dieselben Frage wie im Rahmen der Grundfreiheiten stellen; siehe dazu ein Beispiel von *Quigley*, in: Biondi/Eeckhout/Flynn, The Law of State Aid in the European Union, S. 216 f.

638 *Luja*, EStAL 2010, 161 (164); Eine weitere Ausnahme bilden die Fälle ohne Unternehmensbezug. Hier können nur die Grundfreiheiten einschlägig sein. Siehe dazu *Ismer/Piotrowski*, in: Panayi/Haslehner/Traversa, Research Handbook Taxation, S. 450 (454).

639 Rückforderung der Beihilfe vs. Erstreckung der Begünstigung auf die diskriminierten Fälle; zu diesem Problem siehe *Galdino*, EStAL 2019, 510 (514 f.); ausführlich *Ismer/Piotrowski*, in: Panayi/Haslehner/Traversa, Research Handbook Taxation, S. 450 (459 ff.).

minierungsprüfung aus gesetzessystematischen Gründen nicht zur Bestimmung von Beihilfen geeignet.

2. Eigenständigkeit der Vorteilsprüfung

Für eine Auslegung des steuerlichen Beihilfenrechts, die ein ausgewogenes Verhältnis zwischen der bei den Mitgliedstaaten verbliebenden Fiskalhoheit und den Binnenmarktzielen des Beihilfenrechts herstellt, ist eine Trennung zwischen Vorteil und Selektivität unerlässlich.[640] Zuerst muss auf erster Stufe aus der Analyse des mitgliedstaatlichen Steuersystems eine begünstigende Steuerregelung festgestellt werden. Dies ist Aufgabe der Vorteilsprüfung. Erst danach stellt sich die Selektivitätsfrage[641]: Wird der Vorteil nur bestimmten Unternehmen oder Produktionszweigen zuteil? Zwischen Vorteil und Selektivität darf es keinen Wechselwirkungsautomatismus geben. Es gibt Vorteile, die nicht selektiv sind und selektive Regelungen, die keinen Vorteil im Sinne des Beihilfenrechts darstellen.[642]

3. Vergleichend zum Vorteil

Das mitgliedstaatliche Steuersystem muss Ausgangspunkt der Bestimmung sein, ob eine begünstigende Abweichung von der Normalbesteuerung vorliegt. Dazu ist die vom Europäischen Gerichtshof im Rahmen der Selektivitätsprüfung entwickelte Vergleichbarkeitsprüfung mit einer objektiven Bestimmung der mitgliedstaatlichen Besteuerungsprinzipen zu kombinieren.[643] So lässt sich die besondere Stärke der Vergleichbarkeitsprüfung

640 *Schön*, in: Hancher/Ottervanger/Slot, EU State Aids, Rn. 12–097; *Englisch*, in: Schaumburg/Englisch, Europäisches Steuerrecht, Rn. 9.30.

641 *Schön*, in: Richelle/Schön/Traversa, State Aid Law and Business Taxation, S. 3 (23); siehe auch *Schön*, in: Koenig/Roth/Schön, Aktuelle Fragen des EG-Beihilfenrechts, S. 106 (121) die unspezifische Begünstigung bestimmter Produktionsfaktoren könne noch nicht als Beihilfe zugunsten bestimmter Unternehmen eingeordnet werden.

642 Zumindest zum ersten Teil der Aussage zustimmend *Schön*, in: 17. ÖJT IV/2, Die Auswirkungen des gemeinschaftsrechtlichen Beihilferechts auf das Steuerrecht, S. 21 (29).

643 Allgemein zur Übertragung der Selektivitätsgesichtspunkte aus dem Prüfungsansatz des EuGH in die Vorteilsprüfung siehe *Schön*, in: 17. ÖJT IV/2, Die Auswirkungen des gemeinschaftsrechtlichen Beihilferechts auf das Steuerrecht, S. 21 (28 ff.), der mit weiteren Argumenten ausführt warum die Frage nach dem Normalmaß der

nutzbar machen, besonders souveränitätsschonend an vorgefundene Maßstäbe anzuknüpfen und unabhängig von der verwendeten Regelungstechnik zu funktionieren. Gleichzeitig liefert die objektive Bestimmung des mitgliedstaatlichen Steuersystems den für eine Vergleichbarkeitsprüfung notwendigen Maßstab. Zudem ist das Besteuerungsprinzip Fixpunkt für die Bestimmung, ob eine vom Beihilfenrecht erfasste Begünstigung oder eine beihilfenrechtlich nicht relevante Sonderbelastung[644] vorliegt. Konkret heißt das: Ist zweifelhaft, ob verschiedene Steuerpflichtige zu einem gemeinsamen Referenzsystem gehören, muss die rechtliche und tatsächliche Vergleichbarkeit hinsichtlich des obersten Systemprinzips festgestellt werden. Entscheidungserheblich ist diese Vergleichbarkeitsprüfung vor allem, wenn eine steuergesetzübergreifende Referenzrahmenbildung angestrebt wird. Steht die Zugehörigkeit zu demselben Referenzsystem fest, ist objektiv anhand der mitgliedstaatlichen Steuervorschriften das für die streitgegenständliche Steuernorm maßgebliche spezifische Besteuerungsprinzip zu ermitteln. Dazu muss an die geltende mitgliedstaatliche Belastungsentscheidung angeknüpft werden. Ohne tatsächliche Umsetzung sind als ideal empfundene Systemausprägungen weder zugunsten noch zulasten des Mitgliedstaats zu berücksichtigen. Ist keine besondere bereichsspezifische Ausprägung vorhanden, kann auch das Systemziel maßgeblicher Belastungsmaßstab sein. Nicht verwechselt werden darf das bereichsspezifische Besteuerungsprinzip mit dem Maßnahmenziel der beihilfenverdächtigen Norm. Anhand des so ermittelten (bereichsspezifischen) Besteuerungsprinzips ist die Vergleichbarkeitsprüfung vorzunehmen. In den Fällen, in denen verschiedene Steuerpflichtige hinsichtlich des Besteuerungsprinzips nicht in rechtlich oder tatsächlich vergleichbarer Situation sind, kann die abweichende steuerliche Behandlung keinen Vorteil darstellen. Das Beihilfenrecht kann dem steuerlich souveränen Mitgliedstaat nicht zum Vorwurf machen, hinsichtlich der Belastungsentscheidung ungleiche Steuerpflichtige nicht gleich behandelt zu haben. Liegt eine Ungleichbehandlung vor und

Besteuerung innerhalb des Vorteils zu prüfen ist; allgemein zu einer solchen Verschiebung von der Selektivität in die Vorteilsprüfung *Ellenrieder*, Die materielle Selektivität steuerlicher Beihilfen, S. 455 ff., der allerdings gleichzeitig eine andere Ausgestaltung fordert.

644 Dazu *Schön*, in: 17. ÖJT IV/2, Die Auswirkungen des gemeinschaftsrechtlichen Beihilferechts auf das Steuerrecht, S. 21 (36 f.); die Ausgrenzung der Sonderbelastung aus dem Beihilfentatbestand ist gleichwohl nicht unumstritten, siehe *Schön*, in: FS Mestmäcker, S. 437 (455 ff.) mit einem Plädoyer für die analoge Anwendung des Beihilfentatbestandes auf bestimmte Sonderbelastungen.

weicht die beihilfenverdächtige Norm begünstigend vom maßgeblichen Besteuerungsprinzip ab, ist der Vorteil festgestellt.

a) Doppelte Vergleichbarkeitsprüfung

Dieser Prüfungsansatz läuft letztlich auf eine doppelte Vergleichbarkeitsprüfung hinaus. Der Vergleich hinsichtlich des übergeordneten Systemziels hat regelmäßig nur eine Orientierungsfunktion. Das Referenzsystem besteht aus allen Normen, denen Steuerpflichtige unterliegen, die im Hinblick auf die Regelungsziele des Steuersystems vergleichbar sind.[645] Der Mitgliedstaat soll nicht durch eine formell fragmentierte Steuerrechtsordnung das Referenzsystem verengen können.[646] Dieser Ansatz kann – muss aber nicht – über Einzelsteuergesetze hinausgehen.[647] Aus dem so ableitbaren Referenzsystem ist die zur Beurteilung der fraglichen Norm maßgebliche Systementscheidung zu entnehmen. Damit ist nicht das Maßnahmenziel der zu untersuchenden Steuerregelung gemeint, sonst bestünde die Gefahr, nur die kohärente Umsetzung von Begünstigungen zu prüfen.[648] Ist die grundlegende Belastungsentscheidung herausgearbeitet, kann anhand dieses Bezugspunktes die gleichheitsrechtlich strukturierte Vorteilsprüfung vorgenommen werden.[649] Auf diese Art kann eine beihilfenrechtlich relevante Ungleichbehandlung unabhängig von der verwendeten Regelungstechnik festgestellt werden. Der relative Prüfungsmaßstab beurteilt die mitgliedstaatlichen Steuersysteme nach ihren Wirkungen, ohne zugleich die mitgliedstaatliche Prärogative bei der Festsetzung des steuerlichen Normalmaßstabs in Frage zu stellen.

---

645 *Englisch*, in: Schaumburg/Englisch, Europäisches Steuerrecht, Rn. 9.29; allerdings im Rahmen der Selektivität *Zorn*, in: 17. ÖJT IV/2, Die Auswirkungen des gemeinschaftsrechtlichen Beihilferechts auf das Steuerrecht, S. 61 (63).

646 Vgl. *Schön*, in: Hancher/Ottervanger/Slot, EU State Aids, Rn. 12–067; *Englisch*, in: Schaumburg/Englisch, Europäisches Steuerrecht, Rn. 9.29.

647 Siehe dazu (allerdings im Rahmen der Selektivität) *Ellenrieder*, Die materielle Selektivität steuerlicher Beihilfen, S. 186.

648 Siehe dazu bereits oben Kapitel 4:C.I.2 ab S. 125.

649 Zur gleichheitsrechtlich strukturierten Ermittlung des Vorteils siehe *Schön*, in: 17. ÖJT IV/2, Die Auswirkungen des gemeinschaftsrechtlichen Beihilferechts auf das Steuerrecht, S. 21 (32), der dies als "eine Art selbstreferentieller Prüfung" bezeichnet; siehe dazu auch *Birkenmaier*, Die Vorgaben der Beihilfevorschriften des EG-Vertrages für die direkte Unternehmensbesteuerung, S. 118 ff., der diesen Gedanken ähnlich unter dem Schlagwort "Folgerichtigkeit" entwickelt.

b) Ermittlung des Besteuerungsprinzips und der Normalbelastung

Schwierigkeit und Kernstück der Vorteilsprüfung bleibt die Bestimmung des Normalmaßes der Besteuerung aus den geltenden Besteuerungsprinzipen. Dies ist aus zwei Gründen unerlässlich: Zum einen, weil es als Bezugspunkt der Vergleichbarkeitsanalyse die Feststellung der Vergleichbarkeit erst möglich macht. Zum anderen kann nur derart die notwendige Normalbelastung festgestellt werden.[650] Denn die gesetzliche Regelungstechnik kann kein ausschlaggebendes Kriterium zur Bestimmung der Normalbelastung sein, andernfalls würde der wirkungsorientierte Ansatz des Beihilfenrechts aufgegeben.[651] Am überzeugendsten ist die Orientierung an den vom Mitgliedstaat verfolgten Besteuerungsprinzipien.[652] Einfach ist dies in Fällen, in denen sich bei objektiver Betrachtung ein solches aus dem mitgliedstaatlichen Steuerrecht ermitteln lässt. Lässt sich hingegen kein konsistent verfolgtes Besteuerungsprinzip ermitteln oder zeichnet sich die Steuer durch Prinzipienlosigkeit bzw. durch konfligierende Prinzipien aus, kommt auch dieser Ansatz an seine Grenzen. Letztlich ist die Lösung dieser Problematik im Kompetenzkonflikt zwischen Fiskalhoheit und Beihilfenverbot zu suchen. Im nicht zu lösenden Zweifelsfall muss der Fiskalhoheit Vorrang vor dem Beihilfenverdikt gegeben und statt eines Vorteils eine Sonderbelastung angenommen werden. Der EU steht dann mit Art. 116 AEUV eine andere Kompetenz zum Schutz des Binnenmarktes offen.[653]

Entscheidend ist, an die bei objektiver Betrachtung vom Mitgliedstaat tatsächlich verfolgten Besteuerungsprinzipien anzuknüpfen. Es kann Fälle geben, in denen die beihilfenrechtlich zu prüfende Norm einem Besteuerungsideal entspricht, das von dem betreffenden Mitgliedstaat nicht konsistent als Prinzip verfolgt wird.[654] In diesen Fällen darf die Annahme einer Begünstigung nicht ausgeschlossen werden. So wenig wie ein europarechtlicher Maßstab bei der Beurteilung der mitgliedstaatlichen Besteuerungssysteme angelegt werden kann, so wenig taugt ein nicht verfolgtes

650 Zur Notwendigkeit eines Normalmaßes siehe schon Kapitel 4:C.II.1 ab S. 128.
651 So aber *Blumenberg/Kring*, Europäisches Beihilferecht und Besteuerung, S. 15.
652 *Englisch*, in: Schaumburg/Englisch, Europäisches Steuerrecht, Rn. 9.29.
653 Vgl. dazu *GA Geelhoed*, Schlussanträge v. 18.09.2003, Rs. C-308/01 (GIL Insurance), Rn. 77.
654 Siehe dazu auch *Diffring*, Umwandlung von Forderungen zur Sanierung von Kapitalgesellschaften, S. 172 f.

Besteuerungsideal zur Bestimmung der Normalbelastung.[655] Es ist gerade an das objektiv vorhandene Steuersystem anzuknüpfen.[656] Eng verknüpft mit dieser Problematik ist die Beurteilung von Missbrauchsvermeidungsnormen und ihren Rückausnahmen. Ausschlaggebend ist, ob die Rückausnahme eine Rückkehr zum Belastungsprinzip, also zur Normalbelastung, darstellt und somit kein Vorteil sein kann.[657] Zum Teil wird gefordert, die Rückausnahme selbst müsse kohärent umgesetzt sein.[658] Nur eine nicht selektive, sondern ihrerseits umfassende Rücknahme der überschießenden Wirkungen stelle keinen Vorteil dar.[659] Der Ansatz kann bei genauerer Prüfung nicht bestehen, da sich eine solche Vorgehensweise an der Regelungstechnik orientiert. Denn bei wirtschaftlicher Betrachtung kann auch eine Sonderlast für diejenigen Fälle vorliegen, in denen keine erhöhte Missbrauchsgefahr vorliegt und die nicht von der tatbestandlichen Rückausnahme erfasst sind. Das muss selbst dann gelten, wenn nur für ein einzelnes Unternehmen eine Ausnahme von der Sonderbelastung vorgesehen wird.[660] Andernfalls würde die Regelungstechnik durch die Hintertür entscheidend einwirken und zugleich zu einer beihilfenrechtlichen Pflicht zur kohärenten Missbrauchsabwehr führen. Wenn es aber schon im Ermessen des Mitgliedstaates steht, ob er Sonderbelastungen zur Missbrauchsabwehr einführt, dann muss dies auch für die Reichweite der Umsetzung gelten. Reichweite und Kohärenz der Rückausnahme bleiben aber insoweit

655 *Lang*, in: Lüdicke, Praxis und Zukunft des deutschen internationalen Steuerrechts, S. 85 (95), steht allerdings im Folgenden der Bestimmung der Normalbelastung generell ablehnend gegenüber; in diese Richtung auch *Diffring*, Umwandlung von Forderungen zur Sanierung von Kapitalgesellschaften, S. 172 f.

656 Siehe dazu EuG, Urt. v. 04.02.2016, Rs. T-287/11 (Heitkamp BauHolding), Rn. 108 danach seien nicht einmal verfassungsrechtliche Zweifel am Besteuerungsprinzip geeignet, dessen Heranziehung zur Bildung des Referenzsystems auszuschließen; Vorsicht ist daher bei Forderungen geboten, die eine Idealausprägung des Leistungsfähigkeitsprinzips zum Referenzmaßstab erheben, auch wenn die Verfolgung durch den Steuergesetzgeber gerade nicht hinreichend deutlich wird; so aber *Drüen*, DStR 2011, 289 (291-293) für die Beurteilung des § 8c Abs. 1a KStG; siehe auch *Hey*, StuW 2010, 301 (309), die das objektive Nettoprinzip bei der Beurteilung von § 8c Abs. 1a KStG heranzieht; siehe auch zum Sanierungserlass *Hageböke*, DK 2015, 310 (315), der zwar abstrakt das konkrete nationale Steuerrecht zum Referenzsystem erhebt, jedoch zu idealistisch das aus Art. 3 Abs. 1 GG abgeleitete Leistungsfähigkeitsprinzip als Referenzsystem ansieht.

657 *Englisch*, in: Schaumburg/Englisch, Europäisches Steuerrecht, Rn. 9.29.

658 Vgl. *Ellenrieder*, Die materielle Selektivität steuerlicher Beihilfen, S. 619 f.

659 *Ellenrieder*, Die materielle Selektivität steuerlicher Beihilfen, S. 619 f.

660 Wobei in solchen Fällen regelmäßig der Charakter als Sonderbelastung fraglich sein dürfte.

bedeutsam, als im konkreten Fall aus ihren Wirkungen Rückschlüsse auf das tatsächlich verfolgte Besteuerungsprinzip gezogen werden müssen.[661] Bei der Frage, ob überhaupt eine überschießende Anti-Missbrauchsklausel oder ein grundlegendes Belastungsprinzip vorliegt, wird die Kohärenz des Systems von Missbrauchsvermeidung und Rückausnahme entscheidungsrelevant.

Werden einander widersprechende Besteuerungsprinzipien miteinander kombiniert oder wird die Prinzipienlosigkeit zum Belastungsprinzip, ist die prinzipienorientierte Bestimmung der Normalbelastung zum Scheitern verurteilt. Ebenso kann es Fälle geben, in denen die erkennbar verfolgten Prinzipien zu keiner Lösung beitragen können. Steuersatzunterschiede sind ein eingängiges Beispiel. Einer quantitativen Analyse als letztes Mittel zur Bestimmung der Normalbelastung stehen in diesen Fällen erhebliche Gegenargumente entgegen.[662] Abgesehen von ganz klaren Fällen hängt es letztlich vom Zufall oder vom Zeitpunkt der Betrachtung ab. Die Verteilung der Anwendungsfälle dürfte im Regelfall nicht statisch, sondern dynamisch sein und von der wirtschaftlichen Entwicklung im Mitgliedstaat abhängen. Bei bestimmten Regelungen müssen Ausweich- und Anpassungseffekte der Steuerpflichtigen beachtet werden. Deshalb ist die quantitative Analyse nur in eindeutigen Fällen überhaupt in Betracht zu ziehen. Ansonsten ist die richtige Auslegung im Kompetenzkonflikt zwischen der mitgliedstaatlichen Fiskalhoheit und der Schutzkompetenz der EU für den Binnenmarkt zu suchen. Im Zweifel sollte kein Vorteil, sondern eine Sonderbelastung angenommen werden. Andernfalls müsste die Fiskalhoheit der Mitgliedstaaten (sofern die Voraussetzungen der Selektivität vorliegen) bereits in Zweifelsfällen zurücktreten. Die fehlende Erfassung der Sonderbelastungen im Beihilfentatbestand[663] sollte nicht zu Lasten der Mitgliedstaaten gehen. Eine sehr extensive Auslegung des Beihilfenverbots ist wegen der EU-Kompetenz

661 Vgl. dazu *Schön*, in: JbFSt 2011/2012, S. 119 (125 f.), der in der ursprünglichen Ausgestaltung des § 8c KStG eine Steilvorlage für die Annahme einer Beihilfe sieht und einen ausgewogeneren und am Missbrauchsziel orientierten Tatbestand als Lösung des Problems ansieht.

662 *Lang*, in: Lüdicke, Praxis und Zukunft des deutschen internationalen Steuerrechts, S. 85 (96); aA *Englisch*, in: Schaumburg/Englisch, Europäisches Steuerrecht, Rn. 9.29.

663 *GA Geelhoed*, Schlussanträge v. 18.09.2003, Rs. C-308/01 (GIL Insurance), Rn. 77; aA *Schön*, in: FS Mestmäcker, S. 437 (455 ff.).

aus Art. 116 AEUV nicht nötig.[664] In Zweifelsfällen muss somit darauf zurückgegriffen werden.

4. Eigenständiger Bedeutungsgehalt von „bestimmten Unternehmen"

Die weitergehende Frage nach der Begünstigung bestimmter Unternehmen oder Produktionszweige lässt sich nicht durch eine Vergleichbarkeitsprüfung beantworten. Schon der Wortlaut des Art. 107 Abs. 1 AEUV impliziert eine darüber hinausgehende Bedeutung des Selektivitätskriteriums. Dies ist vor dem Hintergrund der wettbewerbsrechtlichen Fundierung des Beihilfenrechts und der ökonomischen Logik der Besteuerung und ihrer Folgen überzeugend. Das Beihilfenrecht schützt die Wettbewerbsfähigkeit der Europäischen Union und bezweckt nicht den Schutz der Mitgliedstaaten vor Steuerwettbewerb untereinander. Eine restriktivere Handhabung des Selektivitätskriteriums verlangt auch die Kompetenzabgrenzung zwischen Union und Mitgliedstaaten und innerhalb der Union zwischen Kommission und Rat. Es zeigt sich dabei, dass je enger eine Steuerbegünstigung wirkt und je größer der Bezug zur unternehmerischen Tätigkeit ausfällt, desto stärker tragen die ökonomischen und kompetenziellen Gesichtspunkte die Annahme der Selektivität.[665] Je enger der Bezug zu einzelnen Unternehmen besteht, desto geringer ist der mit dem Beihilfenverdikt verbundene Eingriff in die Fiskalhoheit des Mitgliedstaats und desto stärker trägt die ökonomische Ratio die Parallele zwischen Steuerverschonung und subventionierender Fiskalbeihilfe.[666] Rechtlicher Anhaltspunkt für eine An-

664 Siehe dazu auch *Sutter*, Das EG-Beihilfenverbot und sein Durchführungsverbot in Steuersachen, S. 32 ff.

665 Für eine Abstufung der Kontrolldichte in Abhängigkeit vom Grad der Unternehmens- oder Branchenspezifität *Englisch*, in: Schaumburg/Englisch, Europäisches Steuerrecht, Rn. 9.30; in diese Richtung geht auch der "Faktor-Ansatz" von *Ellenrieder*, Die materielle Selektivität steuerlicher Beihilfen, S. 500 ff. wenn auch mit abweichender Ausgestaltung; vgl. allgemein zum Beihilfenrecht *Schwalbe*, in: MüKo Beihilfenrecht, Einleitung, Rn. 118, der den Grad der Selektivität auch im nichtsteuerrechtlichen Bereich als Gradmesser zur Beurteilung einer möglichen Wettbewerbsverfälschung ansieht.

666 Vgl. dazu auch *Englisch*, in: Schaumburg/Englisch, Europäisches Steuerrecht, Rn. 9.30, der in einer variablen Kontrolldichte die angemessene Balance zwischen der Souveränität der Mitgliedstaaten und dem Schutz des Binnenmarktes sieht; ebenfalls eine abgestufte Kontrolldichte fordernd *Kokott*, Das Steuerrecht der Europäischen Union, § 3 Rn. 181–196, allerdings bezogen auf die Anknüpfung an die Intensität des grenzüberschreitenden Bezugs der Regelung.

wendung des Selektivitätskriteriums kann dabei die Tatbestandsalternative „Produktionszweige" bieten. Die Reichweite dieses Begriffes ist zumindest semantisch nicht eindeutig: Sie kann sich irgendwo zwischen Produktionssektor und Einzelunternehmen bewegen, verlangt aber zumindest einen gewissen Branchenbezug.[667] Das muss äußere Grenze des Beihilfenbegriffs sein und bedeutet zugleich, dass nicht aus jedem Tätigkeitsbezug zwingend Selektivität folgen muss. Je enger die Begünstigung, desto geringer muss der Tätigkeitsbezug sein. Die Begünstigung kann auch so eng gefasst sein, dass ein Tätigkeitsbezug obsolet erscheint. Umgekehrt gilt dies jedoch nicht: Ein klarer Tätigkeitsbezug verringert nicht die Anforderung an die Zielgenauigkeit des Begünstigungszuschnitts. Die Begünstigung spezifischer Tätigkeiten kann ökonomisch gerechtfertigt sein.

a) Ökonomische Perspektive

Die ökonomische Logik der Einbeziehung von Steuerverschonungen in den Tatbestand der Beihilfe ist auf den ersten Blick einleuchtend. Verschont ein Mitgliedstaat einzelne Unternehmen von Abgaben, dann wirkt dies wie eine Subvention. Bei näherer Betrachtung schwindet der Zusammenhang zwischen Subvention und Steuervergünstigung mit zunehmender Breite des Anwendungsbereichs steuerlicher Normen. Aus subventionsähnlichen Steuervergünstigungen für einzelne Unternehmen wird Steuerwettbewerb. Dessen Verhinderung, zumindest soweit er „unfair" geführt wird, mag aus unterschiedlichsten Gründen Ziel von Kommission und Mitgliedstaaten sein. Die beihilfenrechtliche Ratio lässt sich jedoch nicht direkt gegen Steuerwettbewerb in Stellung bringen. Bei genauerer Betrachtung fördert Steuerwettbewerb und die damit verbundene Absenkung des Steuerniveaus die Gesamtwirtschaftsleistung der Europäischen Union. Selbst wenn die Outputmaximierung nur mittelbares Ziel des Beihilfenrechts ist und primär der Schutz vor staatlich bedingten Verzerrungen des unternehmerischen Wettbewerbs bezweckt wird[668], kann für das Steuerrecht nur gelten: Der

667 Ebenso einen Tätigkeitsbezug fordernd *Schön*, in: Hancher/Ottervanger/Slot, EU State Aids, Rn. 12–108; *Schön*, in: Koenig/Roth/Schön, Aktuelle Fragen des EG-Beihilfenrechts, S. 106 (127 f.).

668 Dazu näher *Ellenrieder*, Die materielle Selektivität steuerlicher Beihilfen, S. 22 f.; *Behrens*, in: B/B/H, Beihilfenrecht, Einleitung, Rn. 158; siehe *Schön*, in: DStJG 23 (2000), S. 191 (193 f.) zur effizienten Ressourcenallokation als wohlfahrtsökonomisches Ziel des Primärrechts, dem auch das Beihilfenrecht dient.

von der Fiskalhoheit in jedem Fall gedeckte Besteuerungszugriff ist bereits ein wettbewerbsverzerrender Eingriff der Mitgliedstaaten. Das Primärziel eines staatlich unbeeinflussten Unternehmenswettbewerbs ist im Steuerrecht daher unerreichbar.[669] Deshalb ist es überzeugend, im Abgabenrecht die Auslegung des Tatbestandes an der – sonst nur mittelbar verfolgten – ökonomischen Ratio auszurichten.

Steuerwettbewerb wird entweder wegen seiner effizienzsteigernden Wirkungen befürwortet oder aus Gerechtigkeitsgründen wegen seines negativen Einflusses auf staatliche Umverteilungsziele abgelehnt.[670] Die EU und ihre Mitgliedstaaten sind frei, sich in diesem Konflikt politisch zu positionieren. Das Beihilfenrecht hingegen ist mit seiner ökonomischen Ratio eher dem Ziel der Effizienzsteigerung zugeneigt. Entscheidend ist die steuersenkende Tendenz des Steuerwettbewerbs. Durch die geringere Steuerbelastung reduzieren sich die steuerbedingten Nettowohlfahrtsverluste (*deadweight loss*).[671] Der wirtschaftliche Gesamtoutput[672] dürfte daher durch Steuerwettbewerb steigen.[673] Gleichzeitig trägt der Steuerwettbewerb zu einer größeren regionalen Allokationseffizienz bei.[674] Das Beihilfenrecht bezweckt daher nicht die Verhinderung von Steuerwettbewerb, selbst wenn er „unfair" sein sollte.[675] Die Verhinderung des Steuerwettbewerbs ist den Mitgliedstaaten möglich, bleibt aber der weitergehenden Harmonisierung

---

669 Missverständlich daher *Schön*, in: Koenig/Roth/Schön, Aktuelle Fragen des EG-Beihilfenrechts, S. 111, der vom beihilfenrechtlichen Gebot der diskriminierungsfreien Besteuerung schreibt.

670 Guter Überblick dazu bei *Schön*, EC Tax Review 2000, 90 (92-95) mwN zu den jeweiligen Positionen; auf Deutsch *Schön*, in: DStJG 23 (2000), S. 191 (198 ff.).

671 Jede Form der Besteuerung verändert das Pareto-Optimum *Blankart*, Öffentliche Finanzen in der Demokratie, S. 149; generell zum Nettowohlfahrtsverlust *Vermeend/van der Ploeg/Timmer*, Taxes and the economy, S. 31.

672 Zum Gesamtwohlfahrtsstandard als Ziel des Beihilfenrechts siehe *Behrens*, in: B/B/H, Beihilfenrecht, Einleitung, Rn. 159.

673 Zur Wohlfahrtssteigerung durch Steuerwettbewerb siehe *Menck/Mutén*, Europäische Steuerpolitik für mehr Wachstumseffizienz, S. 36; *Steichen*, in: Schön, Tax Competition in Europe, S. 23 (78 f.).

674 Vgl. *Feld*, ORDO 2003, 289 (305).

675 Siehe auch *Vanistendael*, in: DStJG 23 (2000), S. 299 (308 ff.) das Beihilfenverbot beziehe sich gerade nicht auf den Wettbewerb zwischen Staaten, außerdem sei das Abgabensystem nur ein Faktor der Niederlassungsentscheidung von Unternehmen; aA *Mors*, in: Schön, Tax Competition in Europe, S. 133 (145) nur wegen der unterschiedlichen Tatbestandsmerkmale des Code of Conducts und des Beihilfenrechts sei trotz gleichem Ziel nicht jeder Fall von beiden Regelungen erfasst.

der Steuersysteme vorbehalten.[676] Dieser Befund steht im scharfen Kontrast zu den tatsächlichen Entwicklungen, die das steuerliche Beihilfenrecht in den vergangenen Jahren erfahren hat. Spätestens seit der Gibraltar-Entscheidung des Europäischen Gerichtshofes[677] hat das politische Ziel, schädlichen Steuerwettbewerb zu verhindern, nicht mehr nur das „Ob" des Tätigwerdens der Kommission beeinflusst. Vielmehr beeinflusst das politische Ziel auch das „Wie" der Auslegung des Beihilfenverbots in Steuersachen.[678] Der Generalanwalt hat sich in seinen Schlussanträgen zum gibraltarischen Steuersystem noch gegen eine solche Ausweitung des Beihilfenbegriffs ausgesprochen.[679] Auch das Gericht der Europäischen Union ist in der Folgezeit weiterhin kritisch mit dem neuen Beihilfenansatz der Kommission[680] umgegangen und hielt an einem strengeren Selektivitätsverständnis fest, die entsprechenden Urteile wurden jedoch durch den Europäischen Gerichtshof aufgehoben.[681] Neben dieser ersten Ausweitungsstufe der Auslegung des Beihilfenrechts ist mit den Kommissionsentscheidungen gegen Luxemburg[682], Niederlande[683] und Irland[684] wegen Verrechnungspreisvorabsprachen und der Anwendung von Doppelbesteuerungsabkommen eine weitere Entwicklungsstufe eingeläutet.[685] Flankierend zu den BEPS-Bemühungen der OECD[686] sieht die Kommission auch Abweichungen vom OECD-Fremdvergleichsgrundsatz – unabhängig von dessen innerstaatlicher Im-

676 *Quigley*, in: Biondi/Eeckhout/Flynn, Law of State Aid, S. 207 (217); kritisch *Steichen*, in: Schön, Tax Competition in Europe, S. 23 (79) Steuerharmonisierung sei nicht Pareto-Optimal.

677 EuGH, Urt. v. 15.11.2011, Rs. C-106/09 P u.a. (Gibraltar).

678 Ausführlich zu der Entwicklung *Traversa/Flamini*, EStAL 2015, 323.

679 *GA Jääskinen*, Schlussanträge v. 07.04.2011, Rs. C-106/09 P u. a. (Gibraltar), Rn. 134, 140; zustimmend *Luja*, Intertax 40 (2012), 120 (131).

680 Europäische Kommission, 2016/C 262/01, Bekanntmachung der Kommission zum Begriff der staatlichen Beihilfe im Sinne des Art. 107 Abs. 1 des Vertrags über die Arbeitsweise der Europäischen Union.

681 Exemplarisch EuG, Urt. v. 07.11.2014, Rs. T-219/10 (Autogrill España); EuG, Urt. v. 07.11.2014, Rs. T-399/11 (Santander); aufgehoben durch EuGH, Urt. v. 21.12.2016, Rs. C-20/15 P u.a. (World Duty Free); dazu *Panci*, EStAL 2018, 353 (360 f.).

682 Europäische Kommission, C(2015)7152.

683 Europäische Kommission, C(2015)7143.

684 Europäische Kommission, C(2016)5605.

685 *Traversa/Sabbadini*, in: Haslehner/Kofler/Rust, EU Tax Law and Policy in the 21st Century, S. 107 (108, 119 ff.).

686 OECD, Aktionsplan zur Bekämpfung der Gewinnverkürzung und Gewinnverlagerung.

plementierung[687] – als selektiven Vorteil an.[688] Sie geht sogar noch weiter, wenn sie anerkannte (aber unübliche) Fremdvergleichsmethoden, die zu geringen Gewinnen im betreffenden Mitgliedstaat führen, als beihilfenrechtlich relevanten Vorteil qualifiziert.[689] Wohl auch deshalb sah sich das Gericht der Europäischen Union in seinem Apple-Urteil zu dem Hinweis angehalten, dass aus Art. 107 Abs. 1 AEUV keine eigenständige Pflicht zur Einführung eines an die OECD-Methoden angelehnten Fremdvergleichs folgt.[690] Dies sah das Gericht der Europäischen Union in seinen Urteilen zu den Verrechnungspreisverständigungen von Fiat[691] und Starbucks[692] noch anders. Dort billigte es die Heranziehung des Fremdvergleichsgrundsatzes ohne Rücksicht auf dessen nationale Umsetzung, solange das Steuersystem des betreffenden Mitgliedstaats bei der Gewinnermittlung nicht zwischen integrierten und unabhängigen Unternehmen differenziere.[693] Für den Europäischen Gerichtshof ist eine solch abstrakte Heranziehung des mitgliedstaatlichen Steuersystems dagegen rechtsfehlerhaft.[694] Um einen beihilfenrechtlichen Vorteil festzustellen, müsse auf den im jeweiligen nationalen Recht verankerten Fremdvergleichsgrundsatz abgestellt werden.[695] Vor dem Hintergrund dieser Entscheidung dürfte das Rechtsmittel der Kommission gegen das Urteil des Gerichts der Europäischen Union über die Verrechnungspreisverständigungen zwischen Irland und Apple[696] kaum Aussicht auf Erfolg haben. Denn unerwünschte Formen des Steuerwettbewerbs zu verhindern, mag ein politisches Ziel sein[697], es ist aber nicht

---

687 Zur Frage, ob eine Implementierung allein im Abkommensrecht ausreicht, *Cachia*, EC Tax Review 2017, 23 (24).

688 Europäische Kommission, C(2015)7152, Rn. 225 ff.; Europäische Kommission, C(2016)5605, Rn. 249 ff.; Europäische Kommission, C(2015)7143, Rn. 261 ff.; zu Recht kritisch *Forrester*, EC Tax Review 2018, 19 (31 f.); *Traversa/Sabbadini*, in: Haslehner/Kofler/Rust, EU Tax Law and Policy in the 21st Century, S. 107 (129 f.).

689 So zum Beispiel in Europäische Kommission, C(2015)7143, Rn. 283 ff.; aA EuG, Urt. v. 24.09.2019, Rs. T-760/15 u.a. (Starbucks).

690 EuG, Urt. v. 15.07.2020, Rs. T-778/16 u.a. (Apple), Rn. 221 f.

691 EuG, Urt. v. 24.09.2019, Rs. T-755/15 u.a. (Fiat).

692 EuG, Urt. v. 24.09.2019, Rs. T-760/15 u.a. (Starbucks).

693 EuG, Urt. v. 24.09.2019, Rs. T-755/15 u.a. (Fiat), Rn. 141 ff.; EuG, Urt. v. 24.09.2019, Rs. T-760/15 u.a. (Starbucks), Rn. 149 ff.

694 EuGH, Urt. v. 08.11.2022, Rs. C-885/19 P u.a. (Fiat), Rn. 91 ff.

695 Vgl. EuGH, Urt. v. 08.11.2022, Rs. C-885/19 P u.a. (Fiat), Rn. 91.

696 EuG, Urt. v. 15.07.2020, Rs. T-778/16 u.a. (Apple).

697 Siehe dazu ECOFIN Rat, ABl. v. 06.01.1998, C 2/1, Anhang 1; kritisch zur Logik der Bekämpfung von "unfairem" Steuerwettbewerb *Steichen*, in: Schön, Tax Competition in Europe, S. 23 (62).

Zweck des Beihilfenrechts.[698] Daher kann das Beihilfenrecht nicht *per se* gegen jede Form des unerwünschten Steuerwettbewerbs instrumentalisiert werden.[699] Gleichwohl können einige Ausprägungen des Steuerwettbewerbs eine Beihilfe darstellen. Der Wunsch nach Verhinderung des „unfairen" Steuerwettbewerbs sollte jedoch keine Auswirkung auf die Auslegung des Beihilfenverbots haben.[700]

Weitergehend ist zu beachten, dass jegliche Form der Gewinnbesteuerung verzerrend und damit ungleich auf die betroffenen Steuerpflichtigen wirkt.[701] Das gilt insbesondere, wenn ein gleichbleibender Steuersatz auf alle Steuerpflichtigen angewandt wird. Grund dafür ist die fehlende Besteuerung der freiwilligen Nichtausübung von Gewinnmöglichkeiten, also die Entscheidung des Steuerpflichtigen für Freizeit statt Produktivität.[702] Eine wohlfahrtsökonomisch optimale Steuer, die das Gut Freizeit unbesteuert lässt, müsste die besteuerten Güter mit Steuersätzen umgekehrt proportional zu den Preiselastizitäten der Nachfrage besteuern.[703] Damit wären güterspezifische und somit uneinheitliche Steuersätze zur Förderung des wohlfahrtsökonomischen Ziels des Beihilfenrechts am besten geeignet. Ähnliches folgt aus Überlegungen zur Steuerinzidenz. Nur Individuen können wirtschaftlich eine Steuer tragen, nicht aber rechtliche Gebilde wie Unternehmen.[704] Unternehmenssteuern können daher nur die (mittelbar) dahinter stehenden natürlichen Personen tragen.[705] Zumindest ein Teil

698 Siehe dazu jüngst EuG, Urt. v. 15.07.2020, Rs. T-778/16 u.a. (Apple), das trotz evident schädlichem Steuerwettbewerb durch Irland eine Beihilfe abgelehnt hat; vgl. dazu auch *Schön*, in: 17. ÖJT IV/2, Die Auswirkungen des gemeinschaftsrechtlichen Beihilferechts auf das Steuerrecht, S. 21 (41), der bestimmte Formen des "unfairen" Steuerwettbewerbs eher als Fall des Verhaltenskodex zum schädlichen Steuerwettbewerb sieht denn als Beihilfe.

699 *GA Jääskinen*, Schlussanträge v. 07.04.2011, Rs. C-106/09 P u. a. (Gibraltar), Rn. 134.

700 Siehe *Quigley*, in: Biondi/Eeckhout/Flynn, The Law of State Aid in the European Union, S. 214-216; vgl. aber die Analyse bei *Schön*, in: Hancher/Ottervanger/Slot, EU State Aids, Rn. 12–119 ff., der herausarbeitet, dass die Kommission gerade die extensive Auslegung des Selektivitätskriteriums zur Verhinderung des "unfairen" Steuerwettbewerbs instrumentalisiert; vgl. dazu auch *Fantozzi*, in: Schön, Tax Competition in Europe, S. 121 (129 f.).

701 *Blankart*, Öffentliche Finanzen in der Demokratie, S. 158, siehe auch S. 230: Einkommensteuer ist Form der Konsumbesteuerung.

702 *Homburg*, Allgemeine Steuerlehre, S. 152 ff.

703 *Blankart*, Öffentliche Finanzen in der Demokratie, S. 160 f.; *Homburg*, Allgemeine Steuerlehre, S. 158.

704 *Blankart*, Öffentliche Finanzen in der Demokratie, S. 247; *Vermeend/van der Ploeg/Timmer*, Taxes and the economy, S. 156.

705 *Homburg*, Allgemeine Steuerlehre, S. 228.

der Steuern wird aber auf die diversen Vertragspartner umgewälzt, darunter die Kunden des Unternehmens. Bei einem einheitlichen Steuersatz für alle unternehmerischen Tätigkeiten wird denjenigen Unternehmen die Überwälzung in einem größeren Maße gelingen, deren Angebotselastizität größer ist als die Nachfrageelastizität ihrer Kunden.[706] Damit zeigt sich, einheitliche Steuersätze wirken auf bestimmte Unternehmen weniger stark als auf andere. Nach der Diskriminierungslogik des europäischen Gerichtshofs müsste dann eine Ungleichbehandlung hinsichtlich der Regelungsziele vergleichbarer Unternehmen und damit eine Beihilfe vorliegen. So weit kann die Fiskalhoheit der einzelnen Mitgliedstaaten nicht zurückgedrängt werden. Umgekehrt muss dann gelten, dass nicht jeglicher innerstaatliche Belastungsunterschied einen selektiven Vorteil darstellt. Es lässt sich nicht zweifelsfrei klären, ob die im Rahmen des Steuerwettbewerbs regelmäßig erfolgende Begünstigung von mobilem Kapital mit der Logik der elastizitätsinversen Besteuerung korreliert.[707] Hier muss aber der Bogen zur Kompetenzabgrenzung von Union und Mitgliedstaat gespannt werden. Nicht die Mitgliedstaaten müssen die Ausübung ihrer Fiskalhoheit rechtfertigen, sondern die EU-Organe ihren binnenmarktorientierten Eingriff in eben diese.

Das gilt, obwohl der Schutz unternehmerischen Wettbewerbs vor staatlichen Markteingriffen als primäres Schutzgut des Beihilfenverbots anzusehen ist. Die volkswirtschaftlich bestmögliche Ressourcenallokation ist nur ein mittelbares Ziel, welches Wettbewerbseingriffe des Staates nicht erlaubt, sondern über das Primärziel „Freiheit von staatlichen Markteingriffen" verfolgt. Tatbestandlich kann ein Eingriff auch dann nicht von Art. 107 Abs. 1 AEUV ausgenommen sein, wenn er zu einer verbesserten Ressourcenallokation führt.[708] Im nicht-steuerlichen Beihilfenrecht ist die Berücksichtigung erst bei der Genehmigungsentscheidung der Kommission durchaus nachvollziehbar.[709] Korrigierende staatliche Markteingriffe sind regelmäßig

---

706 *Blankart*, Öffentliche Finanzen in der Demokratie, S. 249 f.; *Steichen*, in: Schön, Tax Competition in Europe, S. 23 (55 ff.).

707 Siehe aber *Gordon*, in: Cnossen, Taxing Capital Income in the European Union, S. 15 (26), der Steuern auf Kapitaleinkommen einen hohen Effizienzverlust attestiert und daher eine Nichtbesteuerung für optimal hält; *Vermeend/van der Ploeg/Timmer*, Taxes and the economy, S. 168.

708 *Ellenrieder*, Die materielle Selektivität steuerlicher Beihilfen, S. 22 f.; *Behrens*, in: B/B/H, Beihilfenrecht, Einleitung, Rn. 181 ff.

709 Kritisch *Schwalbe*, in: MüKo Beihilfenrecht, Einleitung, Rn. 111 ff.

nur *second-best* Lösungsansätze[710] mit komplexen ökonomischen Wechselwirkungen und tragen eine erhebliche Missbrauchsgefahr in sich. Durch die Berücksichtigung erst auf Ermessensebene (Art. 107 Abs. 3 AEUV) ist die Kontrolle der ökonomischen Rationalität durch die Einbeziehung der Kommission sichergestellt.[711] Eine Übertragung dieser Logik auf das steuerliche Beihilfenrecht müsste schon das Besteuerungsrecht des Mitgliedstaates in Frage stellen. Denn jedes Steuersystem wirkt in der Praxis allokations- und damit wettbewerbsverzerrend. Mit jeder beihilfenrechtlich nicht zu beanstandenden Ausübung der Fiskalhoheit sind Wettbewerbsverzerrungen verbunden, weshalb der Eingriff in den Wettbewerb kein alleiniges Kriterium für das steuerliche Beihilfenrecht sein kann. Hier zeigt sich der klare Unterschied zwischen dem (korrigierenden) Eingriff des Staates in einen von freien Akteuren gebildeten Marktmaßstab und dem im Steuerrecht erst durch den Mitgliedstaat zu bildenden Belastungsmaßstab, der nie staats- und verzerrungsfrei sein kann. Daher ist es im steuerlichen Beihilfenrecht nötig, erst bei klaren marktverzerrenden Begünstigungen für bestimmte tätigkeitsbezogen abgrenzbare Unternehmen Selektivität anzunehmen.

Am Ende bleibt die Erkenntnis: Je genauer ein Steuervorteil auf einzelne Unternehmen zugeschnitten ist, desto stärker trägt der Vergleich zwischen Steuervergünstigung und Beihilfe. Je breiter Steuerregelungen wirken, desto weniger kann die Europäische Kommission die wohlfahrtsökonomische Zweckrichtung des Beihilfenrechts gegen Steuernormen in Stellung bringen.

b) Kompetenzperspektive

Die Auslegung des Beihilfenverbots muss sich in die Kompetenzverteilung zwischen Europäischer Union und Mitgliedstaaten ebenso einfügen wie in die innereuropäische Kompetenzverteilung zwischen Kommission und Rat.[712] Auf erster Stufe muss die im Primärrecht verankerte Zuständigkeit der Union für den Schutz des gemeinsamen europäischen Binnenmarkts ins Verhältnis zu den bei den Mitgliedstaaten verbliebenen Hoheitsrechten gesetzt werden. Wenn die Binnenmarktkompetenz ein Einschreiten

710 Dazu *Schwalbe*, in: MüKo Beihilfenrecht, Einleitung, Rn. 139 ff.
711 Siehe *Bartosch*, in: Bartosch, EU-Beihilfenrecht, Art. 107 Abs. 3 AEUV, Rn. 8.
712 Zu dieser institutionellen Balance siehe *Jaeger*, in: Richelle/Schön/Traversa, State Aid Law and Business Taxation, S. 39 (42).

der Unionsorgane rechtfertigt, muss im zweiten Schritt die Abgrenzung der Beihilfenkompetenz (Art. 107 ff. AEUV) der Europäischen Kommission von der Kompetenz des Rates (Art. 116 AEUV) abgegrenzt werden.

Steuergesetze und die damit verbundene Festlegung des Steuerniveaus sind Ausübung der bei den Mitgliedstaaten verbliebenen Fiskalhoheit. Steuern und ihre verhaltenslenkende Wirkung haben zugleich eine enorme wirtschaftspolitische Bedeutung und damit einen Bezug zum gemeinsamen europäischen Binnenmarkt. Der Schutz des Binnenmarktes ist originäre Aufgabe der Unionsorgane. Die Bemühung, die richtige Auslegung von Art. 107 und Art. 116 AEUV zu finden, kennzeichnet den Kompetenzkonflikt zwischen Europäischer Union und ihren Mitgliedstaaten. Sie ist damit eine Machtfrage: Ab wann muss der Mitgliedstaat mit seinen steuerpolitischen Interessen gegenüber den Interessen der Union zurückstecken und umgekehrt? Diese Machtfrage schwingt bei der Auslegung der Tatbestandsmerkmale des Beihilfenverbots (und Art. 116 AEUV) mit. Statt über die Auslegung des Beihilfenbegriffs die Kompetenz- und Machtfrage zu entscheiden, bietet es sich an, eine ausgewogene Machtverteilung in die Auslegung einfließen zu lassen. Dogmatischer Ansatzpunkt kann das bisher in der Rechtsprechung und Literatur unterentwickelte kompetenzielle Verhältnismäßigkeitsprinzip aus Art. 5 Abs. 4 EUV sein.[713] Dessen Anwendung auf nicht legislative Maßnahmen von Unionsorganen ist zwar streitig[714], aber überzeugend. Maßnahmen der Union dürfen danach nicht über das zur Erreichung der Ziele erforderliche Maß hinausgehen. Verhältnismäßigkeit setzt bereits begriffslogisch eine Gegenüberstellung des mit einer Maßnahme erreichten Ziels zu den damit verbundenen negativen Folgen voraus.[715] Bei richtigem Verständnis regelt Art. 5 Abs. 4 AEUV das Verhältnis zwischen Union und Mitgliedstaat.[716] Im Rahmen der Verhältnismäßigkeitsprüfung ist dem Grad der Zielerreichung auf europäischer Ebene die

713 Siehe dazu *Trstenjak/Beysen*, EuR 2012, 265 (266-269); *Saurer*, JZ 2014, 281.

714 Dafür *GA Trstenjak*, Schlussanträge v. 25.05.2011, Rs. C-539/09 (Kommission/Deutschland), Rn. 89 f.; *Bast*, in: Grabitz/Hilf/Nettesheim, Art. 5 AEUV [Stand August 2018], Rn. 69; *Saurer*, JZ 2014, 281 (285); dagegen wohl *Craig*, The Lisbon Treaty, S. 185.

715 Zur Verhältnismäßigkeitsprüfung des EuGH mit verdeckten Angemessenheitserwägungen siehe nur *Trstenjak/Beysen*, EuR 2012, 265 (269-271).

716 *GA Maduro*, Schlussanträge v. 01.10.2009, Rs. C-58/08 (Vodafone), Rn. 44; *Bast*, in: Grabitz/Hilf/Nettesheim, Art. 5 AEUV [Stand August 2018], Rn. 66 f. mitgliedstaatliche Autonomie als Schutzgut; in diese Richtung auch *Szudoczky*, The sources of EU law and their relationships, S. 119 f.

Schwere des Eingriffs in mitgliedstaatliche Rechtspositionen gegenüber zu stellen.[717] Für die Abwägung zwischen Binnenmarkt und Fiskalhoheit bedeutet dies, der Gewinn für den Binnenmarkt muss den mit dem Eingriff verbundenen Verlust der Fiskalhoheit übersteigen. Nur dann ist ein Tätigwerden der Europäischen Union überhaupt gerechtfertigt.

Bei der Abgrenzung zwischen Beihilfenkompetenz der Kommission und der Kompetenz des Rats, gegen allgemeine Wettbewerbsverzerrungen vorzugehen, kann dieser Abwägungsgedanke weiterentwickelt und mit den ökonomischen Erwägungen zusammengeführt werden. Je spezifischer eine Steuervergünstigung, desto geringer ist der mit dem Beihilfenverdikt verbundene Eingriff in die Fiskalhoheit der Mitgliedstaaten. Gleichzeitig ist bei spezifischeren Vergünstigungen die ökonomische Rationalität des Beihilfenverbotes stärker. Dies rechtfertigt es, der Kommission die Beihilfenkompetenz zuzusprechen. Auch allgemeinere Steuervergünstigungen können den Binnenmarkt stark beeinträchtigen, ihr Verbot greift aber zugleich stärker in die Fiskalhoheit des betroffenen Mitgliedstaates ein. Der steuerpolitische Handlungsspielraum des Mitgliedstaats wird so viel stärker beschnitten als bei einem Verbot eng umgrenzter Steuervergünstigungen.[718] Diese kompliziertere Abwägung muss daher durch den demokratisch stärker legitimierten Rat mit qualifizierter Mehrheit erfolgen. Damit trägt die Rechtslage auch formal dem Verhältnismäßigkeitsgrundsatz Rechnung. Es zeigt sich also bei der Betrachtung aus kompetenzrechtlicher Perspektive: Die Beihilfenkompetenz der Kommission sollte nur bei spezifischen Steuervergünstigungen Anwendung finden. Zugleich muss die Auslegung des Merkmals „bestimmte Unternehmen“ einen eigenständigen Bedeutungsgehalt haben, um der Kompetenzverteilung zwischen Mitgliedstaat und Union sowie zwischen Kommission und Rat gerecht zu werden.[719]

---

717 Allerdings sei ein weiter Ermessensspielraum der Unionsorgane in der Rechtsprechung anerkannt*Bast*, in: Grabitz/Hilf/Nettesheim, Art. 5 AEUV [Stand August 2018], Rn. 73.

718 Vgl. dazu auch *Graetz/Warren*, Yale Law Journal 115 (2006), 1186 (1225 f.) bei den Mitgliedstaaten, die den Euro eingeführt haben, sei der Verlust der Hoheitsgewalt aufgrund der fehlenden Kontrolle über die Geldpolitik und den Defizitkriterien besonders stark.

719 Dazu auch *Schön*, in: 17. ÖJT IV/2, Die Auswirkungen des gemeinschaftsrechtlichen Beihilferechts auf das Steuerrecht, S. 21 (41), der zum Schutz der Steuersouveränität eine einschränkende Auslegung des Selektivitätskriteriums fordert.

5. Anknüpfung an die Sanierungsbedürftigkeit *per se* nicht selektivitätsbegründend

Gesetzliche Steuervorteile, die nur Unternehmen in finanziellen Schwierigkeiten offenstehen, sind nicht selektiv im Sinne des eben ausgeführten Beihilfenverständnisses. Durch die zumindest mittelbare tatbestandliche Anknüpfung an eine Form der Sanierungsbedürftigkeit und die Sanierungsoperationen führen die Sanierungsprivilegien rechtlich eine Unterscheidung zwischen Unternehmen ein. Diese Unterscheidung ist aber logische Folge der Verknüpfung von Tatbestand und Rechtsfolge. Nur wer den Tatbestand erfüllt, kommt in den Genuss der Rechtsfolge. Das Merkmal der Sanierungsbedürftigkeit knüpft aber weder an die spezifische Tätigkeit des Unternehmens an, noch kann eine kleine besonders abgrenzbare Gruppe von Begünstigten ausgemacht werden. Die Begünstigung von Schuldenrestrukturierungen bei Krisenunternehmen steht allen Steuerpflichtigen offen, die in eine prekäre finanzielle Situation geraten. Deshalb werden die erhöhten Anforderungen nicht erfüllt, die für die Annahme der Selektivität und damit eine Zuständigkeit der Kommission nötig sind. Es ist ein Unterschied, ob Krisenunternehmen auf individueller Basis begünstigt werden oder im Rahmen eines weiten gesetzlichen Regelwerks. Folglich schlägt auch das Argument nicht durch, die Existenz der Rettungs- und Umstrukturierungsleitlinien[720] spreche bereits gegen die pauschale Annahme einer nicht selektiven allgemeinen Maßnahme.[721] Die Leitlinien regeln die ausnahmsweise Zulässigkeit von im Einzelfall und damit definitionsgemäß selektiv gewährten Hilfen. Steuerliche Sanierungsprivilegien finden hingegen auf jeden Anwendung, der die Voraussetzungen erfüllt.

Trotzdem können auch breit zugängliche Sanierungsprivilegien nachteilige Auswirkungen auf den gemeinsamen Binnenmarkt haben. Solche Regelungswerke können einer europaweit effizienten Ressourcenallokation entgegenstehen, weil sie die marktwirtschaftliche Verteilung von Produktionsfaktoren von ineffizienten zu effizienten Unternehmen verlangsamen.[722] Gleichzeitig können abstrakt-generelle Sanierungshilfen negative Verhal-

---

720 Europäische Kommission, ABl. 2014/C 249/01 Leitlinien für staatliche Beihilfen zur Rettung und Umstrukturierung nichtfinanzieller Unternehmen in Schwierigkeiten.

721 So aber *Glatz*, IStR 2016, 447 (449 f.); *Herrmann*, ZInsO 2003, 1069 (1076).

722 *Möhlenkamp*, ZIP 2018, 1907 (1909); *Glatz*, IStR 2016, 447 (448); vgl. *Schwalbe*, in: MüKo Beihilfenrecht, Einleitung, Rn. 121; vgl. auch Europäische Kommission, ABl. 2014/C 249/01 Leitlinien für staatliche Beihilfen zur Rettung und Umstrukturierung nichtfinanzieller Unternehmen in Schwierigkeiten, Rn. 6.

tensanreize schaffen, weil bei der Beurteilung riskanter Geschäftsentscheidungen etwaige Privilegien mitberücksichtigt werden.[723] Wettbewerbern mit umsichtiger Risikopolitik kann so langfristig ein Schaden entstehen.[724] Über die Feststellung, ob ein Begünstigungsregime für Schuldenrestrukturierungen so sehr in den Binnenmarkt eingreift, dass ein Eingriff in die Fiskalhoheit gerechtfertigt wäre, hat aber der Rat im Rahmen seiner Zuständigkeit nach Art. 116 AEUV zu entscheiden.[725]

6. Sanierungsbedürftigkeit als *de facto* Selektivität

Die Anknüpfung an die Sanierungsvoraussetzungen allein kann keine *de jure* Selektivität begründen, da der Anwendungsbereich nicht hinreichend konkret auf eine Gruppe homogener Unternehmen zugeschnitten ist. Die Selektivitätsprüfung kann aber nicht nur die im Tatbestand ausdrücklich angesprochenen Kriterien auf ihre Selektivität hin untersuchen. Der wirkungsorientierte Ansatz des Beihilfenrechts darf nicht bei einer *de jure* Prüfung verharren, sondern muss auch die hinter den Tatbestandsmerkmalen stehenden wirtschaftlichen Begünstigungen hinreichend berücksichtigen. So kann sich aus einer scheinbar auf alle Steuerpflichtigen anwendbaren Regelung etwa durch die Kombination verschiedener – für sich allein unverdächtiger – Tatbestandsvoraussetzungen eine faktische Begünstigung bestimmter Unternehmen ergeben. Allein die ungleiche Wirkung von Tatbestandsvoraussetzungen für unterschiedliche Branchen darf keine *de facto* Selektivität begründen.[726] Für Sanierungsvoraussetzungen liegt es auf der Hand, dass in bestimmten wirtschaftlichen Zyklen und Situationen unterschiedliche Branchen stärker krisenanfällig sind. Dadurch profitieren diese Branchen stärker von steuerlichen Sanierungsbegünstigungen als andere, in denen Hochkonjunktur herrscht. Sähe man darin einen hinreichenden Tätigkeitsbezug der Sanierungsprivilegierung und nähme daraufhin *de fac-*

723 *Möhlenkamp*, ZIP 2018, 1907 (1909).

724 *Möhlenkamp*, ZIP 2018, 1907 (1909).

725 Allgemein zur Auffangfunktion des Art. 116 AEUV für Binnenmarktverzerrungen, die eine allgemeine Maßnahme darstellen *Schön*, in: Hancher/Ottervanger/Slot, EU State Aids, Rn. 12.

726 Vgl. auch die Argumentation der Europäischen Kommission zur Vereinbarkeit von FuE mit dem Beihilfenrecht Europäische Kommission, Wege zu einer wirksameren steuerlichen Förderung von FuE, S. 8; siehe auch *Temple Lang*, EStAL 2014, 440 (447).

to Selektivität an, hebelte man die sorgsam austarierte Auslegung der *de jure* Selektivität aus den Angeln. Aus dem abgewogenen Verhältnis von Fiskalhoheit und Binnenmarktkompetenz der Union würde wieder eine Schlagseite zugunsten der Kommission entstehen. Die *de facto* Selektivität braucht daher ein Mehr an Bestimmtheit der Begünstigung.[727] Es muss sich aus der (möglicherweise sogar sachfremden) Kombination von Kriterien eine eng umgrenzte Kerngruppe von begünstigten Unternehmen ergeben. Darunter können auch auf den ersten Blick unverdächtige Kriterien fallen, die von allen Steuerpflichtigen erfüllbar sind, aber wirtschaftlich nur für ganz bestimmte Tätigkeiten Sinn ergeben.[728] Die ausnahmsweise vorliegende Mitbegünstigung nicht gruppenzugehöriger Unternehmen sollte die *de facto* Selektivität nicht ausschließen. Andernfalls würden die Anforderungen an die faktische Begünstigung bestimmter Unternehmen überhöht.

III. Deutsche und französische Sanierungsprivilegierung als selektiver Vorteil

1. Art. 39-1, 8° CGI

Wie oben[729] bereits gezeigt knüpft Art. 39-1, 8° CGI durch die Abzugsfähigkeit der Verzichtsverluste von kommerziell veranlassten Forderungsverzichten beim Gläubiger zwar tatbestandlich an sanierungsbedürftige Unternehmen an, die Rechtsfolge ist allerdings seit einer Rechtsprechungsänderung mit der allgemeinen Rechtsfolge deckungsgleich. Es kann daher schon keine begünstigende Abweichung vom Referenzsystem festgestellt werden. Ein selektiver Vorteil muss daher ausscheiden. Eine verbotene Beihilfe kann die Norm somit nicht darstellen.

2. Art. 39-13 alinéa 2 CGI

Keine Beihilfe ergibt sich aus der Privilegierung für finanzierende Sanierungsbeiträge durch Gesellschafter. Die Abzugsfähigkeit von Verlusten aus

727 Siehe auch *Englisch*, in: Schaumburg/Englisch, Europäisches Steuerrecht, Rn. 9.31, der zumindest fordert, dass bestimmte Branchen signifikant stärker profitieren als andere und darüber hinaus für die de facto Selektivität eine Ausweitung der Rechtfertigungsmöglichkeiten jenseits der Geschriebenen fordert.

728 *Hey*, StuW 2015, 331 (340 f.).

729 Kapitel 3:E.I.2.c) ab S. 88.

Hilfeleistungen an Tochtergesellschaften ist bei souveränitätsschonender Auslegung des Beihilfenbegriffs jedenfalls nicht selektiv. Die Privilegierung von Unternehmen, die an Restrukturierungsmaßnahmen zugunsten von Beteiligungsunternehmen teilnehmen, erfüllt nicht die Anforderungen an die Bestimmtheit im Sinne von Art. 107 Abs. 1 AEUV. Folgt man dem auf eine Diskriminierungsprüfung hinauslaufenden Ansatz des Europäischen Gerichtshofs, ist entscheidend, ob die Nichtabzugsfähigkeit von finanzierenden Finanzhilfen selbst das Belastungsprinzip ausdrückt oder eine Ausnahme zur Missbrauchsverhinderung bildet. Bei umfassender Würdigung stellt Art. 39-13 alinéa 2 CGI keine Ausnahme, sondern eine Rückkehr zur Normalbelastung dar. Ein selektiver Vorteil muss daher auch nach der weitgreifenden Ansicht des Europäischen Gerichtshofs ausgeschlossen sein.

Für beide Prüfungsansätze ist die rechtliche und tatsächliche Vergleichbarkeit hinsichtlich der Systemziele entscheidend. Für den Europäischen Gerichtshof sind dies Selektivitätserwägungen, nach der hier vertretenen Ansicht ist die Vergleichbarkeit im Rahmen der Vorteilsanalyse von Bedeutung. Der Europäische Gerichtshof dürfte wegen der begünstigend ausgestalteten Regelungstechnik *prima facie* Selektivität annehmen, wegen des wirkungsorientierten Prüfungsansatzes aber dem Mitgliedstaat die Möglichkeit belassen, nachzuweisen, dass die Abzugsfähigkeit das Besteuerungsprinzip darstellt. Richtigerweise ist die Normalbelastung bereits vollumfänglich bei der Vorteilsprüfung zu klären.

Letztlich läuft beides auf dieselbe Frage hinaus: Ist die Nichtabzugsfähigkeit das grundlegende Besteuerungsprinzip mit einer Ausnahme für Sanierungssituationen? Oder liegt in der Nichtabzugsfähigkeit eine Sonderbelastung, die durch die Sanierungsprivilegierung rückgängig gemacht wird? Die Normgenese ist dafür nicht ausschlaggebend. Die Absicht des französischen Steuergesetzgebers, den Import von ausländischen Verlusten über Forderungsverzichte einzuschränken[730], kann wegen des objektiven Prüfungsansatzes keine Auswirkung auf die Bestimmung der Normalbelastung haben. Maßgeblich ist allein, ob bei objektiver Betrachtung des Steuersystems die Nichtabzugsfähigkeit oder die Abzugsfähigkeit das Besteuerungsprinzip verwirklicht. Hier wird die europarechtliche Zwickmühle des französischen Gesetzgebers deutlich. Eine Beschränkung des Abzugsverbots nur auf ausländische Tochterunternehmen hätte den Missbrauchscharakter objektiv verdeutlicht, gleichzeitig aber wohl zu einem Verstoß gegen die Grundfreiheiten geführt. Deshalb fiel die Entscheidung für eine umfassen-

730 Siehe dazu Kapitel 3:E.II.2.a)bb) ab S. 93.

de Anwendung des Nichtabzugsverbots, die zugleich die Gefahr schuf, jede Ausnahme davon als Beihilfe zu qualifizieren.

Art. 39-13 alinéa 1 CGI unterscheidet nach der Veranlassung der Hilfeleistung. Kommerziell veranlasste Forderungsverzichte und Ertragszuschüsse sind unbeschränkt abzugsfähig, im Gesellschafterverhältnis begründete aber nicht. Der Tatbestand der dazu bestehenden Ausnahme (Art. 39-13 alinéa 2 CGI) ist vergleichsweise eng und alleine nicht geeignet, den Ausnahmecharakter des Abzugsverbotes objektiv zu begründen. Deutlicher wird die Lage bei Einbeziehung der Rechtsfolge von Art. 39-13 alinéa 2 CGI. Gemäß Art. 39-13 alinéa 3 CGI ist der Sanierungsbetrag nicht vollumfänglich, sondern nur in Höhe der Überschuldung des zu sanierenden Unternehmens abziehbar. Darüber hinaus ist der Sanierungsbeitrag nur in Höhe des Anteils der nicht an der Gesellschaft teilnehmenden Gläubiger abzugsfähig. Es zeigt sich ein klar durchdachtes System, das gegen den subventionierenden Charakter des Art. 39-13 alinéa 2 CGI spricht. Fälle, in denen Sanierungssituationen nur zur Nutzung der Ausnahmevorschrift bewusst (wiederholt) herbeibeigeführt werden, dürften bereits als *acte anormal de gestion* eingestuft werden. Dann ist die steuerliche Berücksichtigung der Verluste ebenfalls ausgeschlossen.[731]

Für den Charakter als Sonderbelastung kann auch die Vorschrift des Art. 216 A CGI angeführt werden. Soweit das Abzugsverbot des Art. 39-13 alinéa 1 CGI greift, wird bei den von einem Forderungsverzicht begünstigten qualifizierten Beteiligungsunternehmen der sonst steuerpflichtige Ertrag steuerfrei gestellt. Das lässt sich bei objektiver Betrachtung als Kompensationsmöglichkeit für die Sonderbelastung durch Nichtabzugsfähigkeit deuten. Abgeschwächt wird dieser Eindruck durch die Kapitalerhöhungsanforderungen in Art. 216 A CGI. In Höhe des Betrags des Forderungsverzichts muss zeitnah eine Kapitalerhöhung gleicher Höhe vorgenommen werden, um von der Steuerbefreiung zu profitieren. Hier ließe sich ein Argument für eine wirtschaftspolitisch motivierte Begünstigung finden. Der französische Steuergesetzgeber hat die Regelung nicht für alle Gewinne aus Forderungsverzichten eingeführt. Sie gilt nur für Situationen, in denen auf Ebene der Muttergesellschaft eine steuerliche Berücksichtigung des bilanziellen Verlustes durch den Forderungsverzicht unterbleibt. Dadurch überwiegt der Charakter einer kompensierenden Begünstigung. Ihre Existenz wirkt zugleich auf die beihilfenrechtliche Bewertung des Art. 39-13 CGI ein und verstärkt den Eindruck, die Nichtabzugsfähigkeit finanzieren-

731 Siehe dazu allgemein Kapitel 3:E.I.2.a) ab S. 86.

der Forderungsverzichte habe Missbrauchsabwehrcharakter. Im Ergebnis ist daher die Nichtabzugsfähigkeit als Sonderbelastung anzusehen und die Abzugsfähigkeit stellt den prinzipienorientierten Normalfall dar. Art. 39-13 alinéa 2 CGI vermittelt somit keinen Vorteil und kann keine Beihilfe sein.

3. Art. 209-1 alinéa 4 CGI

Die Aufhebung der Mindestbesteuerung für Forderungsverzichte zugunsten von Steuerpflichtigen in bestimmten Sanierungsverfahren stellt keinen selektiven Vorteil dar.[732] Der Europäische Gerichtshof dürfte mangels Vergleichbarkeit im Regelfall keine Selektivität annehmen. Nach der hier vertretenen Ansicht begründet die mangelnde Vergleichbarkeit die Vorteilslosigkeit der Regelung. Daneben würde auch bei Vergleichbarkeit keine Selektivität vorliegen, da keine bestimmten Unternehmen begünstigt werden.

Unstreitig ist die Mindestbesteuerung Teil der grundlegenden steuerlichen Belastungsentscheidung in Frankreich. Die Nichtabzugsfähigkeit von Verlustvorträgen, die unter das Mindestbesteuerungsregime fallen, ist Teil der normalen Besteuerung. Die partielle Aufhebung der Mindestbesteuerung für Gewinne durch Forderungsverzichte von Gläubigern in Art. 209-1 alinéa 4 CGI kann daher keine Rückkehr zur steuerlichen Normalbelastung sein. Ein Vorteil - oder nach dem Ansatz des Europäischen Gerichtshofs ein selektiver Vorteil - kann allenfalls dann ausgeschlossen werden, wenn die von Art. 209-1 alinéa 4 CGI begünstigten Steuerpflichtigen nicht mit anderen Steuerpflichtigen vergleichbar sind.[733] Konkret ist zu untersuchen, ob sich die Steuerpflichtigen in einer rechtlich und tatsächlich vergleichbaren Situation befinden hinsichtlich der bereichsspezifischen Systementscheidung „Mindestbesteuerung mit unbegrenzter Verlustvortragsnutzung“. Die mangelnde Vergleichbarkeit von erlassbegünstigten Unternehmen in Sanierungssituationen kann nicht aus dem fehlenden Zufluss von Liquidität bei Forderungsverzichtsgewinnen gefolgert werden. Fälle von Gewinnrealisierungen ohne Liquiditätszuwachs sind Steuersystemen mit bilanzieller Gewinnermittlung inhärent und ein allgemeines Problem. Wenn durch die Anwendung der Mindestbesteuerung eine Existenzgefährdung eintritt, ist die unbegrenzte Nutzungsmöglichkeit der Verlustvorträge gefährdet. Hinsichtlich der Systementscheidung „Mindestbesteuerung mit unbegrenzter

---

732 Näher zu den Sanierungsverfahren Kapitel 3:A ab S. 71.

733 Siehe dazu Kapitel 4:C.II.3 ab S. 132.

Verlustnutzung" läge dann keine Vergleichbarkeit mehr vor. Entscheidend ist aber, ob die Tatbestandsvoraussetzungen des Art. 209-1 alinéa 4 CGI eine solche Konstellation konkretisieren. Zunächst ist hervorzuheben, dass der Art. 209-1 alinéa 4 CGI nur bei Forderungsverzichten gilt. Die nach französischem Steuerrecht ebenfalls ertragswirksamen Zuschusszahlungen werden nicht privilegiert. Hier träte durch die Besteuerung auch keine Existenzgefährdung ein, da die Liquidität durch den Zuschuss gesichert wäre. Die Tatbestandsmäßigkeit nur des Forderungsverzichts ist daher aus beihilfenrechtlicher Sicht richtig. Grundsätzlich ist die Beschränkung des Art. 209-1 alinéa 4 CGI auf Sanierungssituationen zur Begrenzung der Begünstigung auf existenzgefährdete Unternehmen geeignet. Als problematisch erweist sich die sehr frühe Anwendbarkeit des französischen Sanierungsrechts. Bei Forderungsverzichten im *redressement-* oder Liquidationsverfahren ist die Existenzgefährdung noch sicher – Eröffnungsvoraussetzung ist die Zahlungsunfähigkeit.[734] Anders ist dies bei der *conciliation* und dem *sauvegarde*-Verfahren. Dort reichen bereits deutlich vorgelagerte Krisenmerkmale für die Eröffnung aus.[735] Die unüberwindbaren Schwierigkeiten, die zur Eröffnung des *sauvegarde*-Verfahren erforderlich sind, werden regelmäßig großzügig angenommen.[736] Auf Ebene des erlassbegünstigten Schuldners und damit im Rahmen des Art. 209-1 alinéa 4 CGI gilt die Rechtsfigur des *acte anormal de gestion* nicht. [737] Hierüber wären Fallgestaltungen erfassbar, bei denen zwar ein Sanierungsverfahren eröffnet ist, aber ein vernünftiger Gläubiger keine Schulden erlassen würde. Dann wäre in frühen Krisenstadien der Art. 209-1 alinéa 4 CGI nicht einschlägig und die Anwendung nur bei Existenzgefährdung gesichert. So sind bei abstrakter Betrachtung Situationen denkbar, in denen die Voraussetzungen des Art. 209-1 alinéa 4 CGI zwar vorliegen, aber keine Existenzgefährdung. Gleichzeitig dürfte der praktische Regelfall nur Fälle tatsächlicher Existenzgefährdung betreffen. Bei abstrakter Bewertung ist daher die Annahme eines Vorteils möglich, im Großteil der Anwendungsfälle wird er dagegen nicht vorliegen.

---

734 Siehe Kapitel 3:B.II.3 ab S. 80 und Kapitel 3:B.III ab S. 80.

735 Zur *conciliation* siehe Kapitel 3:B.II ab S. 78; zum *sauvegarde*-Verfahren siehe Kapitel 3:B.II.2 ab S. 79.

736 Kapitel 3:B.II.2 ab S. 79

737 Was hinsichtlich der Funktion der Figur richtig ist. Der *acte anormal de gestion* greift bei der Abzugsfähigkeit von Verlusten und Kosten, nicht bei der Besteuerung von Gewinnen.

Nach der hier vertretenen Ansicht wird es ganz unabhängig von der Frage eines Vorteils im Einzelfall an der Selektivität fehlen. Die Begünstigung sanierungsbedürftiger Unternehmen erfüllt die Anforderungen zur Annahme von bestimmten Unternehmen im Sinne des Art. 107 Abs. 1 AEUV nicht.[738] Folgt man dem weiten Selektivitätsverständnis des Europäischen Gerichtshofs, kann zwar eine Beihilfe angenommen werden, in den Fällen einer Existenzgefährdung des erlassbegünstigten Unternehmens, bleibt die Regelung trotzdem weiter anwendbar.[739] In einer etwaigen Beihilfenentscheidung wäre dies zu verdeutlichen.

4. § 3a EStG

Die Sanierungsprivilegierung des § 3a EStG ist nach der hier vertretenen Ansicht kein selektiver Vorteil. Es fehlt jedenfalls an der Selektivität. Legt man den weitgreifenden Ansatz des Europäischen Gerichtshofs zugrunde, ist das Ergebnis weniger eindeutig. Die Bestimmung des selektiven Vorteils durch den Europäischen Gerichtshof verläuft weitestgehend parallel zu der Bestimmung des Vorteils nach dem hier vertretenen Ansatz. Dazu wäre eine Betrachtung allein der Rechtsfolge des § 3a Abs. 1 S. 1 EStG unzureichend. Nur eine Gesamtbetrachtung aller eintretenden Rechtsfolgen zeigt, dass die umfassende Steuerfreiheit durch andere nachteilige Rechtsfolgen mindestens teilweise kompensiert wird. Soweit ein solcher Ausgleich nicht stattfindet, gewährt die Regelung einen Vorteil. Für den Europäischen Gerichtshof ist damit auch bereits die Selektivität festgestellt. Nach dem in dieser Arbeit vertretenen Selektivitätsverständnis wäre dazu eine zumindest faktische Abgrenzung der begünstigten Unternehmen nach Tätigkeitsmerkmalen notwendig.

a) Steuerbefreiung als Vorteil

Die Steuerfreiheit des Sanierungsertrags gemäß § 3a Abs. 1 S. 1 EStG gewährt den begünstigten Unternehmen einen Vorteil. Hinsichtlich des Systemziels „Besteuerung von Gewinnen" sind sanierungsbedürftige Unternehmen in gleicher rechtlicher und tatsächlicher Situation wie gesunde/nor-

738 Näher dazu Kapitel 4:C.II.5 ab S. 148.
739 Siehe dazu ausführlich Kapitel 4:B ab S. 120.

male Unternehmen. Auch steuerverfassungsrechtliche Argumente, wie sie gelegentlich vorgebracht werden[740], können eine Steuerfreiheit nicht rechtfertigen.[741]

Anders als es der Bundesfinanzhof in seinem Vorlagebeschluss[742] zum Sanierungserlass ausgedrückt hat, kommt es nicht auf die Vergleichbarkeit hinsichtlich des Ziels der Sanierungsprivilegierung an.[743] Wird das Maßnahmenziel als Referenzpunkt für die Bestimmung der Vergleichbarkeit genommen, kommt es allein zu einer Prüfung der kohärenten Umsetzung der Begünstigungsnorm.[744] Für die korrekte Beurteilung sind daher die von § 3a Abs. 1 S. 1 EStG begünstigten mit den nicht begünstigten Steuerpflichtigen im Hinblick auf das Systemziel Besteuerung nach Gewinnen zu vergleichen. Eine Spaltung dieses Systemziels vor dem Hintergrund des Leistungsfähigkeitsprinzips in ein „intertemporär-bilanzielles" und ein „punktuell liquiditätsorientiertes" Verständnis in Sanierungssituationen überzeugt nicht.[745] Eine solche Herangehensweise wäre nur eine elaboriertere Version des Vergleichs anhand des Maßnahmenziels. Wer den punktuellen Systembruch zum System stilisiert, prüft beihilfenrechtlich ebenfalls nur die korrekte Umsetzung der Begünstigung.

Die Vergleichbarkeit von sanierungsbedürftigen mit allen anderen Unternehmen ist hinsichtlich der Besteuerung von Gewinnen zu beurteilen. Vielfach wird gegen die Annahme einer rechtlich und tatsächlich gleichen Situation argumentiert. Die sanierungsbedürftigen Unternehmen erzielten durch den Schuldenerlass nur einen bilanziellen Scheingewinn.[746] Mangels Liquiditätszuflusses entstehe kein echter Gewinn.[747] Zudem sei durch eine Schuldenrestrukturierung keine Leistungsfähigkeit bei den erlassbegünstig-

740 *Desens*, FR 2017, 981 (982).

741 Es ist an das geltende Steuersystem anzuknüpfen, aus dem die Prinzipien induktiv bestimmt werden und nicht an ein (möglicherweise verfassungsrechtlich gebotenes) Idealsystem; dazu Kapitel 4:C.II.3 ab S. 132. Zum Verfassungsrecht in der Rechtsprechung des EuGH siehe Kapitel 4:C.I.3 ab S. 127.

742 BFH, Vorlagebeschl. v. 25.03.2015 – X R 23/13.

743 So aber auch *Hey*, FR 2017, 453 (456); siehe insoweit die Kritik von *Ismer/Piotrowski*, DStR 2015, 1993 (1997).

744 Zu dieser Gefahr bereits oben Kapitel 4:C.I.2 ab S. 125.

745 So aber *Desens*, FR 2017, 981 (982).

746 *Seer*, in: Kirchhof, § 3a EStG, Rn. 1; *Seer*, FR 2014, 721 (727); *Hageböke*, DK 2015, 310 (317); *Kußmaul/Licht*, DB 2017, 1797 (1801) allerdings erst auf Rechtfertigungsebene.

747 *Seer*, in: Kirchhof, § 3a EStG, Rn. 1; *Hageböke*, DK 2015, 310 (317); *Kußmaul/Licht*, DB 2017, 1797 (1801); *Geerling/Hartmann*, DStR 2017, 752 (756).

ten Unternehmen entstanden.[748] Die Sanierung bilde erst die Grundlage für zukünftige und erst dann besteuerungswürdige Gewinne, die Leistungsfähigkeit ausdrücken.[749] Diese Argumentation geht jedoch schon insoweit fehl, als das deutsche Steuerrecht die Steuerentstehung nicht von einem Liquiditätszuwachs abhängig macht.[750] Stille Reserven können ohne Liquiditätszufluss gehoben werden und zu einer Steuerlast führen. Die Entstehung einer Forderung ist für die bilanzielle Gewinnermittlung entscheidend, nicht ihre Vereinnahmung/Begleichung. Auch fehlende Zahlungsfähigkeit ist kein Grund für eine generelle Steuerfreiheit. Dies zeigt schon die Existenz von Steuerstundungsregelungen in § 222 AO.[751] Die Steuerpflicht knüpft generell an Leistungsfähigkeitssteigerungen in einem Veranlagungszeitraum an. Es ist daher keine insgesamt positive Leistungsfähigkeit erforderlich, sondern nur deren Steigerung. Deshalb müssen auch überschuldete Steuerpflichtige Gewinne und Überschüsse versteuern. Nichts anderes kann für den Schuldenerlass im Sinne von § 3a EStG gelten. Mit diesem Verständnis muss Überlegungen eine Absage erteilt werden, den Besteuerungsverzicht in Sanierungssituationen aus Gründen der Steuerstaatlichkeit zu rechtfertigen.[752] Durch die Befreiung von Verbindlichkeiten wird die finanzielle Leistungsfähigkeit verbessert, nur so kann der Sanierungserfolg eintreten.[753] Dem Argument eines Scheingewinns kann zudem entgegengehalten werden: Durch den Verzicht auf seine Forderung trägt – wirtschaftlich gesehen – der Gläubiger den Verlust seines Schuldners.[754] Diese Verluste hat der Schuldner jedoch im laufenden oder in vergangenen Veranlagungszeiträumen geltend gemacht. Ab dem Verzichtszeitpunkt ist nicht

---

748 *Seer*, in: Kirchhof, § 3a EStG, Rn. 1; *Seer*, FR 2014, 721 (727); *Hageböke*, DK 2015, 310 (317); etwas anders in der Begründung, aber iErg zustimmend *Kahlert*, ZIP 2016, 2107 (2111).

749 *Seer*, in: Kirchhof, § 3a EStG, Rn. 1; *Geerling/Hartmann*, DStR 2017, 752 (756).

750 BFH, Beschl. v. 28.11.2016 – GrS 1/15, BStBl II 2017, 393 = BFHE 255, 482; *Skauradszun*, ZIP 2018, 1901 (1903).

751 Siehe auch *Hallerbach*, in: H/H/R, § 3a EStG [Stand 08.2019], Rn. 6, die als milderes Mittel zur Steuerbefreiung in § 3a EStG eine Stundungsregelung ansieht; kritisch zu einer Stundungslösung statt des § 3a EStG *Ismer/Piotrowski*, DStR 2015, 1993 (1998); *Kußmaul/Licht*, DB 2017, 1797 (1802).

752 So aber *Ismer/Piotrowski*, DStR 2015, 1993 (1998); zweifelnd *Kußmaul/Licht*, DB 2017, 1797 (1801 f.).

753 BFH, Beschl. v. 28.11.2016 – GrS 1/15, BStBl II 2017, 393 = BFHE 255, 482; *Hallerbach*, in: H/H/R, § 3a EStG [Stand 08.2019], Rn. 6; *Skauradszun*, ZIP 2018, 1901 (1903); *Tschersich*, Ertragsbesteuerung der Unternehmenssanierung, S. 147.

754 So schon BFH, Urt. v. 22.11.1963 – VI 117/62 U, BFHE 78, 325 = BStBl III 1964, 128; BFH, Urt. v. 04.08.1961 – VI 35/61 U, BFHE 73, 685 = BStBl III 1961, 516.

mehr das Eigenkapital des Schuldners belastet, sondern der Fremdkapitalgeber trägt wirtschaftlich den Verlust. Die Verpflichtung des erlassbegünstigten Schuldners zur Gegenbuchung durch einen Gewinn ist daher nur folgerichtig.[755] Hinsichtlich des Systemziels Besteuerung nach Gewinnen (und wirtschaftlicher Leistungsfähigkeit) sind sanierungsbedürftige Unternehmen mithin in gleicher rechtlicher und tatsächlicher Situation wie alle anderen Unternehmen. Die Steuerbefreiung für Sanierungserträge in § 3a Abs. 1 S. 1 EStG ist somit ein Vorteil.

b) Vorteilskompensation durch nachteilige Rechtsfolgen

Die Normkonzeption des § 3a EStG ermöglicht Fälle, in denen nur die Steuerfreiheit des Sanierungsertrags zur Anwendung kommt und keine der nachteiligen Rechtsfolgen aus § 3a Abs. 1 S. 2, § 3a Abs. 3 S. 2 bzw. § 3c Abs. 4 EStG. Eine rein abstrakte beihilfenrechtliche Bewertung der Vorschrift könnte daher versucht sein, es mit der alleinigen Betrachtung des § 3a Abs. 1 S. 1 EStG bewenden zu lassen. Dann bliebe die beihilfenrechtliche Würdigung jedoch unzureichend. In Anlehnung an das unter B.[756] gefundene Ergebnis müssen auch die bereits in der Norm angelegten typischen Fallgestaltungen bei einer etwaigen Beihilfenentscheidung berücksichtigt werden. Die vom deutschen Gesetzgeber vorgesehenen Rechtsfolgen zur Vermeidung einer Doppelbegünstigung sind für den Steuerpflichtigen wirtschaftliche Nachteile, die bei der Bestimmung des individuellen Vorteils nach klaren Kriterien zu berücksichtigen sind.

Die naheliegende Vorgehensweise, jede nachteilige Rechtsfolge mit dem Betrag der steuerlich unbeachtlichen oder untergehenden Verlust- bzw. Aufwandsposition vom Vorteil der Steuerbefreiung in Abzug zu bringen, greift zu kurz. Nur weil die weitreichende Steuerbefreiung des § 3a Abs. 1 S. 1 EStG zurückgenommen wird und das aus Sicht des Steuerpflichtigen als

755 In diese Richtung bereits *Weber-Grellet*, DB 1998, 1532 (1535), der eine Aufwandskorrektur als Auslöser für den Gewinn ansieht; iErg auch BFH, Beschl. v. 28.11.2016 – GrS 1/15, BStBl II 2017, 393 = BFHE 255, 482 allerdings mit Argumentation aus entgegengesetzter Perspektive: Die frühere Leistungsfähigkeitssteigerung sei wegen der gleich hohen Verbindlichkeit steuerlich neutral geblieben, beim Verzicht müsse die frühere Steigerung ertragsteuerlich berücksichtigt werden; so auch *Skauradszun*, ZIP 2018, 1901 (1903); *Möhlenkamp*, ZIP 2018, 1907 (1910); *Schüppen*, ZIP 2017, 752 (756).

756 Ab S. 120.

Nachteil erscheint, muss dies nicht bei isolierter Betrachtung gelten. Der Untergang einer Steuerminderungsposition kann gleichzeitig ein beihilfenrechtlicher Vorteil sein, weil der Aufwand unter normalen Umständen nicht mit dem Verzichtsgewinn verrechenbar gewesen wäre. Gedankenstütze für die Ermittlung der zumindest verdächtigen Normen kann eine hypothetische Umbildung der Regelungstechnik sein.[757] Angenommen, die Steuerfreiheit des Sanierungsertrags träte erst nach Verrechnung mit den hinter § 3a Abs. 1 S. 2, § 3a Abs. 3 S. 2, § 3c Abs. 4 EStG stehenden Positionen ein, dann wäre die Frage offenkundig, ob die (sofortige) Verrechnungsmöglichkeit einen beihilfenrechtlichen Vorteil darstellt. Nichts anderes kann dann im Rahmen der tatsächlichen Rechtslage gelten, nur unter umgekehrten Vorzeichen. Bei der Frage, wie hoch der wirtschaftliche Wert des Vorteils durch die Steuerbefreiung des Sanierungsertrags (§ 3a Abs. 1 S. 1 EStG) ist, müssen die unbeachtlichen oder untergehenden Verlust- bzw. Aufwandspositionen nach folgender Maßgabe gewürdigt werden: Positionen, deren sofortige Verrechnung mit dem Sanierungsertrag bei der hypothetischen Rechtslage keinen Vorteil darstellten, werden in der geltenden Rechtslage mit ihrem Nominalwert von dem Vorteil aus der Steuerbefreiung abgezogen. Sofern die sofortige Geltendmachung von einzelnen Positionen in der umgebildeten Rechtslage zu einem Vorteil führt, sind diese in der geltenden Rechtslage ebenfalls grundsätzlich abzugsfähig. Die zukünftige Nutzung wird unmöglich und dem Steuerpflichtigen damit ein wirtschaftlicher Nachteil zugefügt. Allerdings kann die Bewertung dieses Nachteils nicht schlicht mit dem Nominalwert der untergehenden Position erfolgen. Vielmehr ist der Nominalwert um den wirtschaftlichen Wert der vorgezogenen Geltendmachung zu kürzen. Zu berücksichtigen ist die zukünftige Nutzungswahrscheinlichkeit („ob") und die Höhe des Zinsvorteils („wann") für den individuellen Steuerpflichtigen. Als Kontrollüberlegung für dieses Ergebnis dient die bereits oben vorgenommene hypothetische Umbildung der Rechtslage. Der Vorteil einer vorgezogenen Geltendmachung ist regelmäßig nicht der geltend gemachte Betrag selbst, sondern die vorgezogene Nutzung unter Berücksichtigung der Geltendmachungswahrscheinlichkeit. Würde bei vorrangiger Verrechnung der hinter § 3a Abs. 1 S. 2, § 3a Abs. 3 S. 2, § 3c Abs. 4 EStG stehenden Positionen der wirtschaftliche Wert der temporären Vorteile zum steuerfrei gestellten, verbleibenden Gewinn gerechnet, käme man auf das gleiche Gesamtergebnis.

757 Auf die Regelungstechnik darf es bei der beihilfenrechtlichen Prüfung nicht ankommen. Siehe dazu unter Kapitel 4:C.II.3.b) ab S. 135.

Mit dem Nominalbetrag abzugsfähig, also vollständig kompensierend, sind die nach § 3c Abs. 4 EStG nicht abzugsfähigen Sanierungskosten. Die Berücksichtigung des Aufwands stellt in einem auf Gewinn und nicht Ertrag ausgerichteten Steuersystem keinen eigenständigen Vorteil dar. Gleiches gilt für die Steuerminderungspositionen des § 3a Abs. 3 S. 2 Nr. 2-5, 8, 9 EStG. Ihre Verrechnung mit dem Ertrag ist ebenfalls kein Vorteil, so dass in Höhe ihres Untergangs der durch § 3a Abs. 1 S. 1 EStG gewährte Vorteil zu reduzieren ist. Für den laufenden Verlust des Unternehmens (Nr. 8) und den des Steuerpflichtigen insgesamt (Nr. 9) wäre die unbeschränkte Verrechnung mit dem Gewinn aus der Sanierung eine steuersystematische Selbstverständlichkeit. Die vorrangige Nutzung der Verluste nach § 15a EStG (Nr. 2, 3) und § 15b EStG (Nr. 4, 5) aus dem eigenen Unternehmen ist ebenfalls keine Durchbrechung der deutschen Besteuerungssystematik, zumal für die Verlustvorträge (Nr. 3, 5) keine Mindestbesteuerung angeordnet ist.

Alle anderen untergehenden Steuerminderungspostionen und die Rechtsfolge des § 3a Abs. 1 S. 2 EStG bedürfen einer eingehenderen Betrachtung. Ihr Untergang erweist sich nahezu ausnahmslos als mit dem Nominalwert zu wertender Nachteil. Nur in den Fällen des § 3a Abs. 3 S. 2 Nr. 11 lit. a, Nr. 12, 13 lit. b EStG ist der Untergang zugleich ein Vorteil. Die für den Steuerpflichtigen ungünstige Rechtsfolge des § 3a Abs. 1 S. 2 EStG ist allenfalls in Sonderkonstellationen als wirtschaftlicher Nachteil zu sehen.

aa) § 3a Abs. 3 S. 2 Nr. 1 EStG

Der Untergang von zukünftig abzugsfähigen Aufwendungen im Sinne des § 4f Abs. 1 S. 1 EStG kompensiert den Vorteil aus der Steuerbefreiung des Sanierungsertrags vollständig. Die nur gestreckte Abzugsfähigkeit von Aufwendungen im Sinne des § 4f EStG ist sonderbelastende Missbrauchsabwehr. Zweck des § 4f Abs. 1 S. 1 EStG ist die Verhinderung der Umgehung von Ansatzverboten, -beschränkungen oder Bewertungsvorbehalten durch Übertragung der Verbindlichkeit auf andere Steuerpflichtige. Der übertragende Steuerpflichtige realisiert nach allgemeinen Grundsätzen einen Verlust, wenn er eine Leistung an den verpflichtungsübernehmenden Vertragspartner erbringen muss, die höher als der bislang passivierte Betrag der

Verbindlichkeit ist.[758] Diesen Aufwand verteilt § 4f EStG auf 15 Veranlagungszeiträume. Kommt es zu einem steuerbefreiten Sanierungsertrag, geht der zukünftig nach § 4f Abs. 1 S. 1 EStG abzuziehende Aufwand unter den Voraussetzungen des § 3a Abs. 3 S. 1, 2 Nr. 1 EStG unter. Dieser Nachteil für den Steuerpflichtigen kompensiert die Steuerbefreiung des § 3a Abs. 1 S. 1 EStG mit dem Nominalwert des noch zu berücksichtigenden Verlustes, weil eine hypothetische Verrechnung des Vortrags nach § 4f EStG mit dem Sanierungsertrag kein Vorteil wäre. Andernfalls hätte der Nachteil durch den Untergang des Aufwandsvortrags um den Zinsvorteil der vorgezogenen Nutzung gekürzt werden müssen. Die vorgezogene Geltendmachung der von § 4f EStG grundsätzlich nur verteilt auf 15 Veranlagungszeiträume abzugsfähigen Aufwendungen ist hinsichtlich der grundlegenden deutschen Systementscheidung kein Vorteil, sondern Rückkehr zum Referenzsystem. Die Rechtsfolge des § 4f Abs. 1 S. 1 EStG ist Sonderbelastung, was sich aus der grundlegend geltenden Systematik für die Berechnung von Verlusten und aus den vielfältigen Rückausnahmen des § 4f Abs. 1 S. 3 ff. EStG ergibt. Diese Sonderbelastung wird im Rahmen § 3a Abs. 3 S. 2 Nr. 1 EStG wieder rückgängig gemacht.[759] Es ist daher der gesamte Betrag des gemäß § 3a Abs. 3 S. 2 Nr. 1 EStG untergehenden Steuerminderungspotenzials von dem verbleibenden Vorteil aus § 3a Abs. 1 S. 1 EStG abzuziehen.

bb) § 3a Abs. 3 S. 2 Nr. 6, 7 EStG

Der Untergang der besonders abgeschirmten Verluste aus § 15 Abs. 4 EStG und den zugehörigen Sonderverlustvorträgen kompensiert den Vorteil der Steuerbefreiung des Sanierungsertrags mit dem Nominalwert der untergehenden Positionen. Für solche Unternehmen, die nur Einkünfte aus gewerblicher Tierzucht/-haltung (§ 15 Abs. 4 S. 1 EStG), aus Termingeschäften (§ 15 Abs. 4 S. 3 EStG) oder aus stillen Gesellschaften, Unterbeteiligungen sowie sonstigen Innengesellschaften an Kapitalgesellschaften im Sinne des § 15 Abs. 4 S. 6 EStG haben, ergibt sich dies bereits aus der in § 15 Abs. 4 EStG angesprochenen Verrechnungsmöglichkeit. Eine hypothetisch gedachte Verrechnung dieser Verluste mit Erträgen gleicher Art wäre nach der Gesetzeslage auch ohne Privilegierung möglich. Hat das durch den Schuldenerlass sanierte Unternehmen hingegen auch andere Einkünfte au-

758 *Krumm*, in: Brandis/Heuermann, § 4f EStG [Stand 03.2021], Rn. 10.

759 Unbeachtlich ist, ob Rücknahme der Sonderbelastung selbst kohärent ist, siehe dazu Kapitel 4:C.II.3 ab S. 132.

ßerhalb der eng umfassten „Unterschedulen“ gewerblicher Tätigkeit, wäre eine Nutzung der Verluste des § 15 Abs. 4 durch Verrechnung mit anderen Einkünften nach der Gesetzeslage nicht möglich. Die Verrechnungsverbote des § 15 Abs. 4 EStG sind aber belastende Abweichungen von der grundsätzlichen Systementscheidung, das Einkommen synthetisch zu ermitteln. Daher wäre die hypothetische Verrechnung der Verlustpositionen des § 15 Abs. 4 EStG mit anderen Erträgen kein beihilfenrechtlicher Vorteil, sondern Rückkehr zur Normalbelastung. Dementsprechend wird der beihilfenrechtliche Vorteil der Steuerfreiheit des § 3a Abs. 1 S. 1 EStG durch den Nominalwert der durch § 3a Abs. 3 S. 2 Nr. 6, 7 EStG untergehenden Steuerminderungspositionen kompensiert.

cc) § 3a Abs. 3 S. 2 Nr. 10 EStG

Der Untergang des allgemeinen Verlustvortrags nach § 10d Abs. 4 EStG ohne Beachtung der Mindestbesteuerung (§ 10d Abs. 2 EStG) ist ebenfalls mit dem Nominalwert vom Vorteil der Steuerbefreiung des Sanierungsertrags abzugsfähig. Unproblematisch ist dies für den Betrag, der bei Beachtung der Mindestbesteuerung hypothetisch mit dem verminderten Sanierungsertrag verrechenbar wäre. Insoweit kann der Untergang des Verlustvortrags keine Vorteilskomponente enthalten. Soweit der untergehende Verlustvortrag den unter Geltung des § 10 Abs. 2 EStG verrechenbaren Verlustvortrag überschreitet, könnte ein beihilfenrechtlicher Vorteil vorliegen. Eine solche Vorteilskomponente des Nachteils „Verlustuntergang“ hätte Auswirkungen auf die Höhe der Kompensation des Vorteils aus der Steuerbefreiung des Sanierungsertrags. Die Annahme eines Vorteils ist jedoch nur möglich, wenn sanierungsbedürftige Unternehmen im Sinne des § 3a EStG in rechtlich und tatsächlich vergleichbarer Lage wie alle anderen Unternehmen sind und zwar hinsichtlich der steuerlichen Systementscheidung „Gewinnbesteuerung mit Mindestbesteuerung und unbegrenzter Verlustvortragsnutzungsmöglichkeit“. Genau an dieser Vergleichbarkeit fehlt es jedoch. Existenzbedrohten Unternehmen wird die zukünftige Nutzung der bislang aufgelaufenen Verluste ohne Sanierungserfolg unmöglich, weshalb sie bezüglich der unbegrenzten Verlustnutzugsmöglichkeit nicht mit anderen Unternehmen vergleichbar sind.[760]

Es kommt für das beihilfenrechtliche Ergebnis nicht auf das derzeit vor dem Bundesverfassungsgericht[761] anhängige Normenkontrollverfahren bezüglich der Verfassungswidrigkeit von Definitivbelastungen im Rahmen der Mindestbesteuerung an. Die verfassungsrechtliche Beurteilung der gesetzlichen Ausgestaltung der Mindestbesteuerung hat keine unmittelbaren Auswirkungen auf den beihilfenrechtlichen Systembegriff.[762] Die beihilfenrechtliche Würdigung muss an die im Mitgliedstaat geltende Rechtslage anknüpfen und nicht an ein verfassungsrechtlich gebotenes, aber nicht umgesetztes Ideal.[763] Die fehlende Vergleichbarkeit von sanierungsbedürftigen Steuerpflichtigen kann deshalb (noch) nicht im Hinblick auf die mögliche Definitivbelastung bei Beachtung der Mindestbesteuerung bejaht werden.[764] Begründet werden kann sie nur bei Anknüpfung an die unbegrenzte Verlustvortragsnutzungsmöglichkeit nach geltendem Steuerrecht. Diese zukünftige Nutzungsmöglichkeit ist für sanierungsbedürftige Unternehmen gefährdet, was deren Vergleichbarkeit mit anderen Unternehmen ausschließt. Die fehlende Vergleichbarkeit hinsichtlich der zukünftigen Verlustnutzungsmöglichkeit gilt im Grundsatz auch für andere Fälle, in denen eine mindestbesteuerungsbedingte Definitivbelastung droht. Das ist jedoch kein Argument für den Vorteilscharakter einer unbegrenzten Verlustnutzung im Sanierungsfall, sondern zeigt nur: Sollte sich der Gesetzgeber auch für andere Fälle, in denen eine Definitivbelastung droht, zu einer partiellen Aufhebung der Mindestbesteuerung entscheiden, wäre dies ebenfalls kein Vorteil im beihilfenrechtlichen Sinne. Auch hier würde es für die „begünstigten" Fälle an einer vergleichbaren rechtlichen und tatsächlichen Situation hinsichtlich der unbegrenzten Verlustvortragsnutzung fehlen.

Die bei natürlichen Personen nur theoretisch bestehende Möglichkeit der zukünftigen Nutzung des Verlustvortrags ist ebenfalls unerheblich für das beihilfenrechtliche Ergebnis. Richtig ist: Gesellschafter einer gewerblich tätigen Personengesellschaft oder Einzelgewerbetreibende können

760 Siehe dazu iErg auch *Glatz*, IStR 2016, 447 (451), die bei der Vergleichbarkeit nicht auf die Verlustnutzungsmöglichkeit abstellt, sondern eine "den Kernbereich des Leistungsfähigkeitsprinzips verletzend[e] Definitivbesteuerung" annimmt.

761 Dort anhängig unter Az. 2 BvL 19/14; vorgelegt duch BFH, Vorlagebeschl. v. 26.02.2014 - I R 59/12, BFHE 246, 27 = BStBl. II 2014, 1016.

762 Vgl. EuG, Urt. v. 04.02.2016, Rs. T-287/11 (Heitkamp BauHolding), Rn. 108.

763 Vgl. EuG, Urt. v. 04.02.2016, Rs. T-287/11 (Heitkamp BauHolding), Rn. 108.

764 So aber *Glatz*, IStR 2016, 447 (451) noch zum Sanierungserlass.

Verlustvorträge auch im Rahmen anderer Einkunftsquellen und -arten nutzen. Bei typischer Betrachtung dürfte jedoch die Rechtsprechung des Bundesfinanzhofs zur Sanierungsbedürftigkeit eine umfassende Nutzungsmöglichkeit ausschließen. Sofern sonstiges Vermögen oder sonstige Einnahmen beim persönlich haftenden Gesellschafter vorhanden sind, liegt keine Sanierungsbedürftigkeit vor. [765] Rein praktisch bedeutet das: Wenn Sanierungsbedürftigkeit des Unternehmens vorliegt, ist die zukünftige Verlustnutzungsmöglichkeit praktisch ausgeschlossen. Zudem besteht bei natürlichen Personen als Steuerpflichtigen die Möglichkeit, dass die untergehenden Verlustvorträge (teilweise) aus anderen Quellen stammen. Das entspricht der Systematik des deutschen Steuerrechts und ist ebenfalls nicht geeignet, die fehlende Vergleichbarkeit von sanierungsbedürftigen mit anderen Unternehmen hinsichtlich der zukünftigen Verlustnutzung zu begründen. Daher ist der vollständige Untergang von Verlustvorträgen gemäß § 3a Abs. 3 S. 2 Nr. 10 EStG als Nachteil zu bewerten, dem keine Vorteilskomponente innewohnt.

dd) § 3a Abs. 3 S. 2 Nr. 11 EStG

Der Untergang der Verluste und Verlustvorträge in § 3a Abs. 3 S. 2 Nr. 11 lit. a-g EStG kompensiert den Vorteil aus der Steuerbefreiung für Sanierungserträge mit dem Nominalwert, soweit er auf die Buchstaben b bis g entfällt. Die darin angesprochenen Verlustpositionen entfallen allesamt auf missbrauchsabwehrende oder fiskalisch motivierte Sonderbelastungen. Eine hypothetische Verrechnung dieser Positionen mit dem Sanierungsertrag wäre daher kein Vorteil, sondern Rückkehr zur Normalbelastung. Gehen diese Positionen zur Neutralisierung der umfassenden Steuerbefreiung des § 3a Abs. 1 S. 1 EStG unter, mindern sie den damit verbunden beihilfenrechtlichen Vorteil vollumfänglich. Wegen der im deutschen Steuersystem vorgesehenen synthetischen Einkommensermittlung muss dies auch gelten, wenn die Steuerminderungspositionen – wie hier – aus anderen Unternehmen oder Einkunftsquellen des Steuerpflichtigen stammen.

Die an erster Stelle der Nr. 11 untergehenden Verluste und zugehörigen Verlustvorträge aus § 15a EStG kompensieren den Vorteil aus der Steuerbefreiung des § 3a Abs. 1 S. 1 EStG nicht mit ihrem nominalen Wert. Bei

765 Dazu Kapitel 2:A.III.1 ab S. 30.

genauerer Betrachtung ist §15a EStG keine Sonderbelastung, sondern Systementscheidung des deutschen Steuergesetzgebers. Kommanditisten (§ 15a Abs. 1 EStG) und andere haftungsbeschränkte Mitunternehmer (§ 15a Abs. 5 EStG) sollen Verluste, die sie aufgrund der zivilrechtlichen Haftungsbeschränkung wirtschaftlich nicht tragen, steuerlich nicht mehr geltend machen können. Zwar würde nach dem Grundmodell einer transparenten Besteuerung von Mitunternehmerschaften ein solcher Verlust dem Gesellschafter zugerechnet. Der Gesetzgeber hat jedoch mit Einführung des § 15a EStG einen Systemwechsel vollzogen, der gerade keine Sonderbelastung zur Missbrauchsabwehr darstellt.[766] Die Beschränkungen des § 15a EStG sind nicht auf Verlustzuweisungsmodelle beschränkt. Eine hypothetische Verrechnung der Verluste aus unternehmensfremden[767] Mitunternehmeranteilen mit dem Sanierungsertrag führt daher zu einem Vorteil. Dieser bestünde aus dem wirtschaftlichen Wert der vorgezogenen Geltendmachung. Auf individueller Basis müsste unter Berücksichtigung der Ertragsperspektive der den § 15a-Verlust vermittelnden Mitunternehmerschaft abgeschätzt werden, ob und wann der Verlust unter normalen Umständen hätte geltend gemacht werden können. Der daraus resultierende Zinsvorteil unter Berücksichtigung der Nutzungswahrscheinlichkeit ist wirtschaftlicher Vorteil einer hypothetischen Verrechnung und muss bei der Kompensation der Steuerbefreiung durch den Untergang dieses § 15a-Verlustes berücksichtigt werden. Folglich gleicht der Untergang des § 15a-Verlustes in § 3a Abs. 3 S. 2 Nr. 11 lit. a EStG den Vorteil der Steuerbefreiung nicht mit seinem Nominalwert aus, sondern lediglich gekürzt um den wirtschaftlichen Vorteil einer vorgezogenen Nutzung. Insoweit unterscheidet sich der Untergang des § 15a-Verlustes aus anderen Mitunternehmerschaften von dem entsprechenden Verlust des zu sanierenden Unternehmens. Hinsichtlich des § 3a Abs. 3 S. 3 Nr. 2, 3 EStG waren diese Überlegungen deshalb nicht anzustellen, weil die Systematik des § 15a EStG die Verrechnung mit Gewinnen des betreffenden Mitunternehmeranteils gebietet.

766 Siehe dazu *Wacker*, in: Schmidt, § 15a EStG, Rn. 1.

767 Die Beschränkung des § 3a Abs. 3 S. 2 Nr. 11 lit. a EStG auf andere Mitunternehmeranteile ergibt sich systematisch aus der Zusammenschau mit Nr. 2; siehe auch *Seer*, in: Kirchhof, § 3a EStG, Rn. 45, der zum selben Ergebnis kommt.

ee) § 3a Abs. 3 S. 2 Nr. 12 EStG

Soweit die nach § 3a Abs. 3 S. 2 Nr. 12 EStG untergehenden Verluste des Folgejahres im Rahmen der regulär geltenden Höchstbeträge des § 10d Abs. 1 S. 1 EStG rücktragbar gewesen wären, kompensieren sie die Steuerbefreiung des § 3a Abs. 1 S. 1 EStG mit ihrem Nominalbetrag. Bei hypothetischer Verrechnung des Sanierungsertrags mit diesen Verlusten kann es zu keinem beihilfenrechtlichen Vorteil kommen, da die Verrechnung in dieser Höhe vom System des Verlustrücktrags vorgesehen ist. Anders ist dies bei den untergehenden Verlusten des Folgejahres, soweit sie die Höchstbeträge des § 10d Abs. 1 S. 1 EStG übersteigen. Eine gedachte Verrechnung der untergehenden Verluste mit dem Sanierungsertrag zeigt, soweit die Höchstbeträge des § 10d Abs. 1 S. 1 EStG überschritten werden, dass es zu einer vom Verlustrücktragssystem nicht vorgesehen vorgezogenen Verlustnutzung kommt. Systementscheidung des deutschen Steuergesetzgebers ist, den Verlustrücktrag nicht unbeschränkt zu ermöglichen, sondern auf einen Höchstbetrag zu begrenzen. Hinsichtlich dieses Besteuerungsprinzips sind sanierungsbedürftige Unternehmen in rechtlich und tatsächlich gleicher Position wie alle anderen Unternehmen. Anders als bei Würdigung des Untergangs von bereits entstandenen Verlusten[768] kann nicht auf die – ohne Sanierung – fehlende zukünftige Verlustnutzungsmöglichkeit abgestellt werden. Denn eine Sanierung im Sinne des § 3a EStG setzt tatbestandlich die Abwendung der akuten Existenzbedrohung voraus, sonst wäre der Unternehmensbetrieb bereits eingestellt worden. Deshalb kann auch nicht dahingehend argumentiert werden, Verluste im auf den Schulderlass folgenden Jahres wären Anzeichen einer erneuten Existenzgefährdung. Würde § 3a Abs. 3 S. 2 Nr. 12 EStG diese Situation typisieren, setzte er sich in Widerspruch zu den sachlichen Voraussetzungen (§ 3a Abs. 2 EStG) der Sanierungsbegünstigung. Bei Sanierungsbemühungen, aus denen typischerweise im Folgejahr existenzbedrohende Verluste entstehen, wäre die Sanierungseignung nicht gegeben. Sind die Verluste des Folgejahres Ausdruck einer „Turnaround-Phase“ bis zum Eintritt des angestrebten Sanierungserfolgs, spricht das für eine rechtliche und tatsächliche Vergleichbarkeit mit anderen Unternehmen, die zeitweise Verluste erleiden. Daher sind Unternehmen im Sinne des § 3a EStG im Jahr nach der Sanierung im Hinblick auf den Verlustrücktrag mit anderen Unternehmen in rechtlich und tatsächlich vergleichbarer Lage. Der Untergang des Verlustrücktrags in § 3a Abs. 3 S. 2

768 § 3a Abs. 3 S. 2 Nr. 10 EStG

Nr. 12 EStG kann somit für beihilfenrechtliche Zwecke auch ein Vorteil sein, weshalb der nominale Betrag der untergehenden Position teilweise gekürzt werden muss. In Abzug zu bringen ist der wirtschaftliche Vorteil der vorgezogenen Verlustnutzung, soweit die Höchstbeträge des § 10d Abs. 1 S. 1 EStG überschritten werden. Insoweit kompensiert der Verlustuntergang im Rahmen des § 3a Abs. 3 S. 2 Nr. 12 EStG den Vorteil der Steuerbefreiung nicht vollständig.

ff) § 3a Abs. 3 S. 2 Nr. 13 EStG

Die beiden an letzter Stelle untergehenden Vorträge mit Bezug zur Zinsschrankenregelung (§ 4h EStG) sind getrennt zu würdigen. Die Steuerbefreiung des § 3a Abs. 1 S. 1 EStG wird durch den gesamten Betrag des untergehenden Zinsvortrags (lit. a) kompensiert. Anders ist dies bei dem Untergang des EBITDA-Vortrags (lit. b). Dieser Nachteil ist zugleich ein beihilfenrechtlich relevanter Vorteil, wodurch die Steuerbefreiung nur eingeschränkt kompensiert wird.

Eine hypothetische Verrechnung des Zinsvortrags mit dem Sanierungsertrag wäre beihilfenrechtlich kein Vorteil. Es wird eine nur die mit der Zinsschranke des § 4h EStG verbundene Sonderbelastung rückgängig gemacht. Der Zinsvortrag entsteht durch die Addition der nicht nach § 4h Abs. 1 S. 1, 4 EStG abziehbaren Zinsaufwendung.[769] Wegen des § 4h EStG sind Zinsaufwendungen entgegen der Grundregel des deutschen Steuersystems nicht abzugsfähig. Aus den vielfältigen Ausnahmevorschriften des § 4h Abs. 2 EStG, der Berechnungsmethode des § 4h Abs. 1 S. 1 EStG und der Systematik der Einkünfteermittlung ist der Sonderbelastungscharakter der Zinsschrankenregelung erkennbar. Der Untergang des Zinsvortrags durch § 3a Abs. 3 S. 2 Nr. 13 lit. a EStG kompensiert daher den Vorteil aus der Steuerbefreiung für Sanierungserträge in voller Höhe.

Der an letzter Stelle untergehende EBITDA-Vortrag begründet zwar einen Nachteil für den Steuerpflichtigen, dieser entspricht jedoch nicht dem untergehenden Betrag. Bei wirtschaftlicher Betrachtung wäre die hypothetische Verrechnung des Sanierungsertrags mit dem EBITDA-Vortrag die Berücksichtigung eines zukünftigen und in seiner Entstehung unsicheren Aufwands. Darin muss ein beihilfenrechtlicher Vorteil liegen, der den

769 § 4h Abs. 1 S. 5 EStG

Nachteil durch Untergang der Rechengröße schmälert. Der EBITDA-Vortrag unterscheidet sich fundamental von Verlust- oder Aufwandsvorträgen, die in den anderen Nummern des § 3a Abs. 3 S. 2 EStG angesprochen werden. Seine Funktion ist nicht die fiskalisch motivierte spätere Berücksichtigung bereits entstandener Aufwendungen oder Verluste. Der EBITDA-Vortrag charakterisiert eine Rechengröße, die spätere Zinsaufwendungen – entgegen der Grundregel des § 4h Abs. 1 S. 1 EStG – zum Abzug zulässt.[770] Es wird kein Aufwand vorgetragen, sondern Aufwandsnutzungspotenzial. Später entstehende Zinsaufwendungen sind daher Voraussetzung zur Nutzung des EBITDA-Vortrags. Bei der beihilfenrechtlich geforderten wirtschaftlichen Bewertung der Vorteilskomponente muss daher die Wahrscheinlichkeit berücksichtigt werden, ob überhaupt Zinsaufwendungen entstehen, die durch den zum Zeitpunkt der Sanierung bestehenden EBITDA-Vortrag genutzt werden. Dabei ist die nur fünfjährige Vortragsperiode[771] zu berücksichtigen. Sollte dies überhaupt eine Nutzungswahrscheinlichkeit ergeben, muss sodann der zeitliche Vorteil durch die Nutzung eines noch nicht entstandenen Aufwands Berücksichtigung finden. Die Vorteilskomponente des Untergangs des EBITDA-Vortrags wird mithin im Regelfall hoch ausfallen. Deshalb dürfte die Kompensation des beihilfenrechtlichen Vorteils aus der Steuerbefreiung des Sanierungsertrags durch den Untergang des EBITDA-Vortrags nur geringfügig ausfallen.

gg) § 3a Abs. 1 S. 2 EStG

Die selbständig stehende Pflicht zur gewinnmindernden Ausübung steuerlicher Wahlrechte taugt grundsätzlich nicht zur Kompensation des beihilfenrechtlichen Vorteils aus § 3a Abs. 1 S. 1 EStG. Entfaltet sie zweckentsprechend ihre Wirkungen über den Untergang von Steuerminderungspositionen in § 3a Abs. 3 S. 2 Nr. 8, 12 EStG[772], sind die damit verbundenen Nachteile bereits dort gewürdigt. Soweit die Gewinnminderung aus der Anwendung des § 3a Abs. 1 S. 2 EStG nicht zu einer Erhöhung des (untergehenden) Verlustes führt, erleidet der Steuerpflichtige regelmäßig keinen Nachteil. Das betrifft zum einen den Betrag, der den laufenden Gewinn kompensiert und nicht auf den (untergehenden) Verlust entfällt. Zum

770 § 4h Abs. 1 S. 4 EStG
771 Vgl. § 4h Abs. 1 S. 3 EStG
772 Siehe dazu Kapitel 2:A.I.3 ab S. 26

anderen können das Fälle sein, in denen die Anwendung des § 3a Abs. 1 S. 1 EStG streitig ist, weil es nicht mehr zur Anwendung von § 3a Abs. 3 S. 2 Nr. 8 oder 12 EStG kommt.[773] Nur dann, wenn Progressionseffekte denkbar sind, kann allein aus der Anwendung des § 3a Abs. 1 S. 2 EStG ein eigenständiger wirtschaftlicher Nachteil folgen.[774]

c) Selektivität

Nach den unter II.5 und II.6 entwickelten Kriterien erweist sich die Sanierungsbegünstigung des § 3a EStG als nicht selektiv. Soweit der Vorteil aus der Steuerbefreiung für Sanierungserträge nicht bereits durch die nachteiligen Rechtsfolgen des § 3a EStG kompensiert wird, wird der beihilfenrechtliche Vorteil nicht bestimmten Unternehmen zuteil. Entgegen der Ansicht von Rechtsprechung und Kommission reicht die Privilegierung irgendeiner abgrenzbaren Gruppe von Steuerpflichtigen nicht aus.[775] Die Rechtsfolgen des § 3a EStG stehen jedem Unternehmen offen, das in existenzbedrohende Schwierigkeiten kommt. Weder offen (durch einzelne Tatbestandsmerkmale) noch faktisch werden bestimmte, eng nach Tätigkeitsmerkmalen abgrenzbare Unternehmen begünstigt.

D. Der marktwirtschaftlich handelnde Wirtschaftsbeteiligte im (Sanierungs-)Steuerrecht

Vereinzelt wird versucht, über die Figur des marktwirtschaftlich handelnden Wirtschaftsbeteiligten steuerliche Sanierungsprivilegien zugunsten des existenzgefährdeten Unternehmens zu rechtfertigen.[776] Dazu wird das Verhalten des Staates mit dem eines privaten Marktteilnehmers verglichen.

---

773 Siehe dazu Kapitel 2:A.I.3.b) ab S. 29

774 Zu den Progressionseffekten *Hallerbach*, in: H/H/R, § 3a EStG [Stand 08.2019], Rn. 17.

775 Siehe speziell zu der Privilegierung sanierungsbedürftiger Unternehmen EuG, Urt. v. 04.02.2016, Rs. T-287/11 (Heitkamp BauHolding), Rn. 129 ff.; Europäische Kommission, 2016/C 262/01, Bekanntmachung der Kommission zum Begriff der staatlichen Beihilfe im Sinne des Art. 107 Abs. 1 des Vertrags über die Arbeitsweise der Europäischen Union, Rn. 121.

776 *Förster/Hechtner*, DB 2019, 10 (12); *Desens*, ZIP 2017, 645 (650, 652); Desens vorsichtig zustimmend *Hey*, FR 2017, 453 (456 f.); *Hageböke*, DK 2015, 310 (316).

Bewegt sich das staatliche Verhalten im Rahmen dessen, was ein Privater in derselben Situation getan hätte, liegt keine Vorteilsgewährung aus staatlichen Mitteln und damit auch keine Beihilfe vor.[777] Der relevante Maßstab für Verzichtsleistungen marktwirtschaftlich handelnder Marktteilnehmer ist, ob *ex ante*[778] der Nutzeneinbuße ein angemessener (ggf. langfristiger) Vorteil gegenübersteht. Die Rechtfertigung der Sanierungsprivilegierungen über den Privatgläubigertest kommt überhaupt nur für Privilegierungen auf Ebene der sanierungsbedürftigen Gesellschaft in Betracht. Damit wären der deutsche § 3a EStG und der französische Art. 209-1 alinéa 4 CGI rechtfertigungsfähig, nicht hingegen Art. 39-1, 8° und Art. 39-13 alinéa 2 CGI. Tatsächliche Relevanz hat der marktwirtschaftlich handelnde Wirtschaftsbeteiligte nur in ganz eng umgrenzten Fällen, wenn die Rechtsverfolgungskosten für die einzelne Forderung größer sind als der Betrag des Besteuerungsverzichts.

Das Konzept des marktwirtschaftlich handelnden Wirtschaftsbeteiligten kennt verschiedene Unterausprägungen, unter anderem den Private-Investor-Test und den Private-Creditor-Test.[779] Schon wegen des fehlenden Zuschnitts steuerlicher Sanierungsprivilegierungen auf Unternehmen im Staatsbesitz scheidet der Privatinvestortest aus.[780] Für den Privatgläubigertest gibt es keine vergleichbaren grundsätzlichen Bedenken. Seinem Erfolg für die Prüfung der Sanierungsprivilegierungen steht aber regelmäßig die auf den konkreten Steueranspruch beschränkte Vergleichsperspektive entgegen.

Die Europäische Kommission und der Europäische Gerichtshof schließen die Anwendung des Private-Investor-Tests nicht allein wegen der hoheitlichen Natur steuerrechtlicher Handlungen aus.[781] Grund dafür dürfte

777 Europäische Kommission, 2016/C 262/01, Bekanntmachung der Kommission zum Begriff der staatlichen Beihilfe im Sinne des Art. 107 Abs. 1 des Vertrags über die Arbeitsweise der Europäischen Union, Rn. 76.

778 Europäische Kommission, 2016/C 262/01, Bekanntmachung der Kommission zum Begriff der staatlichen Beihilfe im Sinne des Art. 107 Abs. 1 des Vertrags über die Arbeitsweise der Europäischen Union, Rn. 78.

779 Europäische Kommission, 2016/C 262/01, Bekanntmachung der Kommission zum Begriff der staatlichen Beihilfe im Sinne des Art. 107 Abs. 1 des Vertrags über die Arbeitsweise der Europäischen Union, Rn. 74 f.

780 Dieser abstrakte Befund kann in Einzelfällen, bei denen der Staat Anteilseigner ist, auch anders ausfallen, siehe dazu Kapitel 4:B ab S. 120.

781 EuGH, Urt. v. 05.07.2012, Rs. C-124/10 P (Électricité de France), Rn. 92; Europäische Kommission, 2016/C 262/01, Bekanntmachung der Kommission zum Begriff der staatlichen Beihilfe im Sinne des Art. 107 Abs. 1 des Vertrags über die Arbeitswei-

der wirkungsbasierte Ansatz des Beihilfenrechts sein, der Handlungen der Mitgliedstaaten weniger formell als wirtschaftlich betrachtet.[782] Wie ein privater Investor darf sich der Staat jedoch nur in den Fällen einer eigenen Kapitalbeteiligung verhalten.[783] Insoweit ist nach Ansicht des Europäischen Gerichtshofs die Beurteilungsperspektive auf die Sichtweise eines privaten Anteilseigners beschränkt, aus der Hoheitsträgerstellung folgende finanzielle Erwägungen bleiben unberücksichtigt.[784] Auf die Begünstigung dieser besonderen Situation sind steuerliche Privilegierungen nicht zugeschnitten, so dass der Erhalt der eigenen Staatsbeteiligung keine Rechtfertigung einer generellen Sanierungsprivilegierung sein kann.

Der Private-Creditor-Test kann die Vorteilsgewährung durch Sanierungsprivilegierungen im Ergebnis ebenfalls nicht ausschließen. Seine Anwendung ist wie der Private-Investor-Test nicht bereits aufgrund der hoheitlichen Natur des Steueranspruchs ausgeschlossen.[785] Entgegen anderslautender Meinungen ist eine Beschränkung auf den bereits entstandenen Steueranspruch ebenfalls nicht erforderlich.[786] Bei wirtschaftlicher Betrachtungsweise kann es nicht darauf ankommen, ob auf einen bereits entstandenen Anspruch verzichtet wird oder ob derselbe Anspruch aufgrund einer Privilegierung gar nicht erst entsteht.[787] Es bedarf auch keiner einzelfallorientierten Analyse, die den Steuerverzicht nur nach individueller Sachlage

---

se der Europäischen Union, Rn. 80; aA *GA Mazák*, Schlussanträge v. 20.10.2011, Rs. C-124/10 P (Électricité de France), Rn. 76, 79 ff.

782 Vgl. EuGH, Urt. v. 05.07.2012, Rs. C-124/10 P (Électricité de France), Rn. 77; siehe aber auch *GA Mazák*, Schlussanträge v. 20.10.2011, Rs. C-124/10 P (Électricité de France), Rn. 56, der mit wirkungsbasierter Argumentation zu gegenteiligem Ergebnis kommt; dazu ausführlich *Ellenrieder*, Die materielle Selektivität steuerlicher Beihilfen, S. 112 f.

783 *Ellenrieder*, Die materielle Selektivität steuerlicher Beihilfen, S. 115; weitergehend eine hundertprozentige Beteiligung fordernd *Haberkamm/Kühne*, EuZW 2010, 734 (737) unter Verweis auf die Randnummern 238, 258 und 283 im Urt. des EuG, T-156/04 (Électricité de France).

784 EuGH, Urt. v. 05.07.2012, Rs. C-124/10 P (Électricité de France), Rn. 79; EuGH, Urt. v. 04.09.2014, Rs. C-533/12 P (Corsica Ferries), Rn. 33; *Bacon*, European Union Law of State Aid, Rn. 2.47 ff.

785 AA *Kahlert*, ZIP 2016, 2107 (2112); *Diffring*, Umwandlung von Forderungen zur Sanierung von Kapitalgesellschaften, S. 171; insoweit richtig *Licht*, EU-Beihilferecht und Unternehmensbesteuerung, S. 402 ff.

786 So aber *Schön*, in: Hancher/Ottervanger/Slot, EU State Aids, Rn. 12–052; *Schön*, in: 17. ÖJT IV/2, Die Auswirkungen des gemeinschaftsrechtlichen Beihilferechts auf das Steuerrecht, S. 21 (45).

787 *Förster/Hechtner*, DB 2019, 10 (12).

ermöglicht.[788] Ausreichend ist, wenn die gesetzliche Regelung anhand der entscheidungserheblichen Merkmale eine entsprechende Typisierung vornimmt. Es kommt nicht auf formale Handlungsformen, sondern materielle Beurteilungsgesichtspunkte an.

Deshalb trägt das Gegenargument nicht, abstrakt-generelle Regelungen seien Ausdruck makroökonomischer Wirtschaftssteuerung und nicht mit den zwangsläufig mikroökonomischen Entscheidungen privater Wirtschaftsteilnehmer vergleichbar, wenn regelungstechnisch an die Entstehung des Steueranspruchs angeknüpft werde.[789] Deutlich wird das bei Gegenüberstellung der Beurteilungsperspektive einer Verzichtsentscheidung des privaten Marktteilnehmers mit der staatlichen Verzichtsentscheidung. Ein marktwirtschaftlich handelnder Privatgläubiger wird seine Verzichtsentscheidung von dem Vergleich der Verzichtssumme mit dem Barwert der zukünftig erwarteten Renditen aus der dadurch weiterbestehenden Geschäftsbeziehung abhängig machen. Zwischen Staat und Steuerpflichtigem besteht keine Geschäftsbeziehung, sondern ein Steuerrechtsverhältnis. Der Staat kann nicht einfach die Verzichtssumme mit dem Gegenwartswert der zukünftig damit gesicherten Steuereinnahmen gegenrechnen.[790] Dann würden – zweckwidrig – makroökonomische Gesichtspunkte Eingang in den Private-Creditor-Test finden, zumal der Staat durch das Steuerrechtsverhältnis gewissermaßen zum stillen Anteilseigner an allen seinen Steuergesetzen unterfallenden Unternehmen wird. Der Mitgliedstaat müsste, wie ein Privater mit umfassenden Beteiligungsportfolio die positiven Effekte einer Ressourcenneuverteilung zugunsten von gesunden Unternehmen berücksichtigen.[791] Diese Form der Effizienzsteigerung dürfte zumindest jeder generellen Sanierungsprivilegierung entgegenstehen. Es ließe sich einwenden, der betroffene Mitgliedstaat sei nicht an den Steuermehreinnahmen beteiligt, die durch eine Verlagerung der Ressourcen in einen anderen Mitgliedstaat entstehen. Allein durch die Gefahr einer solchen Steuersubstratsverlagerung komme es zu einer Minderung des Gegenwartswerts der

788 AA *Ellenrieder*, Die materielle Selektivität steuerlicher Beihilfen, S. 115 f.; *Jaeger*, EuZW 2012, 92 (95); *Glatz*, IStR 2016, 447 (448); *Kußmaul/Licht*, DB 2017, 1797 (1800).

789 *Jaeger*, EuZW 2012, 92 (95).

790 Europäische Kommission, Beschl. v. 16.10.2013, C(2013) 6261, (2014/342/EU), ABl. L 176/38, Rn. 133 ff.; *Desens*, ZIP 2017, 645 (650); daran zweifelnd auch *Seer*, FR 2014, 721 (724); so aber wohl *Licht*, EU-Beihilferecht und Unternehmensbesteuerung, S. 402 ff.

791 Siehe dazu Kapitel 4:C.II.5 ab S. 148.

zukünftigen Steuereinnahmen. Der Verzicht könne daher rational und damit wie bei einem privaten Gläubiger sein. Eine solche Argumentation pervertierte aber den Zweck des Beihilfenverbots. Mitgliedstaaten können Steuervergünstigungen gerade nicht mit Überlegungen zum Erhalt des eigenen Steuersubstrats zulasten einer effizienten Ressourcenverteilung rechtfertigen.[792] Folglich kann die Anwendung der Figur des marktwirtschaftlich handelnden Wirtschaftsbeteiligten – dem übergeordneten Ziel verpflichtet – nicht zu anderen Ergebnissen führen. Deshalb ist es richtig, keine makroökonomische Betrachtung im Rahmen des Private-Creditor-Tests zuzulassen. Dieser Ausschluss hat aber nicht anhand formaler Kriterien wie der Art der Forderung, ihrem Entstehungszeitpunkt oder der Natur einer Einzelfallentscheidung zu erfolgen, sondern im Rahmen der materiellen Beurteilung. Bei der Durchführung des Private-Creditor-Tests von steuerlichen Sanierungsprivilegien ist mithin eine langfristige Betrachtung der Steuerwirkungen ausgeschlossen.[793] Daher überzeugt die gelegentlich vorgetragene Argumentation nicht, der für den Sanierungsgewinn vorausgesetzte Schuldenerlass privater Gläubiger impliziere die Angemessenheit des Besteuerungsverzichts.[794] Private Gläubiger beziehen zukünftige Erträge aus der geretteten Geschäftsbeziehung in ihre Nutzenkalkulation ein, während der Staat zukünftige Steuererträge nicht einbeziehen darf. Die Rechtfertigung des Besteuerungsverzichts kann deswegen bloß über die auf den individuellen Steueranspruch verengte Betrachtung erfolgen.[795] Nur wenn der Besteuerungsverzicht wirtschaftlich günstiger ist als die Verfolgung des Anspruchs, würde der Staat wie ein privater Gläubiger auf den Anspruch verzichten. Diese Situation typisieren aber weder der deutsche § 3a EStG noch der französische Art. 209-1 alinéa 4 CGI. Keines der Tatbestandsmerkmale sichert, dass der Besteuerungsverzicht bzw. die partielle Aufhebung der Mindestbesteuerung nur in den Fällen eintritt, in denen die Verfolgung des Anspruchs kostenintensiver als der Verzicht wäre. Allein

792 Dazu bereits oben Kapitel 4:C.II.4.a) ab S. 139.

793 AA *Hageböke*, DK 2015, 310 (316); aA wohl auch *Desens*, ZIP 2017, 645 (650).

794 So aber *Hageböke*, DK 2015, 310 (316); *Förster/Hechtner*, DB 2019, 10 (12).

795 Europäische Kommission, 2016/C 262/01, Bekanntmachung der Kommission zum Begriff der staatlichen Beihilfe im Sinne des Art. 107 Abs. 1 des Vertrags über die Arbeitsweise der Europäischen Union, Rn. 107 missverständlich ist insoweit der Hinweis der Kommission auf die Berücksichtigung sozialer, wirtschaftlicher und ökologischer Rahmenbedingungen.

wenn dieser Ausnahmefall vorliegt, kann die Annahme einer Beihilfe im Einzelfall ausgeschlossen werden.[796]

E. Beihilfenrechtliches Unternehmen als Analyseobjekt

Objekt der beihilfenrechtlichen Prüfung ist das Unternehmen. Der eigenständige beihilfenrechtliche Unternehmensbegriff knüpft nicht an das mitgliedstaatliche Recht an. Vielmehr wird die Reichweite des „Unternehmens" anhand der wirtschaftlichen Tätigkeit bestimmt – unabhängig von Rechtsform und Art der Finanzierung.[797] Deshalb hat die Rechtspersönlichkeit im nationalen Recht keinen Einfluss auf das beihilfenrechtliche Unternehmen. Für Sanierungsprivilegierungen kann dies bedeuten, nicht isoliert auf die Ebene des zu sanierenden Unternehmens oder des Sanierers zu schauen. Die häufigen Fälle, in denen ein gesellschaftsrechtlich verbundenes Unternehmen Beiträge zur Sanierung leistet, können eine Gesamtbetrachtung erfordern. Im nationalen Steuerrecht getrennt betrachtete Unternehmen können so beihilfenrechtlich ein Unternehmen darstellen. Dieser Logik folgend müssten Sanierungsvorteile auf der einen Ebene durch Nachteile auf der anderen Ebene ausgeglichen werden können. Zumindest die Kommission lehnt diese Art des Vorteilsausgleichs ab.[798] Generell sind die Europäische Kommission und der Europäische Gerichtshof zurückhaltend bei der Annahme eines mehrere rechtliche Einheiten umfassenden einheitlichen Unternehmens. Sie folgen einem am Kartellrecht orientierten Verständnis von tatsächlicher Einflussnahme.[799] Bei einer am Zweck des Beihilfenrechts orientierten Auslegung muss der Unternehmensbegriff in dieser Hinsicht aber deutlich weiter verstanden werden. Der insbesondere rechtspraktisch schwierigen Frage, wie eine Vorteilsneutralisation im Unternehmensverbund umzusetzen ist, darf sich das Beihilfenrecht nicht entziehen.

---

796 Zum Verhältnis von abstrakter zu individueller Beihilfenprüfung siehe unter Kapitel 4:B ab S. 120.

797 EuGH, Urt. v. 10.01.2006, Rs. C-222/04 (Cassa di Risparmio di Firenze), Rn. 107.

798 Europäische Kommission, K(2009) 8130, Rn. 130 ff.; dazu *Englisch*, in: Schaumburg/Englisch, Europäisches Steuerrecht, Rn. 9.15.

799 EuGH, Urt. v. 10.01.2006, Rs. C-222/04 (Cassa di Risparmio di Firenze), Rn. 110 ff.; Europäische Kommission, 2016/C 262/01, Bekanntmachung der Kommission zum Begriff der staatlichen Beihilfe im Sinne des Art. 107 Abs. 1 des Vertrags über die Arbeitsweise der Europäischen Union, Rn. 11.

I. Kartellrechtliche Anleihen des Unternehmensbegriffs in der Rechtsprechung

Der Europäische Gerichtshof schließt von der einheitlichen wirtschaftlichen Tätigkeit auf ein einheitliches Unternehmen. Dafür reicht eine bloße (Minderheits-)Beteiligung nicht aus.[800] Erst bei mindestens mittelbarer unternehmerischer Einflussnahme liege eine wirtschaftliche Einheit vor.[801] Indizien für eine derartige Kontrolle einer Tochtergesellschaft sind von der Mutter entsandte Mitglieder in Verwaltungs- oder Aufsichtsgremien.[802] Neben diesen institutionellen Verbindungen erkennt die Kommission funktionelle oder wirtschaftliche Verbindungen an.[803] Diese Auslegung ist an den kartellrechtlichen Unternehmensbegriff des Art. 101 AEUV angelehnt.[804] Dort wird die Annahme der tatsächliche Beherrschung über eine Vermutungsregel erleichtert, wenn mittel- oder unmittelbar zumindest nahezu das gesamte Kapital gehalten wird.[805] Der Europäische Gerichtshof und das Gericht der Europäischen Union gestehen aber zu, dass der beihilfenrechtliche Unternehmensbegriff nicht zwingend mit dem wettbewerbsrechtlichen Unternehmensbegriff übereinstimmen muss.[806]

II. Eigenständiger beihilfenrechtlicher Unternehmensbegriff umfasst gesamte Beteiligungskette

Die Auslegung durch die Rechtsprechung berücksichtigt die Besonderheiten des steuerlichen Beihilfenrechts nicht hinreichend. Eine Beschränkung des einheitlichen Unternehmens auf Kontrollbeteiligungen wird dem wirtschaftlichen Zweck des Beihilfenrechts nicht gerecht. Für kartellrechtliche

---

800 Europäische Kommission, ABl. 2012/C 8/02, Rn. 10.

801 EuGH, Urt. v. 10.01.2006, Rs. C-222/04 (Cassa di Risparmio di Firenze), Rn. 112; Europäische Kommission, ABl. 2012/C 8/02, Rn. 10.

802 EuGH, Urt. v. 16.12.2010, Rs. C-480/09 P (AceaElectrabel), Rn. 51; Europäische Kommission, ABl. 2012/C 8/02, Rn. 10.

803 Europäische Kommission, ABl. 2012/C 8/02, Rn. 10.

804 *Mestmäcker/Schweitzer*, in: Immenga/Mestmäcker, Art. 107 Abs. 1 AEUV, Rn. 11; *Bungenberg*, in: B/B/H, Beihilfenrecht, Kapitel 1 Anwendungsbereich und Ausnahmen, Rn. 25 "einheitlicher wettbewerbsrechtlicher Unternehmensbegriff"; *Bartosch*, in: Bartosch, EU-Beihilfenrecht, Einleitung, Rn. 35; aA *Hancher*, in: Hancher/Ottervanger/Slot, EU State Aids, Rn. 3-028.

805 Dazu *Mestmäcker/Schweitzer*, in: Mestmäcker/Schweitzer, § 9, Rn. 18.

806 EuGH, Urt. v. 16.12.2010, Rs. C-480/09 P (AceaElectrabel), Rn. 66; EuG, Urt. v. 08.09.2009, Rs. T-303/05 (AceaElectrabel), Rn. 138.

Zwecke ist die Heranziehung der tatsächlichen Kontrolle naheliegend. Wenn es um eine marktbeherrschende Stellung geht, muss der Frage nach der tatsächlichen Einflussnahme(-möglichkeit) auf eine untergeordnete Gesellschaft entscheidende Bedeutung zukommen. Die beihilfenrechtliche Frage, ob ein selektiver Vorteil für ein Unternehmen vorliegt, ist davon unabhängig. Daher muss die Suche nach einer Begünstigung mindestens zweistufiger Unternehmensstrukturen die tatsächliche Beherrschung nicht in Bezug nehmen. Ein finanzieller Vorteil auf Ebene der untersten Gesellschaft steht im Verhältnis der Beteiligungs- bzw. Gewinnbezugsrechte wirtschaftlich den Gesellschaftern zu, einer Beherrschung bedarf es dazu nicht.

Wichtigstes Argument für eine weite Auslegung des Unternehmensbegriffs ist die wirtschaftliche Betrachtungsweise. Sie kennzeichnet die Rechtsprechung des Europäischen Gerichtshofs bei jedem beihilfenrechtlichen Tatbestandsmerkmal. Ausgangspunkt dieses Befundes ist die ökonomische Erkenntnis, dass Gesellschaften Steuern nicht tragen können.[807] Erst die hinter den Unternehmen stehenden natürlichen Personen können Steuerträger sein. Gleichzeitig ist die Nachsteuerrendite dieser Personen entscheidend für die unternehmerischen Investitionsentscheidungen.[808] Gemessen am Beihilfenzweck wäre die Betrachtung nur eines Ausschnitts von Beteiligungsketten unterinklusiv. Dies haben Rechtsprechung, Kommission und Literatur für den Fall der Begünstigung des Anteilseigners oder Vertragspartners erkannt.[809] Ein solcher Vorteil gilt als mittelbare Begünstigung des Unternehmens.[810] Mit dieser Auslegung des Beihilfenrechts wird die gesamte unternehmerische Tätigkeit einseitig zugunsten eines Vorteils betrachtet. Nur die wirtschaftliche Auslegung des Unternehmensbegriffs sichert die ausgewogene Anwendung. Finanzielle Vor- und Nachteile müssen umfassend und gleichberechtigt gewürdigt werden.

Eine Einschränkung des wirtschaftlich zu verstehenden Unternehmensbegriffs gebietet der auf staatliche Maßnahmen bezogene Beihilfenbegriff.

807 Dazu schon oben Kapitel 4:C.II.4.a) ab S. 139.

808 Siehe aber *Vermeend/van der Ploeg/Timmer*, Taxes and the economy, S. 167 f., möglicherweise werden Unternehmenssteuern wirtschaftlich nicht von den dahinterstehenden Eigentümern, sondern von den Arbeitnehmern getragen; siehe dazu auch *Fuest/Peichl/Siegloch*, American Economic Review 108 (2018), 393.

809 EuGH, Urt. v. 19.09.2000, Rs. C-156/98 (Deutschland/Kommission), Rn. 24 ff.; EuG, Urt. v. 4.03.2009, Rs. T-445/05 (Associazione Italiana del Risparmio Gestito/Kommission), Rn. 139 ff.; *Bacon*, European Union Law of State Aid, Rn. 2.20 f. ff.

810 *Bacon*, European Union Law of State Aid, Rn. 2.20 ff.; zum mittelbaren Vorteil siehe auch *Lang*, Die Auswirkungen des gemeinschaftsrechtlichen Beihilferechts auf das Steuerrecht, S. 20 ff.

Es verbieten sich länderübergreifende Betrachtungen des beihilfenrechtlichen Unternehmens. Denn die beihilfenrechtlich relevante Vorteilsgewährung muss einem Mitgliedstaat zugerechnet werden. Diese Zurechnung kann aber nur gelingen, wenn lediglich die Steuerrechtsordnung eines Mitgliedstaates betrachtet wird. Allein die eigenen steuerlichen Regelungen liegen im Verantwortungsbereich des Mitgliedstaats und können einen ihm gegenüber erhobenen Beihilfenvorwurf rechtfertigen. Damit ist keine Absage an ein grenzüberschreitendes beihilfenrechtliches Unternehmen verbunden. Zur Beurteilung der steuerlichen Regelungen ist vielmehr eine hypothetische Verlagerung des gesamten beihilfenrechtlichen Unternehmens in den betreffenden Mitgliedstaat nötig. Nur dann wird die Vorteilsfreiheit des mitgliedstaatlichen Unternehmens geprüft. Andernfalls besteht die Gefahr der Annahme einer Vorteilsgewährung durch den Mitgliedstaat, obwohl sich dieser Vorteil aus den beihilfenrechtlich nicht relevanten Mismatches verschiedener Steuerrechtsordnungen ergibt. Die Beseitigung solcher Disparitäten ist Aufgabe positiver Harmonisierung.

Der Unternehmensbegriff ist nicht nur für die Bestimmung des selektiven Vorteils relevant. Das beihilfenrechtliche Unternehmen ist zugleich auch Adressat der Beihilfenentscheidung und Rückzahlungsschuldner für bereits erhaltene, rechtswidrige Beihilfen.[811] Eine solche Haftungserweiterung könnte aber unverhältnismäßig sein, wenn sie solche Anteilseigner trifft, die keine Kontrolle über die Gesellschaft ausüben. Sie könnten die für die Rückforderung nötige Liquidität nicht aus etwaigen Tochtergesellschaften ausschütten lassen. Diese gewichtige Problematik sollte nicht die materiell-rechtlich richtige Auslegung des Unternehmensbegriffs in Frage stellen. Die Lösung ist im Rahmen der Rückforderungsentscheidung zu suchen. Hier könnte die Adressateneigenschaft der Rückforderung von der sonst unmaßgeblichen tatsächlichen Kontrolle abhängig gemacht werden. Nur im sich durch Kontrollbeziehungen auszeichnenden Konzern ist die Haftung aller übergeordneten Gesellschaften oder natürlichen Personen für die Rückforderung verhältnismäßig.[812]

811 *Bungenberg*, in: B/B/H, Beihilfenrecht, Kapitel 1 Anwendungsbereich und Ausnahmen, Rn. 31.

812 Vergleiche dazu die parallele Problematik im Kartellrecht *Zimmer*, in: Immenga/Mestmäcker, Art. 101 Abs. 1 AEUV, Rn. 26 f., 38.

III. Vorteilsneutralisation im beihilfenrechtlichen Unternehmen

Bereits aus dem beihilfenrechtlichen Unternehmensbegriff ergibt sich das Erfordernis der Vorteilsneutralisation. Wenn es nur ein Unternehmen gibt, müssen Vor- und Nachteile auch gemeinsam gewürdigt werden. Bei der praktischen Umsetzung kommt es jedoch regelmäßig zu Schwierigkeiten, weil das einheitliche beihilfenrechtliche Unternehmen aus einer Mehrzahl von Steuerpflichtigen besteht. Damit keine Überprivilegierung eintritt, muss zudem zwischen Vor- und Nachteil eine enge Beziehung bestehen.

1. Erfordernis des beihilfenrechtlichen Unternehmensbegriffs

Soweit das beihilfenrechtliche Unternehmen reicht, ist die umfassende steuerliche Betrachtung zur Bestimmung des beihilfenrechtlich relevanten Vorteils notwendig.[813] Dies folgt zwangsläufig daraus, dass es nur das eine beihilfenrechtliche Unternehmen gibt. Die Reichweite des Unternehmensbegriffs mag zwar dem Europäischen Gerichtshof folgend enger oder bei wirtschaftlicher Betrachtung weiter sein, in jedem Fall ist er von der steuerlichen Anerkennung des Konzerns im nationalen Recht unabhängig. Die gegenteilige Kommissionsentscheidung zu ungarischen Steuerabzügen für konzerninterne Zinserträge[814] ist daher nicht zustimmungswürdig. In dieser Beihilfenentscheidung knüpft die Kommission zur Vorteilsbestimmung nicht an den eigenständigen beihilfenrechtlichen Unternehmensbegriff an, sondern stellt auf die eigenständige Rechtspersönlichkeit im nationalen Recht ab.[815] Die neutrale Wirkung bei Betrachtung des Konzerns reiche nicht aus, um einen Vorteil auszuschließen.[816] Zur Begründung dieser Rechtsansicht zieht die Kommission das Urteil des Europäischen Gerichtshofs[817] zu den belgischen Koordinierungsstellen heran.[818] Ein Teil der dem Urteil zugrundeliegenden Steuerregelung war die Befreiung von der Quellensteuer für Koordinationszentren. Für Dividenden und Zinszahlungen an ausländische Gesellschaften wurde keine Quellensteuer erhoben, soweit

813 Siehe dazu *Englisch*, in: Schaumburg/Englisch, Europäisches Steuerrecht, Rn. 9.15.
814 Europäische Kommission, K(2009) 8130, Rn. 130 ff.
815 Europäische Kommission, K(2009) 8130, Rn. 131.
816 Europäische Kommission, K(2009) 8130, Rn. 132.
817 EuGH, Urt. v. 22.06.2006, Rs. C-182/03 (Belgien Forum 187).
818 Europäische Kommission, K(2009) 8130, Rn. 132, Verweis auf das Urt. in Fn. 40.

diese abgeltende Wirkung gehabt hätte.[819] Die Vorteilsgewährung für Koordinationszentren war nicht mit einem Nachteil im belgischen Steuersystem verbunden, sondern sollte einen tatsächlichen Nachteil in ausländischen Steuerordnungen ausgleichen. So wenig wie Mitgliedstaaten sich in Ausübung ihrer Fiskalhoheit beihilfenrechtlich durch Mismatches mit ausländischen Steuerrechtsordnungen beschränken lassen müssen[820], so ungeeignet sind Nachteile in anderen Steuerrechtsordnungen, die Feststellung eines beihilfenrechtlichen Vorteils in der eigenen Steuerrechtsordnung zu verhindern.[821] Die Annahmen des Europäischen Gerichtshofs lassen sich daher – entgegen der Kommission – nicht auf rein nationale Fälle übertragen. Der Beihilfenzweck erfordert eine wirtschaftliche Betrachtung der gesamten unternehmerischen Betätigung, so als würde sie insgesamt im betreffenden Mitgliedstaat stattfinden. Soweit diese Gesamtbetrachtung keinen Vorteil ergibt, hat der Mitgliedstaat ein beihilfenkonformes Steuersystem geschaffen.

2. Konnexitätserfordernis zwischen Vorteil und Nachteil

Zur Kompensation von Vor- und Nachteil innerhalb des beihilfenrechtlichen Unternehmens braucht es ein Konnexitätserfordernis. Andernfalls könnte jeder in einer Sonderbelastung bestehende Nachteil genutzt werden, um beihilfenrechtliche Vorteile zu neutralisieren. Dies ist weder bei Unternehmen möglich, die nur aus einem Steuerpflichtigen bestehen, noch darf es im Konzernunternehmen statthaft sein. Ohne einen Zusammenhang zwischen Vorteil und Nachteil wäre die Anwendung des Beihilfenrechts letztlich undurchsichtig. Jeder Vorteil könnte mit einer wo auch immer bestehenden Sonderbelastung verrechnet werden. Dies würde dem Beihilfenzweck nicht gerecht, die selektive Begünstigung bestimmter Unternehmen zu verhindern. Ohne Konnexitätserfordernis könnten weitreichende Sonderbelastungen eng zugeschnittene und binnenmarktverzerrende Vorteile kompensieren. Zur Sicherung der Konnexität von Vor- und Nachteil ist

819 Vgl. EuGH, Urt. v. 22.06.2006, Rs. C-182/03 (Belgien Forum 187), Rn. 110.

820 *Bacon*, European Union Law of State Aid, Rn. 2.27 ff.

821 Möglicherweise lassen sich die so festgestellten Vorteile aber durch die Vermeidung der Doppelbesteuerung rechtfertigen, siehe dazu *Englisch*, in: Schaumburg/Englisch, Europäisches Steuerrecht, Rn. 9.33; vertiefend zu den Rechtfertigungsmöglichkeiten unilateraler Maßnahmen *Jozipović*, Die Anwendung des EU-Beihilferechts auf das internationale Steuerrecht, S. 218 ff.

daher ein Bezug zum selben Geschäftsvorfall notwendig. Eindeutig sind die Fälle, in denen die vorteilsgewährende oder mit dem Nachteil belastende Norm einen tatbestandlichen Bezug zur jeweils anderen Norm aufweist. Da sich das Beihilfenrecht nicht an der Tatbestandstechnik orientiert, reicht bereits der nicht ausdrückliche Bezug zur identischen Handlung. Wegen der wirtschaftlichen Betrachtung ist es nicht erforderlich, dass die sich ausgleichenden Normen gleiche Tatbestandsvoraussetzungen haben. Die Konnexität kann daher ebenfalls erfüllt sein, wenn die gegensätzlichen Folgen nicht in jedem Fall gemeinsam eintreten, aber im konkreten Fall auf dieselbe Handlung bezogen sind.

Dieses weite Konnexitätsverständnis entspricht nicht der strengen Rechtsprechung des Europäischen Gerichtshofs, wenn es um die Beurteilung von Zuschüssen zur Kompensation von Inanspruchnahmen im öffentlichen Interesse geht[822], steht ihr aber aufgrund der unterschiedlichen Zielsetzung nicht entgegen. Bei der Analyse abgabenrechtlicher Vor- und Nachteile geht es nicht mehr darum, ob ein Vorteil oder eine Sonderbelastung vorliegt. Die Feststellung eines beihilfenrechtlichen Vorteils auf Ebene des einzelnen Steuerpflichtigen ist Ausgangspunkt der Vorteilsneutralisierung. Nur die Höhe des tatsächlichen wirtschaftlichen Vorteils ist fraglich. Dieser konzeptionelle Unterschied zeigt sich bei Betrachtung der vom Europäischen Gerichtshof entwickelten Kriterien im Altmark Trans-Urteil[823]: Zuerst müsse tatsächlich eine gemeinwirtschaftliche Verpflichtung vorliegen.[824] Die Berechnungsparameter für die Ausgleichsleistung der Inanspruchnahme im Rahmen der gemeinwirtschaftlichen Verpflichtung seien im Vorhinein objektiv zu bestimmen.[825] Der Ausgleich dürfe nicht über das hinausgehen, was Kosten und angemessener Gewinn erfordern.[826] Die Auswahl des Aufgabenträgers habe grundsätzlich nach öffentlicher Ausschreibung zu erfolgen.[827] Das Kriterium der gemeinwirtschaftlichen Verpflichtung und der öffentlichen Ausschreibung ist ersichtlich allein auf Fälle öffentlicher Da-

822 EuGH, Urt. v. 27.11.2003, Rs. C-34/01 u.a. (Enirisorse); EuGH, Urt. v. 24.03.2003, Rs. C-280/00 (Altmark Trans); EuGH, Urt. v. 22.11.2001, Rs. C-53/00 (Ferring); EuGH, Urt. v. 07.02.1985, Rs. 240/83 (ADBHU).

823 EuGH, Urt. v. 24.03.2003, Rs. C-280/00 (Altmark Trans), Rn. 88 ff.; bestätigt durch EuGH, Urt. v. 27.11.2003, Rs. C-34/01 u.a. (Enirisorse), Rn. 31 ff.; EuG, Urt. v. 16.09.2004, Rs. T-274/01 (Valmont), Rn. 131.

824 EuGH, Urt. v. 24.03.2003, Rs. C-280/00 (Altmark Trans), Rn. 89.

825 EuGH, Urt. v. 24.03.2003, Rs. C-280/00 (Altmark Trans), Rn. 90 f.

826 EuGH, Urt. v. 24.03.2003, Rs. C-280/00 (Altmark Trans), Rn. 92.

827 EuGH, Urt. v. 24.03.2003, Rs. C-280/00 (Altmark Trans), Rn. 93.

seinsvorsorge beschränkt. Die zweite Voraussetzung soll allein eine nachträgliche Festlegung der Ausgleichszahlungen verhindern und steht zudem in engem Zusammenhang mit der Inanspruchnahme für öffentliche Tätigkeiten. Bei der Saldierung von abstrakt-generell gewährten Vor- und Nachteilen wäre ein solches Kriterium ohne Weiteres erfüllt. Zusammen mit der dritten und entscheidenden Voraussetzung, der Ausgleich dürfe nicht über das hinausgehen, was Kosten und angemessener Gewinn erfordern, zeigt sich, dass es dem so entwickelten Test um die Feststellung des Vorteils dem Grunde nach geht. Noch deutlicher wird dies, wenn eine übermäßige Kompensierung der Kosten nicht zu einer vollständigen Rückforderung führt. Es sollen nur diejenigen Beträge zurückgefordert werden, die zu viel gezahlt wurden.[828] Die vom Europäischen Gerichtshof entwickelten Kriterien stehen daher einer Vorteilssaldierung nicht generell im Weg.

3. Konkrete Umsetzung

Ist das Erfordernis zur Vorteilsneutralisation innerhalb des beihilfenrechtlichen Unternehmens geklärt, stellt sich die Frage der konkreten Umsetzung. Die im Regelfall getrennte Besteuerung verbundener Steuerpflichtiger im nationalen Steuerrecht muss mit dem übergreifenden Unternehmensbegriff des Beihilfenrechts in Einklang gebracht werden. Einfach ist dies bei hundertprozentiger Beteiligung, schwieriger, wenn mehrere Anteilseigner beteiligt sind. Trotzdem sind beide Fälle nach denselben Maßstäben zu beurteilen. Es bietet sich eine dreistufige Vorgehensweise an. Zunächst die Anwendung der nationalen Steuernormen auf Ebene der jeweiligen Steuerpflichtigen und Bestimmung des beihilfenrechtlichen Vor- oder Nachteils. Dann die (gedankliche) Verteilung des Vor- oder Nachteils auf die übergeordnete Einheit. Erst dann kann die Verrechnung vorgenommen werden und auf jede Einheit zurückgerechnet werden.

Im ersten Schritt ist jeder der zum beihilfenrechtlichen Unternehmen gehörenden Steuerpflichtigen getrennt zu betrachten. Diese Aufteilung hat allein die Funktion einer Gedankenstütze zur Vereinfachung der Kompensation. Die nationalen Steuerregelungen sind für jeden Steuerpflichtigen getrennt anzuwenden und zu würdigen. Es ist isoliert das Bestehen eines

---

828 *Kleine/Sühnel*, in: B/B/H, Beihilfenrecht, Kapitel 1 Anwendungsbereich und Ausnahmen, Rn. 199; vgl. auch *Bufton*, EC Competition Policy Newsletter 2002, 71 (71), die Rückforderung des Vorteils habe in Höhe der "overcompensation" zu erfolgen.

beihilfenrechtlich relevanten Vorteils festzustellen. Gleiches gilt für die beihilfenrechtlich irrelevanten Sonderbelastungen. Danach ist der Vor- oder Nachteil der unteren Einheit der höheren Einheit zuzurechnen. Diese Zurechnung muss in Höhe des Gewinnbezugsanteils der übergeordneten Ebene erfolgen, unabhängig von der Beteiligungsquote am Kapital. Die Maßgeblichkeit des Anteils am Gewinn folgt aus dem hier vertretenen weiten Unternehmensverständnis.[829] Es kommt auf die aus dem Beihilfenzweck folgende Gesamtbetrachtung der Rentabilität der Investitionsentscheidung an, die für den Gesellschafter maßgeblich durch den Gewinnbezug geprägt wird. Die Gesamtbetrachtung der Rentabilität ist überhaupt der Grund, warum eine anteilige Zurechnung nötig ist und eine Kompensation über rechtlich eigenständige Einheiten nicht ohne Rücksicht auf die Beteiligung am Gewinn erfolgen kann. Andernfalls droht eine Überprivilegierung des Konzerns. Nachteile auf einer Ebene kompensierten sonst Vorteile, die gar nicht (anteilig) auf denjenigen entfallen, der die Nachteile erleidet. Im letzten Schritt ist die Verrechnung vorzunehmen. Der nach Gewinnanteil auf die Gesellschafter verteilte Vor- oder Nachteil auf unterer Ebene wird mit dem jeweiligen Gegenstück auf Gesellschafterebene verrechnet. Die Verrechnung bei jedem übergeordneten Steuerpflichtigen ist auf den auf ihn entfallenden Anteil begrenzt. Das heißt, über- und unterproportionale Nachteile bei verschiedenen Gesellschaftern können einen Vorteil auf untergeordneter Ebene nicht vollständig ausgleichen: Überproportionale Nachteile können sich wegen der Beschränkung auf den Anteil nicht vollständig auswirken und unterproportionale Nachteile können den zugerechneten Vorteilsanteil nicht kompensieren. Verbleibt nach Durchführung dieser Berechnung ein nicht kompensierter Vorteil, dann ist dieser ein beihilfenrechtlicher Vorteil des Unternehmens.

IV. Deutschland: Vorteilsausgleich zwischen § 3a Abs. 1 S. 1 EStG und § 8b Abs. 3 S. 4 KStG/§ 3c Abs. 2 S. 2 EStG

Wegen der unterschiedlichen Ansatzpunkte des Fremdvergleichs in § 3a EStG und § 3c Abs. 2 S. 3 EStG bzw. § 8b Abs. 3 S. 6 KStG kann es beim Forderungsverzicht eines qualifiziert beteiligten Gläubigers zu folgender Situation kommen: Für die Anwendung des § 3a EStG liegt eine betriebliche

829 Siehe dazu Kapitel 4:E.II ab S. 175.

Veranlassung des Verzichts vor und unter den weiteren Voraussetzungen kommt es zur Steuerfreiheit des Sanierungsertrags beim erlassbegünstigten Schuldner. Auf Ebene des verzichtenden Gesellschafters ist wegen des nicht fremdüblich (weiter-)gewährten oder besicherten Darlehens die steuerliche Abzugsfähigkeit gemäß § 3c Abs. 2 S. 2 EStG teilweise oder gemäß § 8b Abs. 3 S. 4 KStG ganz ausgeschlossen. Gehören sowohl der erlassende als auch der erlassbegünstigte Steuerpflichtige zu einem beihilfenrechtlichen Unternehmen, ist nach Maßgabe der obigen Ausführungen der Ausgleich des Vorteils aus § 3a Abs. 1 S. 1 EStG mit dem Abzugsverbot möglich. Diese typische Fallgestaltung wäre bei einer Beihilfenentscheidung über den § 3a Abs. 1 S. 1 EStG zu berücksichtigen.[830]

Dem hier vertretenen weiten Unternehmensbegriff folgend, liegt in jeder Situation, in der § 3a EStG und § 3c Abs. 2 S. 2 EStG bzw. § 8b Abs. 3 S. 4 KStG zusammen einschlägig sind, ein einheitliches beihilfenrechtliches Unternehmen vor. Wegen der Tatbestandsvoraussetzungen in § 3c Abs. 2 S. 2 EStG und § 8b Abs. 3 S. 4 KStG liegt die notwendige Beteiligung stets vor, da in den Vorschriften sogar eine Mindestbeteiligungsquote vorausgesetzt wird. Für den engen Ansatz des Europäischen Gerichtshofs dürfte dies allein noch nicht ausreichen. Es müssten noch zusätzlich eine tatsächliche Beherrschung festgestellt werden, die über eine reine Portfoliobeteiligung hinausgeht.

Die Steuerbefreiung des Sanierungsertrags in § 3a Abs. 1 S. 1 EStG ist ein beihilfenrechtlicher Vorteil, der nach der hier vertretenen Ansicht jedoch nicht selektiv ist.[831] Für den Vorteilsausgleich muss dieser Vorteil im Sinne des Beihilfenrechts auf eine Sonderbelastung treffen. Die Abzugsbeschränkung des § 3 Abs. 2 S. 2 EStG/§ 8b Abs. 3 S. 4 EStG darf daher nicht auf Grundlage einer Systementscheidung Teil der steuerlichen Normalbelastung sein, sondern muss für den Steuerpflichtigen negativ davon abweichen. Im deutschen Ertragssteuerrecht sind die Forderung gegen und die Beteiligung am Tochterunternehmen getrennte Wirtschaftsgüter.[832] Durch die Einführung der fraglichen Abzugsbeschränkungen ist der Gesetzgeber von dieser grundsätzlichen Trennung nicht abgewichen, sondern hat nur weit typisierte Missbrauchsabwehrvorschriften geschaffen. Das zeigt sich an dem Erfordernis der qualifizierten Beteiligung und vor allem an dem

830 Ausnahme typischer Einzelfälle bei der grundsätzlich abstrakten Bewertung beihilfenverdächtiger Normen, siehe Kapitel 4:B ab S. 120.

831 Siehe oben Kapitel 4:C.III.4 ab S. 155.

832 BFH, Urt. v. 14.01.2009 – I R 52/08, BFHE 244, 132 = BStBl. II 2009, 674.

Drittvergleich. Sowohl in § 3c Abs. 2 EStG als auch in § 8b Abs. 3 KStG ist eine Abwendung des Abzugsverbots durch den Nachweis der Fremdüblichkeit der Darlehensgewährung möglich. Die Abzugsbeschränkungen aus § 3c Abs. 2 S. 2 EStG und § 8b Abs. 3 S. 4 KStG sind mithin nachteilige Sonderbelastungen und zum Ausgleich des Vorteils aus der Steuerbefreiung des § 3a EStG geeignet.

§ 3a Abs. 1 S. 1 EStG und § 3c Abs. 2 S. 2 EStG bzw. § 8b Abs. 3 S. 4 KStG erfüllen auch die oben dargelegten Konnexitätsanforderungen.[833] Zwar weisen die sich kompensierenden Vorschriften keinen tatbestandlichen Bezug zueinander auf und ihre Rechtsfolgen treten auch nicht in jedem Fall gemeinsam ein, aber für die Konnexität reicht aus, dass sich beide Rechtsfolgen auf den Forderungsverzicht beziehen. § 3c Abs. 2 S. 2 EStG bzw. § 8b Abs. 3 S. 4 KStG kann zwar bereits bei einer etwaigen Teilwertabschreibung eingreifen; diese ist aber als vorgelagerte Berücksichtigung der Verzichtsfolgen ebenfalls von der Konnexität umfasst.

Ist die grundsätzliche Eignung zur Verrechnung des Vorteils festgestellt, muss zur konkreten Berechnung der Vorteil aus § 3a Abs. 1 S. 1 EStG in Höhe des Gewinnbezugsrechts auf die Gesellschafter verteilt werden. Die insbesondere aus § 3a Abs. 3 S. 2 EStG folgenden Kompensationsmöglichkeiten bleiben hier unberücksichtigt. Ist jedem Gesellschafter der Vorteil auf Gesellschaftsebene in Höhe des Gewinnbezugsrechts zugewiesen, ergibt sich daraus der gedachte Vorteilsanteil. Dieser Vorteilsanteil kann dann auf Ebene des Gesellschafters mit der Sonderbelastung aus der Anwendung von § 3c Abs. 2 S. 2 EStG bzw. § 8b Abs. 3 S. 4 KStG verrechnet werden. Der Anteil des Vorteils, der nicht verrechnet wird, ist dann weiterhin Vorteil des beihilfenrechtlichen Unternehmens. Bei hundertprozentiger Beteiligung ergibt sich der Ausgleich intuitiv. In den Fällen des § 8b Abs. 3 S. 4 KStG wird der Vorteil aus § 3a Abs. 1 S. 1 EStG zu hundert Prozent ausgeglichen, da das Abzugsverbot den bilanziellen Verlust aus dem Verzicht für steuerliche Zwecke vollständig außerbilanziell hinzurechnet. In den Fällen des § 3c Abs. 2 S. 2 EStG kommt es nur zu einem Ausgleich in Höhe von vierzig Prozent. Die Abzugsbeschränkung greift in diesen Fällen nicht in voller Höhe, sondern unter Berücksichtigung des Teileinkünfteverfahrens. Vierzig Prozent des bilanziellen Verlustes aus dem Forderungsverzicht werden wieder hinzugerechnet. Nur in Höhe des außerbilanziell hinzugerechneten Betrags liegt eine Sonderbelastung vor, die den Vorteil kompensieren kann. Ähnlich verlaufen die Fälle mit mehreren Gesellschaftern, die gemes-

833 Siehe Kapitel 4:E.III.2 ab S. 179.

sen an ihren Gewinnbezugsrechten quotengemäße Forderungsverzichte aussprechen. Die Summe der von § 3a Abs. 1 S. 1 EStG privilegierten Verzichtsgewinne ist gedanklich anteilig zu den Gewinnbezugsrechten auf die Gesellschafter zu verteilen. Bei quotalem Verzicht entspricht der gedachte Vorteilsanteil somit immer der Verzichtssumme des Gesellschafters. Jeder gedachte Vorteilsanteil wird nach Maßgabe der individuellen Situation des Gesellschafters beurteilt, entweder nach § 8b Abs. 1 S. 1 KStG bei körperschaftsteuerpflichtigen Gesellschaftern oder nach § 3c Abs. 2 S. 2 EStG bei sonstigen gewerblich tätigen Gesellschaftern. So muss für jeden Teil einzeln entschieden werden, ob ein Vorteilsausgleich in Höhe von hundert, vierzig oder null Prozent erfolgt. Der Null-Prozent-Fall ist einschlägig, wenn für den betreffenden Gesellschafter die Voraussetzungen keines der beiden Abzugsverbote erfüllt ist. Der Gesamtvorteilsausgleich ergibt sich aus der Zusammenführung der einzelnen Teilstücke und ist damit bei heterogener Gesellschafterzusammensetzung eine Mischkalkulation aus den drei möglichen Fallvarianten. Im Grundsatz vergleichbar sind die Fälle anteiliger Beteiligung mit disquotalen Verzichtsleistungen, wobei folgendes zu beachten ist: Leistet ein Gesellschafter übermäßige Verzichtbeiträge, kann die bei ihm eintretende Sonderlast den Vorteil maximal in Höhe seines gedachten Vorteilsanteils ausgleichen. Dieser Ausgleich findet betragsmäßig statt. Das hat insbesondere Bedeutung in den Fällen des § 3c Abs. 2 S. 2 EStG. Entfällt auf den Gesellschafter wegen seiner übermäßigen Verzichtsleistung nur ein gemessen am Verzicht kleiner gedachter Vorteilsanteil, wird dieser Anteil durch vierzig Prozent der Verzichtssumme kompensiert. Es wird also nicht vierzig Prozent des gedachten Vorteilsanteils kompensiert, sondern es wird der gedachte Vorteilsanteil durch vierzig Prozent des (höheren) Verzichtsbetrags kompensiert.

Kapitel 5: Rechtsvergleichende Analyse

Die steuerliche Privilegierung der Schuldenrestrukturierung in Deutschland und Frankreich weist trotz etlicher Parallelen und ähnlicher Problemstellungen grundlegende Unterschiede auf. Schon bei der Betrachtung der sanierungsprivilegierenden Normen fällt auf: Der deutschen Steuerbefreiung von Erträgen aus Schuldenerlassen mit ihren umfassenden komplementären Rechtsfolgen steht eine sehr schlank gefasste, partielle Aufhebung der Mindestbesteuerung im französischen Art. 209-1 alinéa 4 CGI gegenüber. Eine weitere Privilegierung findet sich im französischen Steuerrecht auf Ebene des Sanierers, wohingegen in Deutschland keine Sonderregelungen vorgesehen sind. In beiden Rechtsordnungen gilt, dass die einzelnen Sanierungsprivilegierungen und ihre Reichweiten auf das jeweilige allgemeine Steuersystem abgestimmt sind. Bei übergreifender Betrachtung von Erlasssituationen zeigt sich: Sind Sanierer und Sanierter gesellschaftsrechtlich unverbunden, so sind die entstehenden Abweichungen zwischen der deutschen und französischen Rechtslage weitgehend auf die Unterschiede zwischen § 3a EStG und Art. 209-1 alinéa 4 CGI zurückzuführen. Beide Rechtsordnungen wollen das Liquiditätsproblem des Schuldenerlasses systematisch ähnlich lösen. Deutliche Unterschiede zwischen den Rechtsordnungen treten bei gesellschaftsrechtlich verbundenen Unternehmen auf. Gemein ist nur, dass mit der gesellschaftsrechtlichen Verbindung zum Teil einander widersprechende Zielsetzungen in Einklang gebracht werden müssen, womit ein deutlicher Komplexitätszuwachs einhergeht. Entsprechend wenig stringent und unübersichtlich ist die jeweilige Rechtslage. Trotz der umfassenderen Rechtsfolgen der Sanierungsprivilegierung in Deutschland zeigt sich die französische Rechtslage tendenziell als sanierungsfreundlicher. Dies ist auf das frühzeitige Eingreifen der anwendbaren Privilegierungen und eine deutlich bessere steuerliche Behandlung der besonders praxisrelevanten Sanierung durch Gesellschafter zurückzuführen.

Beide Länder verfolgen beim Debt-Equity-Swap konträre gesellschaftsrechtliche Regelungskonzepte. Während das französische Recht die Umwandlung einer wertgeminderten Forderung in Eigenkapitalanteile zum Nennwert erlaubt, verpflichtet das deutsche Recht zur effektiven Kapitalaufbringung. Damit ist die Umwandlung in Eigenkapital nur zum Marktwert der Forderung möglich. An diese gesellschaftsrechtlichen Unterschiede anknüpfend, stellen sich in Frankreich Probleme bei der Bewertung der vom Gläubiger neu erworbenen Anteile. Die französische Rechtslage zeigt sich dabei sehr restriktiv. Die für den Schuldner steuerneutrale Nennwerteinlage ist für den Gläubiger grundsätzlich mit einem steuerlichen Abzugsverbot für die Differenz zwischen Nenn- und Marktwert der erhaltenen Anteile verbunden. Deshalb dürfte die Nennwerteinlage nur für steuerlich nicht in Frankreich ansässige Gläubiger und für Steuerpflichtige interessant sein, die unter die Ausnahmevorschrift des Art. 209-VII bis CGI fallen.

Weitgehend deckungsgleich sind die Funktionsweise und die steuerliche Behandlung des Debt-Buy-Backs durch den Schuldner. Einzig für Deutschland ist streitig, ob ein beim Schuldner entstehender Gewinn von der Steuerbefreiung des § 3a EStG umfasst ist. Der Debt-Buy-Back durch den Schuldner hat jedoch in beiden Ländern kaum praktische Relevanz – aus steuerlichen und außersteuerlichen Gründen.

A. Analyse der Sanierungsprivilegierungen

Der augenfälligste Unterschied zwischen der deutschen und französischen Rechtslage besteht in der Anzahl der steuerlichen Privilegierungen für Schuldenrestrukturierungen. Dem deutschen § 3a EStG stehen gleich drei Normen auf der französischen Seite gegenüber. Hieran zeigt sich bereits die unterschiedliche systematische Herangehensweise. Der französische Gesetzgeber hat keine umfassende, eigenständige Norm für Gewinne aus Schuldenrestrukturierungen geschaffen, sondern sanierungsspezifische Ausnahmen systematisch der entsprechenden Grundregel zugeordnet. Allerdings ist die Privilegierung des Art. 39-1, 8° CGI praktisch bedeutungslos[834] und Art. 39-13 alinéa 2 CGI wirkt nicht auf Ebene des zu sanierenden Schuldners, sondern beim gesellschaftlichrechtlich verbundenen Gläubiger. Das Regelungsanliegen des § 3a EStG findet seine Entsprechung in Art. 209-1 alinéa 4 CGI. Deshalb strukturiert sich dieser Unterabschnitt anhand einer Gegenüberstellung von Art. 209-1 alinéa 4 CGI und § 3a EStG. Nur punktuell wird auf Art. 39-13 alinéa 2 CGI Bezug genommen, dessen Wirkungsweise im Kontext des Schuldenerlasses dargestellt wird.

---

834 Siehe dazu bereits Kapitel 3:E.I.2.c) ab S. 88.

I. Rechtsfolgen: Steuerfreiheit oder Aufhebung der Mindestbesteuerung

Der französische Steuergesetzgeber hebt – wirtschaftlich betrachtet – für Verzichtsgewinne die Mindestbesteuerung auf.[835] Art. 209-1 alinéa 4 CGI stellt sicher, dass Erlassgewinne in unbeschränkter Höhe mit bestehenden Verlustvorträgen verrechnet werden können. Ist der Verzichtsgewinn höher als die bestehenden Verlustvorträge, treten insoweit die normalen Besteuerungsfolgen ein. Letztlich wird der Verzichtsgewinn liquiditätsschonend besteuert, aber nicht steuerfrei gestellt. Dieser einfachen und klaren Regelung steht mit § 3a EStG eine deutlich umfassendere und komplexere Sanierungsprivilegierung gegenüber. Zwar ist die Rechtsfolge „Steuerfreiheit" für Erträge aus Sanierungsoperationen sehr weitgreifend, aber zugleich grenzen komplementäre Rechtsfolgen die Steuerbefreiung wieder ein. Das Abzugsverbot für Sanierungskosten aus § 3c Abs. 4 EStG sichert, dass wirtschaftlich nur der Gewinn aus der Sanierungsoperation steuerfrei gestellt wird und nicht der Ertrag. Über § 3a Abs. 3 S. 2 EStG wird eine Doppelbegünstigung des Steuerpflichtigen verhindert, indem bestehende Aufwands- oder Verlustpositionen in Höhe des geminderten Sanierungsertrags untergehen.[836] Die eliminierten Steuerminderungspositionen sind der Preis der Steuerbefreiung. Wirtschaftlich betrachtet ist nur die Differenz zwischen dem um die Sanierungskosten verminderten Sanierungsertrag und den untergehenden Steuerminderungspositionen eine echte Steuerbefreiung. Deshalb besteht steuerlich kein großer Unterschied zwischen der deutschen und französischen Rechtslage, wenn die Verzichtsgewinne die bestehenden Verlustvorträge nicht überschreiten. Der deutsche Steuerpflichtige muss die Steuerbefreiungen mit dem Untergang seines Verlustvortrags erkaufen, während der französische Steuerpflichtige einen um den Verzichtsgewinn erhöhten Sockelbetrag des unbeschränkt abzugsfähigen Verlustes bei der Mindestbesteuerung erhält.[837] Kleinere Abweichungen ergeben sich dann, wenn beim deutschen Steuerpflichtigen bereits gemäß § 3a Abs. 3 S. 2 Nr. 1-7 EStG untergehende Steuerminderungspositionen bestehen. Diese wären vorrangig vor dem laufenden und vorgetragenen Verlust untergegangen und hätten den allgemeinen Verlustvortrag insoweit erhalten. Unterschiedlich hohe Steuerbelastungen entstehen, wenn die Verlustvorträge nicht zur Kompensation des Verzichtsgewinns ausreichen. Für den franzö-

835 Siehe dazu Kapitel 3:B.I ab S. 77.
836 Genauer dazu Kapitel 2:A.I.2 ab S. 21.
837 Näher zu Art. 209-1 alinéa 4 CGI siehe Kapitel 3:B.I ab S. 77.

sischen Steuerpflichtigen treten dann die regulären Besteuerungsfolgen ein, was zu einer Liquiditätsbelastung führt. Demgegenüber wird der deutsche Steuerpflichtige von einer Liquiditätsbelastung in jedem Fall verschont, weil die Steuerbefreiung unabhängig davon eintritt, ob Steuerminderungspositionen bestehen.

Hinsichtlich des Umfangs der Rechtsfolge sind die deutschen Steuerpflichtigen deutlich privilegierter, damit erhöht sich jedoch das beihilfenrechtliche Risiko. Die vollständige Verrechnung von Verzichtsgewinnen mit bestehenden Verlustvorträgen hat sich nur in Fällen der akuten Existenzgefährdung als beihilfenunverdächtig erwiesen.[838] Das gilt sowohl nach der strengen Sichtweise des Europäischen Gerichtshofs als auch nach der hier vertretenen souveränitätsschonenderen Sichtweise. Anders ist dies für die nicht durch untergehende Steuerminderungspositionen kompensierte[839] Steuerbefreiung des Sanierungsertrags nach deutschem Recht. Allein nach der in dieser Arbeit vertretenen, souveränitätsschonenden Ansicht ist die Qualifikation als Beihilfe ausgeschlossen, während der Europäische Gerichtshof mit seinem Prüfungsmaßstab zur Annahme einer Beihilfe kommen dürfte. Der sogenannte „comfort-letter" der Europäischen Kommission mit der Einstufung des § 3a EStG bietet daher nur begrenzte Sicherheit.[840] Zumindest mit Wirkung für die Zukunft wäre ein Beihilfenverdikt durch die Kommission jederzeit möglich.

An der unterschiedlichen Wirkungsweise – Steuerbefreiung mit anschließender Kompensation durch den Untergang von Steuerminderungspositionen in Deutschland versus Erhöhung des Sockelbetrags der Mindestbesteuerung in Frankreich – wird deutlich, warum die Regelungstechnik in beiden Ländern verschieden ist. Aus der umfassenden Steuerbefreiung in Deutschland ergibt sich die systematische Notwendigkeit einer eigenständigen Privilegierungsnorm, wohingegen die auf Veränderungen an der Mindestbesteuerung beschränkte französische Privilegierung zu Recht als Ausnahme im Rahmen der Grundnorm geregelt ist. Die umfassende Steuerbefreiung im deutschen Recht stellt den deutschen Steuergesetzgeber

838 Siehe zu Frankreich: Kapitel 4:C.III.3 ab S. 153 und zu Deutschland: Kapitel 4:C.III.4.b)cc) ab S. 162.

839 Genauer, auch zu den Problemen der Kompensationshöhe Kapitel 4:C.III.4.b) ab S. 158.

840 Zum „comfort-letter" siehe *Weerth*, ZInsO 2018, 1893; *Licht*, EU-Beihilferecht und Unternehmensbesteuerung, S. 398 ff.; auch *Seer*, FR 2014, 721 (730 f.) mit ausführlicher Darstellung der Historie der Sanierungsgewinnbefreiung (724 ff.); zur Entwicklungsgeschichte auch *Kahlert*, ZIP 2016, 2107 (2107-2110).

noch vor weitere Probleme, die der französische Gesetzgeber nicht zu lösen braucht. Eine privilegierte Verrechnung mit Verlustvorträgen schafft im Gegensatz zu einer Steuerbefreiung keine Anreize für Steuerpflichtige, stille Lasten unrealisiert zu lassen. Stehen dem Steuerpflichtigen keine Verlustvorträge zur Verfügung und muss er mit einer steuerbedingten Liquiditätsbelastung rechnen, wird er versuchen, ein möglichst hohes Verlustpotenzial zu schaffen. Ist der Sanierungsertrag dagegen steuerfrei, wird er versucht sein, stille Lasten für die Zeit nach der Sanierung zu erhalten. Auf diese Gefahr hat der deutsche Gesetzgeber mit § 3a Abs. 1 S. 2 EStG reagiert. Wegen der außerbilanziellen Wirkungsweise der Steuerbefreiung des § 3a Abs. 1 S. 1 EStG hat die verpflichtende Wahlrechtsausübung zur Schaffung eines größtmöglichen Verlustes keine unmittelbaren Folgen für den Sanierungsertrag.[841] Sie wirkt erst mittelbar über den Untergang der Steuerminderungspositionen in § 3a Abs. 3 S. 2 Nr. 8 EStG. Die Reichweite und die von der Zwangsausübung umfassten Wahlrechte sind deshalb umstritten.[842] Dem weiten Wortlaut des § 3a Abs. 1 S. 1 EStG folgend, müsste eine Wahlrechtsausübung auch dann erfolgen, wenn der mit ihrer Anordnung verfolgte Zweck nicht erreicht werden kann. Wegen der weitreichenden Steuerbefreiung in § 3a Abs. 1 S. 1 EStG muss der deutsche Gesetzgeber zudem den Untergang von Steuerminderungspositionen vorsehen, um eine Überprivilegierung zu vermeiden.[843] Dafür greift der deutsche Gesetzgeber sogar auf den zusammenveranlagten Ehegatten zurück und hat mit § 3a Abs. 3 S. 3 EStG noch eine Abwehrnorm gegen denkbare Umgehungsgestaltungen geschaffen. Diese Problematik umgeht der französische Steuergesetzgeber, weil er die Entscheidung zur Realisierung größtmöglichen Verlustpotenzials beim Steuerpflichtigen belassen kann; aufgrund der fehlenden Steuerbefreiung besteht keine Missbrauchsgefahr. Dafür müssen französische Steuerpflichtige auf eine echte Steuerbefreiung verzichten und sind einer liquiditätsbelastenden Besteuerung ausgesetzt, soweit die Verlustvorträge nicht ausreichen.

841 Genauer dazu Kapitel 2:A.I.3 ab S. 26.

842 Zum Ganzen Kapitel 2:A.I.3 ab S. 26.

843 Gleiches gilt auch für die beihilfenrechtliche Beurteilung des § 3a EStG, siehe Kapitel 4:C.III.4.b) ab S. 158.

II. Persönlicher Anwendungsbereich

Die deutsche Sanierungsprivilegierung des § 3a EStG ist auf alle Steuerpflichtigen mit gewerblichen Einkünften und über die Verweisung des § 8 Abs. 1 KStG auch auf Körperschaften anwendbar. Demgegenüber erfasst Art. 209-1 alinéa 4 CGI ausschließlich Körperschaftsteuersubjekte. Für Einkommensteuersubjekte gilt dort keine Mindestbesteuerung, die partiell aufgehoben werden könnte.[844]

III. Sachliche Anforderungen an die Sanierungsbedürftigkeit

Völlig unterschiedliche Konzepte verfolgen der deutsche und französische Steuergesetzgeber bei den sachlichen Voraussetzungen für die Sanierungsprivilegierung. Während in Deutschland eigenständige steuerrechtliche Anforderungen für die Sanierungsbedürftigkeit gelten, knüpfen Art. 209-1 alinéa 4 CGI und Art. 39-13 alinéa 2 CGI tatbestandlich an insolvenz- und sanierungsrechtliche Verfahren an.

Darüber hinaus stellt der deutsche Gesetzgeber durch das Erfordernis des betrieblich veranlassten Schuldenerlasses und die Sanierungsabsicht eine Korrespondenz zur Behandlung auf Ebene des Gläubigers her, die dem französischen Recht fremd ist. Ebenso fremd sind dem französischen Recht die Tatbestandsmerkmale „Sanierungsfähigkeit“ und „Sanierungseignung“, die auf den gegebenenfalls zu erwartenden Erfolg der Sanierung Bezug nehmen.

1. Eigenständiger vs. insolvenzrechtsakzessorischer Sanierungsbegriff

Das Merkmal der Sanierungsbedürftigkeit im § 3a Abs. 2 EStG weist keine formale Verknüpfung zu insolvenzrechtlichen Tatbeständen auf. Für die Annahme der Sanierungsbedürftigkeit ist eine steuerrechtlich eigenständige Prognoseentscheidung erforderlich.[845] Damit entstehen notwendigerweise materielle Parallelen zur Prüfung der Antragsvoraussetzungen insolvenzrechtlicher Verfahren. Eine formale Verknüpfung ist vor dem Hintergrund strategischer Insolvenz- und Sanierungsverfahren nicht gewünscht. Dem-

844 Dazu Kapitel 3:A ab S. 71; siehe auch Art. 156-I CGI.
845 Dazu Kapitel 2:A.III.1 ab S. 30.

entsprechend reicht für die Sanierungsbedürftigkeit im Sinne des § 3a EStG das Vorliegen von Insolvenzantragsgründen nicht aus. Tritt jedoch Zahlungsunfähigkeit ein, wird in der Regel auch die Sanierungsbedürftigkeit vorliegen.[846] Der französische Gesetzgeber hat hingegen sowohl in Art. 209-1 alinéa 4 CGI als auch in Art. 39-13 alinéa 2 CGI einen tatbestandlichen Bezug zur Eröffnung eines Insolvenz- oder Sanierungsverfahrens hergestellt. Es reicht deshalb nicht aus, wenn die Voraussetzungen eines solchen Verfahrens erfüllt sind oder der Antrag gestellt ist. Das Verfahren muss eröffnet sein, damit ein Verzichtsgewinn von Art. 209-1 alinéa 4 CGI privilegiert werden kann. Die Eröffnungsvoraussetzungen insbesondere der *conciliation* und des *procédure de sauvegarde* greifen dafür bereits sehr früh ein. Schon der Verlust von wichtigen Kunden, schwindende Marktanteile durch aggressive Konkurrenz oder ähnliche Situationen reichen aus.[847] Damit genügen zum normalen Geschäftsleben gehörende Probleme, die nicht zwingend Vorboten einer Existenzkrise sein müssen. Die Erheblichkeitsschwelle als Voraussetzung des *procédure de sauvegarde* wird von der Rechtsprechung nur in erkennbaren Missbrauchsfällen als nicht erfüllt angesehen. Deshalb kann die Privilegierung des Art. 209-1 alinéa 4 CGI sehr früh eröffnet sein und strategisch genutzt werden. Die steuerrechtliche Anknüpfung von Sanierungsprivilegierungen an das niederschwellige Sanierungs- und Insolvenzrecht hat beihilfenrechtliche Implikationen. Liegt keine Existenzgefährdung des erlassbegünstigten Schuldners vor, ist die fehlende Vergleichbarkeit der privilegierten mit den normal besteuerten Steuerpflichtigen nicht zu begründen. Nach der hier vertretenen engen Auslegung des Selektivitätsbegriffs dürfte die Annahme einer Beihilfe an der fehlenden Begünstigung einer bestimmten Gruppe von Steuerpflichtigen scheitern. Für den weitgreifenden Ansatz des Europäischen Gerichtshofs wird dagegen eine Beihilfe vorliegen.[848]

---

846 Zum Ganzen Kapitel 2:A.III.1 ab S. 30.

847 Zur *conciliation:* Kapitel 3:B.II ab S. 78; zum *procédure de sauvegarde:* Kapitel 3:B.II.2 ab S. 79.

848 Zum Beihilfenrecht siehe Kapitel 4:C.III.3 ab S. 153.

2. Bezugnahme zu Motiven des Gläubigers – Irrweg des deutschen Gesetzgebers

Durch die Merkmale „Sanierungsabsicht“ und „betrieblich veranlasster Forderungsverzicht“ in § 3a Abs. 2 EStG stellt der deutsche Gesetzgeber tatbestandsmäßig eine Korrespondenz zwischen Gläubiger- und Schuldnerebene her. Für die steuerliche Behandlung des erlassbegünstigten Schuldners kommt es zum einen darauf an, dass der Gläubiger in der Absicht handelt, den Schuldner zu sanieren. Der Schuldenerlass muss daher in gewissem Maße eine fremdnützige Prägung erhalten, wenn auch eigennützige Motive des Gläubigers nicht *per se* schädlich sind.[849] Zum anderen ist eine betriebliche Veranlassung des Schuldenerlasses auf Seiten des Gläubigers notwendig. Bei verbundenen Gläubigern wird die betriebliche Veranlassung durch einen Fremdvergleich von der gesellschaftsrechtlichen Veranlassung abgegrenzt. Nur fremdvergleichskonforme Schulderlasse der Gesellschafter können von § 3a EStG privilegiert werden. Der Gesellschafter muss wie ein fremder Dritter an der Sanierung des Schuldners teilnehmen, denn die Erlasse von unverbundenen Gläubigern können mangels anderweitiger Beziehung nur durch die normale Geschäftsbeziehung veranlasst sein. Regelmäßig wird der Gläubigerakkord als Nachweismöglichkeit für die Fremdüblichkeit des Vorgehens der Gesellschafter gefordert, d. h. das gleichgerichtete Vorgehen von Gesellschaftern und Nicht-Gesellschaftern bei der Schuldenrestrukturierung.

Völlig zu Recht fehlen dem französischen Steuerrecht solche Merkmale. Die steuerliche Behandlung auf Ebene des erlassbegünstigten Steuerpflichtigen von Motiven auf Ebene des Sanierers abhängig zu machen, läuft dem Grundgedanken des § 3a EStG zuwider. Die beiden Tatbestandsmerkmale „Sanierungsabsicht“ und „betriebliche Veranlassung des Schuldenerlasses“ verkomplizieren und verengen die Anwendung unnötig. Insbesondere wirken sie als Sanierungsbremse, indem sie die Privilegierung von frühzeitigen Gesellschafterverzichten verhindern und Sanierungsbemühungen aus steuerlichen Gründen auf einen späteren Zeitpunkt verschieben, zu dem die Bemühungen regelmäßig intensiviert werden müssen. Die Tatbestandsmerkmale wirken auch nicht als Korrektiv; die aus dem Gesetzeszweck folgende Privilegierungsbedürftigkeit wird bereits durch die Sanierungsbedürftigkeit ausreichend typisiert. Zudem sind die Merkmale konzeptionell widersprüchlich und ihre Anwendung wenig überzeugend. Sanierungsab-

849 Genauer dazu Kapitel 2:A.III.3 ab S. 33.

sicht verlangt vom Gläubiger die zielgerichtete Verhinderung des Zusammenbruchs und Herbeiführung der finanziellen Gesundung des Schuldners. Ein überragendes Eigeninteresse des Gläubigers an der Fortführung der Geschäftsbeziehung wird daher als Indiz gegen die Sanierungsabsicht gewertet. Gleichzeitig wird ein betrieblich begründeter Schuldenerlass gefordert. Nach unbefangener Deutung des Wortlauts würde dies ein überwiegendes eigenbetriebliches Interesse des sanierenden Gläubigers und damit genau das Gegenteil der Sanierungsabsicht nahelegen. Zwar wird die Abgrenzung zwischen betrieblicher und gesellschaftsrechtlicher Veranlassung *in praxi* durch einen Fremdvergleich und damit negativ vorgenommen; letztlich bleiben die Wertung jedoch gleich. Ein vernünftiger Drittgläubiger wird einem Erlass nur bei eigenem Nutzen und als *ultima ratio* zustimmen.

Um so verwunderlicher ist, dass beide Merkmale von der Rechtsprechung angenommen werden, wenn ein Gläubigerakkord zwischen (nahezu) allen Gläubigern vorliegt. Eine wirklich „reine" Sanierungsabsicht wird auch dann nicht bestehen. Vielmehr sind durch die Schwere der Unternehmenskrise die Eigeninteressen der wesentlichen Gläubiger gleichgerichtet. Die Auslegung der Sanierungsabsicht kann daher nicht vom Gläubiger verlangen, die Rettung des Schuldners als altruistisches Endziel zu verfolgen. Vielmehr muss die Absicht schon dann erfüllt sein, wenn die Verhinderung des Zusammenbruchs notwendiges Zwischenziel der eigenen wirtschaftlichen Interessen ist. Damit wäre das Tatbestandsmerkmal jedoch zugleich entkernt, weil für nahezu alle Motive des Gläubigers, an einer Sanierung mitzuwirken, der Sanierungserfolg notwendiges Zwischenziel ist. Für diesen Nachweis bräuchte es keinen Gläubigerakkord.

Der Blick nach Frankreich zeigt zudem, dass es keinen sachlogischen Grund gibt, gesellschaftsrechtlich veranlasste Schuldenerlasse aus dem Anwendungsbereich des § 3a EStG auszuschließen. Soweit mangels Werthaltigkeit der erlassenen Forderung ein Verzichtsgewinn entsteht, würde der zuweilen verunglückten, bereichsspezifischen Ausprägung des Fremdvergleichs die Schärfe genommen. Darüber hinaus wären Sanierungsbemühungen der Gesellschafter in existenziellen Krisen nicht erst nach (schwierigen) Verhandlungen mit Drittgläubigern möglich. Die Gesellschafter könnten bereits eigenständig notwendige Maßnahmen zur Rettung der Tochtergesellschaft treffen. Gleichzeitig führen die derzeitigen Anforderungen des veranlassungsabgrenzenden Fremdvergleichs zu keinem Rationalitätsgewinn. Wer den Gläubigerakkord als Indiz für einen fremdvergleichskonformen Forderungsverzicht sieht, verkennt Folgendes: Der Gesellschafter wird immer – zumindest untergeordnet – im Interesse seiner Beteiligung sanieren. Der Gläubigerakkord sichert keineswegs, dass ein eigenbetriebliches Interesse des Gesellschafters an der Sanierung vorliegt. Bei gleichgerichtetem Handeln von Drittgläubiger und Gesellschafter-Gläubiger kann der Dritte beispielsweise zur Aufrechterhaltung einer Lieferbeziehung handeln und der Gesellschafter allein, um seine Beteiligung zu erhalten. Außerdem wird die Anforderung an gleichgerichtetes Verhalten von Fremdgläubigern und Gesellschaftern der tatsächlichen Situation, in der beide stehen, nicht gerecht. Insbesondere die gesetzlich angeordnete Nachrangigkeit von Gesellschafterforderungen (§ 39 InsO) zeigt, dass der Gesellschafter bei gleichmäßigem Verzicht ein geringeres wirtschaftliches Opfer bringt.[850] Unter anderem deshalb werden Gesellschafter häufig eher zu Verzichten bereit sein.

Insgesamt ist der Zweck beider Merkmale im Tatbestand einer Privilegierung, die Sanierungen auch aus beschäftigungs- und wirtschaftspolitischen Gründen ermöglichen soll, nicht ersichtlich. Die französische Rechtslage weist hier eine höhere Stringenz auf. Zu beachten bleibt jedoch, dass der Verzicht des französischen Gesetzgebers auf solche Kriterien wegen des frühen Anwendungsbereichs beihilfenrechtlich bedenklich ist. Wegen der Voraussetzung der Sanierungsbedürftigkeit wäre der Verzicht auf die Kriterien „Sanierungsabsicht" und „betrieblich begründeter Schuldenerlass" für den deutschen Gesetzgeber beihilfenrechtlich weniger bedeutsam.

3. Begrenzung auf Schuldenerlasse

Beide Rechtsordnungen begrenzen ihre Privilegierung auf Schuldenrestrukturierungen ohne Liquiditätszuführung. Der französische Art. 209-1 alinéa 4 CGI nimmt allein auf den Forderungsverzicht Bezug. Andere Sanierungsoperationen – auch wenn durch sie keine Liquidität zugeführt wird – werden nicht privilegiert. Nach dem engen, zivilrechtlich geprägten Verständnis der Rechtsprechung in Deutschland werden von § 3a EStG ebenfalls nur Erlassfälle im Sinne von § 397 Abs. 1, 2 EStG umfasst.[851] Damit ist der Anwendungsbereich nicht auf den Forderungsverzicht begrenzt, privilegierungsfähig sind alle Sanierungsoperationen, die zivilrechtlich als

850 Zu diesem Problem schon oben Kapitel 2:A.III.4 ab S. 34.
851 Zum Ganzen Kapitel 2:A.III.5 ab S. 36.

Erlass konstruiert werden können. Fälle, in denen der Sanierungsgewinn durch Konfusion entsteht, können jedoch nicht privilegiert werden. Diese Ansicht kann hinsichtlich der grundsätzlich im deutschen Steuerrecht geltenden wirtschaftlichen Auslegung nicht überzeugen. Der Gesetzeszweck, Sanierungen ohne Liquiditätszufuhr nicht aus steuerlichen Gründen scheitern zu lassen, verlangt eine weite Auslegung der Privilegierung. Dies gilt für beide Länder gleichermaßen.

B. Forderungsverzicht

Wenn das steuerrechtliche Schrifttum in beiden Ländern vom Forderungsverzicht (bzw. *abandon de créance*) schreibt, handelt es sich zivilrechtlich um einen Schuldenerlass. Beiden Rechtsordnungen ist ein einseitiger Verzicht auf Forderungen fremd. Der Schulderlass setzt eine vertragliche Einigung zwischen Gläubiger und Schuldner voraus. Sind die erlassbegünstigte Kapitalgesellschaft und der Gläubiger gesellschaftsrechtlich unverbunden, verläuft die steuerliche Behandlung in Deutschland und Frankreich weitestgehend synchron. Einzig die oben skizzierten unterschiedlichen Tatbestände und Rechtsfolgen der Sanierungsprivilegierung verursachen Unterschiede. Deutliche Abweichungen und ein spürbarer Komplexitätsgewinn treten bei gesellschaftlicher Verbundenheit der Erlassparteien auf. Vielfältige Problemkreise sowie unterschiedliche und zum Teil widersprechende Ziele müssen von beiden Rechtsordnungen adressiert werden: Verzichte aus kommerziellen Gründen müssen von solchen aus gesellschaftsrechtlichen Gründen abgegrenzt werden. Die steuerliche Behandlung von Fremdkapitalfinanzierung soll bei der Schuldenrestrukturierung nicht zu deutlich günstigeren Folgen führen als die Eigenkapitalfinanzierung. Gleichzeitig muss bei der Sanierung von Konzerngesellschaften die wirtschaftliche Relevanz der Einheit als Gesamtheit mit der steuerlich geltenden Trennung zwischen rechtlich selbständigen Einheiten beachtet werden. Dem wirtschaftspolitischen Ziel der Sanierungsprivilegierung verpflichtet, sollen Sanierungsbemühungen einerseits nicht an steuerlichen Hindernissen scheitern. Andererseits steigt durch die gesellschaftsrechtliche Verbundenheit auch das Missbrauchsrisiko, beispielsweise die Gefahr der Verlagerung von Verlusten durch Forderungsverzichte. Die Adressierung dieser Gefahren durch spezielle Normen unterliegt – genauso wie die Privilegierung von Schuldenrestrukturierung – europarechtlichen Schranken. Dieses Konglomerat an Wertungen und Problemen löst keine der betrachteten Rechtsordnungen stringent und übersichtlich. Es zeigt sich jedoch, dass die französische Rechtsordnung bei gesellschaftsrechtlicher Verbundenheit Sanierungen steuerlich konsequenter begleitet. Deutschland scheint zu sehr gefangen zu sein in der Vorsicht vor missbräuchlichen Gestaltungen. Als Sanierungshemmnisse erweisen sich insbesondere die steuerrechtliche Behandlung qualifiziert beteiligter Gläubiger und der enge Anwendungsbereich des § 3a EStG.

I. Forderungsverzicht des unverbundenen Gläubigers: Gewinn für Schuldner – Verlust für Gläubiger

Keine steuerrechtlichen Schwierigkeiten bereitet der Forderungsverzicht unverbundener Gläubiger. Sowohl in Frankreich als auch in Deutschland entsteht auf Seiten des erlassbegünstigten Unternehmens durch den Wegfall der Verbindlichkeit ein grundsätzlich steuerpflichtiger Gewinn. Unterschiede in der steuerlichen Behandlung resultieren aus den verschiedenen Anwendungsvoraussetzungen und Rechtsfolgen des Art. 209-1 alinéa 4 CGI und des § 3a EStG.[852] Die deutsche Privilegierung greift später, stellt dafür umfassend von Steuerzahlungen frei. Die Anwendungsvoraussetzungen des französischen Pendants greifen bereits deutlich eher, jedoch ist die Rechtsfolge weniger umfassend. Sie nützt nur Steuerpflichtigen, die ausreichend hohe Verlustvorträge aufweisen. In beiden Ländern sind die Verluste der Gläubiger aus den Forderungsverzichten oder den bereits vorher erfolgten Wertberichtigungen steuerlich abzugsfähig.

II. Komplexität durch gesellschaftliche Verbundenheit

Durch die gesellschaftsrechtliche Verbundenheit gewinnt die steuerliche Beurteilung des Erlasses vor allem auf Ebene des verzichtenden Gesellschafters an Komplexität. Ist der Gläubiger ein Gesellschafter des Schuldners, möglicherweise im Rahmen von Konzernstrukturen, richtet sich die Wirtschaftlichkeit von Sanierungen nach einer übergreifenden Betrachtung der beiden Verzichtsparteien. Steuerlich kommt der in beiden Rechtsordnungen relevanten Abgrenzung der betrieblichen/kommerziellen von der gesellschaftsrechtlichen/finanzierenden Veranlassung des Verzichts große

852 Siehe vorstehend Kapitel 5:A ab S. 188.

Bedeutung zu. Betriebliche bzw. kommerziell veranlasste Forderungsverzichte führen grundsätzlich zu den gleichen steuerlichen Folgen wie bei unverbundenen Erlassparteien. Nur in Deutschland ist bei qualifiziert beteiligten Gesellschaftern zu beachten, dass die Abzugsbeschränkungen des § 3c Abs. 2 S. 2 EStG und § 8b Abs. 3 S. 4 KStG eingreifen können, da eine Veranlassung der Darlehensgewährung im Gesellschaftsverhältnis trotz des betrieblich begründeten Verzichts nicht ausgeschlossen ist. Der Großteil der Komplexität entsteht jedoch bei gesellschaftsrechtlich veranlassten Forderungsverzichten. Zunächst müssen die durch den Verzicht entstehenden nachträglichen Anschaffungskosten ermittelt werden. Deutschland und Frankreich verfolgen dazu jeweils verschiedene Konzepte. Erst danach können die steuerlichen Verzichtsfolgen betrachtet werden. Dabei hängen die steuerlichen Auswirkungen von einigen Variablen ab, wie etwa dem Verzichtszeitpunkt, der Art und Höhe der Beteiligung sowie der steuerlichen Qualifikation des verzichtenden Gesellschafters. Eine ganz besondere Bedeutung haben auch die Sanierungsprivilegierungen. Gerade der französische Gesetzgeber ist dort bei gesellschaftlicher Verbundenheit von Gläubiger und Schuldner weniger zurückhaltend als der deutsche.

1. Abgrenzung der Veranlassung

Die entscheidende Weichenstellung für die steuerlichen Auswirkungen des Forderungsverzichts ist die Sanierungsmotivation des Gläubigers. Beide Länder verfolgen relativ ähnliche Konzepte. In Deutschland ist die betriebliche von der gesellschaftsrechtlichen Veranlassung des Forderungsverzichts abzugrenzen. Mit leicht veränderter Terminologie verläuft die Abgrenzung in Frankreich zwischen kommerziellen und finanzierenden Forderungsverzichten. Zu beachten ist, dass die französische Rechtslage ein zweistufiges Konzept verfolgt und der Abgrenzung zwischen kommerziellem und finanzierendem Forderungsverzicht mit der Doktrin des *acte anormal de gestion*[853] eine Rationalitätsprüfung vorgeschaltet ist. Diese ist unabhängig von der gesellschaftsrechtlichen Verbundenheit eine zusätzliche Hürde für die Abzugsfähigkeit von Kosten bzw. Aufwendungen der französischen Steuerpflichtigen.

853 Näher zum *acte anormal de gestion*: Kapitel 3:E.I.2.a) ab S. 86.

Trotz der ähnlichen Zielsetzung ergeben sich deutliche Unterschiede im Hinblick auf die konkreten Abgrenzungsmodalitäten. In Deutschland erfolgt die Differenzierung durch einen Fremdvergleich. Handelt der sanierende Gesellschafter wie ein unverbundener Dritter, wird eine betriebliche Veranlassung des Forderungsverzichts angenommen. Andernfalls gilt der Verzicht als durch das Gesellschafterverhältnis veranlasst. Wichtiges Beweisanzeichen ist der sogenannte Gläubigerakkord von Gesellschaftern und Nicht-Gesellschaftern bei der Sanierung. Abgrenzungsprobleme entstehen vor allem dann, wenn nicht alle Gläubiger zu Verzichten bereit sind oder die Gläubiger sehr heterogene Interessen verfolgen, z. B. aufgrund unterschiedlicher Kreditsicherheiten. Klar ist aber, dass die Abgrenzung durch Fremdvergleich in Deutschland weniger auf die Verzichtsmotive des Gesellschafters abzielt als auf den Zeitpunkt des Verzichts. Je später in der Krise eines Unternehmens verzichtet wird, desto eher werden Drittgläubiger die Notwendigkeit einer Schuldenrestrukturierung anerkennen und damit die Verzichtsbeiträge der Gesellschafter betrieblich prägen. Ganz anders stellt sich die Rechtslage in Frankreich dar: nicht der Zeitpunkt, sondern die Verzichtsmotive sind entscheidend für die Abgrenzung zwischen kommerziellen und finanzierenden Forderungsverzichten. Für die Bewertung des Gesellschafterverzichts kommt es allein darauf an, ob die Sanierungsleistungen durch ein Interesse an den Handels-, Dienstleistungs- oder sonstigen Wirtschaftsbeziehungen zur Tochtergesellschaft veranlasst sind. Deshalb ist aus Sicht der Rechtsprechung und der Finanzverwaltung für eine betrieblich geprägte (subjektive) Verzichtsmotivation regelmäßig erforderlich, dass objektiv eine über das Gesellschaftsverhältnis hinausgehende Geschäftsbeziehung besteht – ein deutlicher Unterschied zur deutschen Rechtslage. Liegt ein Verzicht aus kommerziellen Gründen vor, ist der Verzichtsverlust für den Gläubiger steuerlich voll abzugsfähig. Begründet sich das Verzichtsinteresse primär in der Erhaltung der Beteiligung oder allgemeinen Finanzierungsbeziehungen, ist der Verzicht finanzieller Art. Ein solcher ist nur in den Sanierungsfällen des Art. 39-13 alinéa 2 CGI nach Maßgabe des Art. 39-13 alinéa 3 CGI steuerlich berücksichtigungsfähig.[854] Eine gewisse Kontrolle in zeitlicher Hinsicht findet auch in Frankreich statt. Durch die Figur des *acte anormal de gestion* ist sichergestellt, dass Verzichtsleistungen *ultima ratio* bei der Sanierung bleiben. Damit findet zugleich eine dem deutschen Recht in dieser Reichweite fremde Kontrolle

854 Siehe Kapitel 3:E.II.2.a)dd) ab S. 97.

unternehmerischer Rationalität statt.[855] Denn der Maßstab eines vernünftigen, nach Rendite strebenden Gesellschafters gilt sowohl für Verzichtsleistungen von Gesellschaftern als auch von Dritten. Sofern dem Forderungsverzicht keine vernünftigen wirtschaftlichen Erwägungen zugrunde liegen, kann der Verzichtsverlust steuerlich nicht berücksichtigt werden.

Probleme entstehen, wenn die Gesellschafter zur Wahrung ihres eigenen Rufs sowie zur Rettung des Rufs der Tochtergesellschaft auf Forderungen verzichten. In Frankreich wird durch die Finanzverwaltung und Gerichte ein finanziell veranlasster Forderungsverzicht angenommen. In der Literatur wird das mit guten Gründen kritisiert.[856] Letztlich liegt das Problem in der doppelten Motivationslage der Verzichtsleistung begründet. Insbesondere Konzerngesellschaften werden im Wirtschaftsverkehr nicht hinsichtlich der einzelnen juristischen Person beurteilt, sondern als Teil eines Ganzen wahrgenommen. Die Sanierung von Tochtergesellschaften zur Rettung des eigenen guten Rufs dient den Interessen an der Beteiligung, da der gute Ruf der Beteiligungsgesellschaft und damit ihr Wert erhalten wird. Ebenso zuträglich ist der Verzicht jedoch für die eigenwirtschaftlichen Interessen der Muttergesellschaft. Denn auch ihr Ruf und die damit verbundenen Folgen für die Teilnahme am Wirtschaftsverkehr werden durch die Sanierung gewahrt. Beispiele können etwa Finanzierungsbedingungen, Lieferantenbeziehungen oder sonstige Vertragsverhältnisse der Muttergesellschaft zu Dritten sein, die durch Sanierungsbemühungen zumindest positiv beeinflusst werden. Deshalb dient der Forderungsverzicht zur Rettung des guten Rufs der Literatur als Beispiel, warum das Erfordernis einer über das Gesellschaftsverhältnis hinausgehenden Geschäftsbeziehung keine zwingende Voraussetzung eines kommerziell geprägten Verzichts sein kann. Die Abgrenzung der Veranlassung bei der Rettung des guten Rufs ist in Deutschland unproblematisch, wenn die wesentlichen Gläubiger gleichmäßig verzichten. Diese Verzichte erhalten unabhängig von der Motivationslage eine betriebliche Prägung. Schwierig wird die Beurteilung jedoch dann, wenn nur die Muttergesellschaft als Gläubigerin saniert. Eine betriebliche Veranlassung ist bei der Sanierung durch einzelne (Gesellschafter-)Gläubiger nicht ausgeschlossen, der Beweis der Fremdüblichkeit wird durch die fehlende Indizwirkung des Gläubigerakkords allerdings erschwert. Zwei

855 Kapitel 3:E.I.2.a) ab S. 86.
856 Dazu und zum Ganzen Kapitel 3:E.II.2.a)bb) ab S. 93.

dazu ergangene Entscheidungen des Bundesfinanzhofs[857] kommen jeweils mit gegenteiligen Erwägungen zu unterschiedlichen Ergebnissen.[858] Bemerkenswert ist, dass beide Entscheidungen kaum einen Bezug zum Fremdvergleich herstellen, sondern die hauptsächlichen Erwägungen aus der Interessenlage der Gesellschafter ziehen. Denn das große Problem dieser Fälle ist, ob es überhaupt einen vernünftigen Vergleichsmaßstab geben kann. Denkt man die Gesellschafterstellung weg, dürfte in der Regel zugleich der Grund zur Rettung des guten Rufs entfallen. Anders als bei der Rettung einer Tochtergesellschaft nimmt der eigene Ruf keinen Schaden, wenn ein unverbundener Geschäftspartner mit seinen Verbindlichkeiten ausfällt. Deshalb kann die Rettung des guten Rufs der Muttergesellschaft nie zu einer betrieblichen Veranlassung des Forderungsverzichts bei einer Tochtergesellschaft führen. Anders ist dies, wenn die Rettung des guten Rufs der Beteiligung wegen der geschäftlichen Beziehung im wirtschaftlichen Interesse des Gesellschafters liegt. Hier könnte als Vergleichsmaßstab ein Nichtgesellschafter dienen, der etwa zum Vertrieb seiner Produkte entscheidend auf den guten Ruf seines sanierungsbedürftigen Geschäftspartners angewiesen ist.

2. Anschaffungskosten

Für den Gesellschafter-Gläubiger kann der Forderungsverzicht nicht nur zu Verlusten, sondern über nachträgliche Anschaffungskosten auch zu einem erfolgsneutralen Aktivtausch führen. Die dogmatische Gemeinsamkeit zwischen der deutschen und französischen Rechtslage zur Bestimmung der nachträglichen Anschaffungskosten (dem Grunde nach) ist die Veranlassung des Verzichts im Gesellschafterverhältnis. Die betrieblich oder kommerziell geprägten Verzichte können nur ausnahmsweise zu Anschaffungskosten führen, wenn ein enger Zusammenhang zum Beteiligungserwerb besteht. Zur Bestimmung der Anschaffungskostenhöhe nehmen beide Rechtsordnungen Bezug auf die finanzielle Lage der Schuldnerin. In Deutschland gilt dies allerdings nur mittelbar über die Werthaltigkeit der Forderung des Gesellschafters. Wenn der Verzicht gesellschaftsrechtlich veranlasst ist, entstehen nachträglich Anschaffungskosten des verzichten-

857 BFH, Urt. v. 31.07.1991 – VIII R 23/89, BFHE 165, 398 = BStBl II 1992, 375; BFH, Urt. v. 19.10.2005 – I R 40/40.

858 Siehe dazu Kapitel 2:B.II.1.a) ab S. 41.

den Gesellschafters, soweit die Forderung noch werthaltig war. In Frankreich wird unmittelbar Bezug zur finanziellen Lage der Schuldnerin genommen. Nachträgliche Anschaffungskosten entstehen nur, soweit der Betrag des Verzichts nicht auf eine tatsächlich bestehende Überschuldung der Schuldnerin entfällt. Außerdem ist bei mehreren Gesellschaftern zu beachten, dass der nicht auf die Überschuldung entfallende Teil des Verzichts nur in Höhe der eigenen Kapitalanteile zu Anschaffungskosten führt.

Für die Bestimmung der Höhe der nachträglichen Anschaffungskosten betrachtet der deutsche Gesetzgeber den Forderungsverzicht vollständig aus der Perspektive des Gläubigers. Der gesellschaftsrechtlich veranlasste Verzicht ist gewissermaßen eine Umwidmung der Forderung in Beteiligungskapital. Soweit die Forderung noch werthaltig ist, wird aus dem Wirtschaftsgut „Forderung" eine Steigerung des Wirtschaftsguts „Beteiligung". Eine Umbuchung des Nennwerts der Forderung in Beteiligungskapital sieht das deutsche Steuerrecht nicht vor, da andernfalls faktisch eine steuerliche Rückwirkung möglich wäre. Schließlich könnte der Gesellschafter sonst den bereits erlittenen Verlust aus der Darlehensbeziehung in einen Verlust aus der Beteiligung umwandeln.[859] Deshalb entstehen Anschaffungskosten nur in Höhe des werthaltigen Teils der erlassenen Forderung. Der französische Gesetzgeber geht einen anderen Weg und erhebt die beteiligungsmäßig auf den verzichtenden Gesellschafter entfallende Steigerung des positiven Nettovermögens des Schuldners zum Beurteilungsmaßstab. Anders als in Deutschland geht es daher nicht um die Umwandlung einer Forderung in Beteiligungskapital, sondern die Anschaffungskosten entsprechen dem eigenen Kapitalanteil an der Steigerung des positiven Substanzwerts der Tochtergesellschaft. Diese Unterschiede haben Auswirkungen auf die Wahrscheinlichkeit nachträglicher Anschaffungskosten in Sanierungsfällen. In Krisensituationen wird bei singulärer Betrachtung der einzelnen Forderungen jedes einzelnen Gesellschafters häufig Wertlosigkeit vorliegen. In Deutschland entstehen daher bei der Sanierung von Krisenunternehmen nur selten nachträgliche Anschaffungskosten. Hingegen kommt es nach der französischen Rechtlage nicht auf die Werthaltigkeit der einzelnen Forderung an; entscheidend ist der Gesamtbetrag aller Hilfsbeiträge von Gesellschaftern. Überschreitet die Gesamtheit der Sanierungsbeiträge die Überschuldung des Schuldners, entstehen nachträgliche Anschaffungskosten. Dass die Summe der Verzichtsbeiträge die Überschul-

859 Das gilt, auch wenn in der Praxis nur äußerst selten ein solches Bedürfnis bestehen dürfte; eher im Gegenteil.

dung beseitigt, ist deutlich wahrscheinlicher als die Werthaltigkeit einzelner Forderungen. Daher wird die Sanierung von Krisenunternehmen in Frankreich häufiger zu nachträglichen Anschaffungskosten führen.

In beiden Rechtsordnungen ist die Bezeichnung als „nachträgliche Anschaffungskosten" trügerisch. Denn ein Anschaffungsvorgang neuer Anteile findet nicht statt. Streng genommen werden durch die Sanierung auch keine zeitlich nachfolgenden Aufwendungen auf die ursprüngliche Anschaffung der Anteile getätigt, wenn der Gläubiger die Beteiligung nicht zum Zwecke der Sanierung erworben hat. Steuersystematisch ist die Qualifikation als nachträgliche Anschaffungskosten in Deutschland dennoch richtig, wenn der Forderungsverzicht zu einer steuerneutralen Einlage für die Tochtergesellschaft führt. Denn im Ergebnis dienen die nachträglichen Anschaffungskosten der bilanziellen Umsetzung des „Umwandlungsmodells". Nach der durch die verdeckte Einlage erfolgenden Umwidmung einer Forderung in Beteiligungskapital müssen für dessen Verluste richtigerweise dieselben steuerlichen Folgen gelten wie für andere Beteiligungsverluste. Verfehlt ist allein das durch die Rechtsprechung geschaffene „Quasi-Verbot" der Teilwertabschreibung im Jahr der Sanierung.[860] Denn ob die Beteiligung noch den Wert hat, zu dem sie in der Bilanz des Gesellschafters verbucht ist, hängt nicht nur von der Sanierung ab, sondern ebenso vom Bilanzansatz beim Gesellschafter.

Schwieriger zu durchdringen ist die französische Rechtslage. Auf die Kapitalanteile des Gesellschafters entfallende positive Substanzwertsteigerungen führen dort zu nachträglichen Anschaffungskosten. Die Logik dahinter erschließt sich nicht. Der französische Gesetzgeber lässt die Perspektive des Gesellschafter-Gläubigers außer Acht, wenn er allein auf das Nettovermögen des zu sanierenden Schuldners abstellt. Im französischen System müsste es richtigerweise darauf ankommen, zu welchem Wert die Beteiligung beim Gesellschafter aktiviert ist. Denn ob eine Steigerung des Wertes der Tochtergesellschaft für den Gesellschafter zu einer Werterhöhung seiner Beteiligung führt, entscheidet sich nicht allein auf Ebene der Tochtergesellschaft. Die Entscheidung hängt bei jedem Gesellschafter von den individuellen Erwerbskosten und dem bestehenden Bilanzansatz der Beteiligung ab. Nur wenn die Werterhöhung der Tochtergesellschaft zu einem höheren Beteiligungswert als dem bilanzierten führt, tätigt der Gesellschafter keine Erhaltungsaufwendungen, sondern Anschaffungskosten im weiteren Sinne.

---

860 Dazu Kapitel 2:B.II.2.a)aa) ab S. 51.

3. Steuerliche Verzichtsfolgen

Inwieweit sich eine Schuldenrestrukturierung zur Sanierung einer Tochtergesellschaft lohnt, hängt sicherlich nicht allein von den steuerlichen Folgen ab. Gleichwohl wird der umsichtige, sanierungsbereite Gesellschafter die Steuerfolgen genau prüfen: Lässt sich der Sanierungsbeitrag steuerlich nutzen? Welche steuerlichen Auswirkungen ergeben sich auf Ebene der zu sanierenden Tochtergesellschaft? Ist die Sanierungsoperation „Forderungsverzicht" bei übergreifender Betrachtung von Gesellschafter und Gesellschaft zumindest steuerneutral? Und können die Besteuerungsfolgen durch eine andere Struktur der Sanierung oder durch die Wahl eines anderen Zeitpunkts noch beeinflusst werden? Antworten auf diese Fragen lassen sich nicht durch eine isolierte Betrachtung der Sanierungsprivilegierungen finden. Große Bedeutung kommt dem allgemeinen Steuersystem zu, in das diese Privilegierungen eingebunden sind. Bei zusammengefasster Betrachtung der Erlassparteien sowie der Sanierungsprivilegierungen und allgemeinen Steuernormen zeigen sich unterschiedliche Antworten auf die oben aufgeworfenen Fragen in den untersuchten Rechtsordnungen. Ergebniswirksame Kriterien sind vor allem der Zeitpunkt der Schuldenrestrukturierung und die Beteiligungsquote des Gesellschafters. Bei frühzeitigen Schuldenrestrukturierungen durch Forderungsverzichte vor dem Kriseneintritt ist die deutsche Rechtslage deutlich attraktiver. Die verdeckte Einlage führt zur Steuerneutralität beim begünstigten Schuldner. In Frankreich wäre die Durchführung von Forderungsverzichten zu einem so frühen Zeitpunkt nicht ratsam. Für die erlassbegünstigte Tochtergesellschaft entsteht ein Gewinn, wenn die Voraussetzungen des Art. 216 A CGI nicht greifen. Gleichzeitig erzielt der Gesellschafter steuerlich nicht umfassend nutzbare nachträgliche Anschaffungskosten und wegen der Abzugsbeschränkung des *acte anormal de gestion* steuerlich unbeachtliche Verluste. Mit zunehmender wirtschaftlicher Krise bei der Tochtergesellschaft wandelt sich das Bild. Saniert der Gesellschafter in frühen Krisenstadien und damit eher als Drittgläubiger, wird die Privilegierung des § 3a EStG für Verzichtsgewinne in Deutschland regelmäßig nicht einschlägig sein. Verschärft sich die Krise weiter, treten für den qualifiziert beteiligten Gesellschafter die Abzugsbeschränkungen des § 3c Abs. 2 S. 2 EStG oder § 8b Abs. 3 S. 4 KStG ein – möglicherweise sogar parallel zur Versagung des § 3a EStG auf Schuldnerebene. Etwas anderes gilt für die französische Rechtsordnung: sie effektuiert gerade in Krisensituationen ihr Privilegierungsarsenal. Die jeweiligen Abzugsbeschränkungen und Steuerprivilegierungen behindern sich nicht gegenseitig, die Sanierungsprivilegierungen greifen vielmehr sowohl für den Schuldner als auch für den Gläubiger. Dadurch werden Schuldenrestrukturierungen zur Sanierung nicht durch steuerbedingte Liquiditätsabflüsse belastet.

a) Nachträgliche Anschaffungskosten

Entstehen durch den Forderungsverzicht nachträgliche Anschaffungskosten für den Gläubiger [861], hat das keine unmittelbaren steuermindernden Auswirkungen. Erst wenn die Beteiligung veräußert wird oder durch eine Teilwertabschreibung Verluste entstehen, kann der Steuerpflichtige sie nutzen. Wirtschaftlich gesehen sind nachträgliche Anschaffungskosten auf den Veräußerungs-/Abschreibungsfall verlagerte Steuerminderungen. Spätere Verluste sind nicht mehr dem Wirtschaftsgut „Forderung" zuzuordnen, sondern der Beteiligung. Die unterschiedliche steuerliche Behandlung in beiden Rechtsordnungen resultiert daher maßgeblich aus den allgemeinen Steuerregelungen für Beteiligungsverluste. Deutschland sieht für Einkommensteuersubjekte, die an erlassbegünstigten Kapitalgesellschaften beteiligt sind, im Veräußerungsfall oder für Teilwertabschreibungen eine Berücksichtigung der nachträglichen Anschaffungskosten von 60 % vor.[862] Bei Körperschaftsteuersubjekten bleiben die nachträglichen Anschaffungskosten wegen § 8b Abs. 2 KStG vollständig unberücksichtigt.[863] Die französische Steuerrechtsordnung differenziert zusätzlich noch nach Zeitraum und Art der Beteiligung. Hält ein Einkommensteuersubjekt die Anteile im Veräußerungszeitpunkt weniger als zwei Jahre seit dem Zeitpunkt der ursprünglichen Anschaffung, mindern die nachträglichen Anschaffungskosten entweder den Veräußerungsgewinn oder führen zu einem Veräußerungsverlust. Ein solcher Verlust ist mit anderen Einkünften des Steuerpflichtigen vollständig verrechenbar. Anderes gilt für Anteile, die im Veräußerungszeitpunkt seit zwei Jahren oder länger gehalten werden. Wegen der dann geltenden privilegierten Besteuerung von Veräußerungsgewinnen mit einem niedrigeren Steuersatz können Veräußerungsverluste nur vorgetragen und mit Veräußerungsgewinnen derselben Kategorie verrechnet

861 Zu den unterschiedlichen Voraussetzungen in Deutschland und Frankreich siehe oben Kapitel 5:B.II.2 ab S. 202.
862 Kapitel 2:B.II.2.a)aa) ab S. 51.
863 Kapitel 2:B.II.2.b)aa) ab S. 62.

werden. Bei Körperschaftsteuersubjekten wird nicht allein nach dem Beteiligungszeitraum differenziert. Die Beteiligung muss zudem als *titre de participation*[864] gehalten werden, um unter das System der langfristigen Kapitalgewinne/-verluste zu fallen. Erfüllt sie die Anforderungen, bleiben die nachträglichen Anschaffungskosten steuerlich unberücksichtigt.[865] Wird die Beteiligung weniger als zwei Jahre gehalten oder erfüllt sie die Anforderungen an einen *titre de participation* nicht, sind die nachträglichen Anschaffungskosten steuerlich beachtlich. Sie mindern den normal zu versteuernden Veräußerungsgewinn oder führen zu einem verrechenbaren Verlust. Die französische Rechtslage mit ihren jeweiligen Unterdifferenzierungen bei den Einkommensteuer- und Körperschaftsteuersubjekten ist in diesem Punkt komplexer als die deutsche. Das zeigt sich vor allem an der in Frankreich zusätzlich geltenden Missbrauchsabwehrnorm Art. 219-I a septies CGI.[866] Für Sanierungsfälle mag es auf den ersten Blick überraschen, dass nachträgliche Anschaffungskosten nur dann genutzt werden können, wenn die Sanierung und die Veräußerung innerhalb von zwei Jahren nach (für Körperschaften sogar qualifiziertem) Beteiligungserwerb erfolgen. Dies ist der französischen Dogmatik zur Vermeidung von Kaskadeneffekten bei der Besteuerung von Körperschaften und ihren Anteilseignern geschuldet und dementsprechend eine konsequente Fortführung systematischer Grundentscheidungen. In Verlustfällen ist diese zusätzliche Komplexität für den Steuerpflichtigen sogar vorteilhaft, wenn er nicht unter das System der langfristigen Kapitalverluste fällt.

Unterschiede, die im weiteren Sinne mit nachträglichen Anschaffungskosten zusammenhängen, existieren außerdem auf Schuldnerebene. Zwischen nachträglichen Anschaffungskosten und verdeckter Einlage besteht in Deutschland ein zwingender Zusammenhang. Der Betrag des Forderungsverzichts, der beim Gesellschafter-Gläubiger zu nachträglichen Anschaffungskosten führt, ist beim Schuldner als verdeckte Einlage steuerneutral. Wegen der Werthaltigkeitsanforderungen bleibt diese steuerneutrale Korrespondenz auf frühe Sanierungsbemühungen begrenzt. Das französische Steuerrecht kennt keine verdeckte Einlage und keinen unmittelbaren Zusammenhang der steuerlichen Behandlung von verbundenen Steuerpflichtigen. Dessen ungeachtet hat der französische Gesetzgeber für Sanie-

864 Siehe dazu Kapitel 3:E.II.2.b) ab S. 100.

865 Einzige Ausnahme ist die Rechtsprechung zur pauschalen Hinzurechnung von Betriebsausgaben; dazu und zum ganzen Kapitel 3:E.II.2.a)ee) ab S. 99.

866 Dazu und zu damit verbundenen Problemen Kapitel 3:E.II.2.a)ee) ab S. 99.

rungsbemühungen von Gesellschaftern erkannt, dass die fehlende steuerliche Abzugsfähigkeit auf Ebene des Gesellschafters und der Gewinn für den Schuldner zusammenbetrachtet einen negativen Gesamtbelastungseffekt hat. Zumindest bei qualifiziert beteiligten Gesellschaftern stellt Art. 216 A CGI den beim Gesellschafter nicht abzugsfähigen Betrag bei der Tochtergesellschaft steuerfrei, soweit zusätzlich eine Kapitalerhöhung durchgeführt wird.[867] Über dieses Gestaltungsmittel schafft der französische Gesetzgeber mit einem weniger weitgreifenden persönlichen Anwendungsbereich und zusätzlichen sachlichen Voraussetzungen einen in jeder Sanierungssituation wirkenden Zusammenhang zwischen den gesellschaftsrechtlich verbundenen und doch selbstständigen Steuersubjekten. Dadurch kann sich die steuerliche Unbeachtlichkeit von nachträglichen Anschaffungskosten auch noch in späten Krisenstadien mindernd auf die Steuerschuld der erlassbegünstigten Gesellschaft auswirken.

b) Abzugsfähigkeit von Verzichtsverlusten

Soweit beim verzichtenden Gesellschafter-Gläubiger keine nachträglichen Anschaffungskosten entstehen, ist die bilanzielle Minderung des Aktivvermögens ein Verzichtsverlust. In den beiden untersuchten Rechtsordnungen wird seine steuerliche Nutzung jedoch eingeschränkt. Das französische Steuerrecht differenziert nach der Verzichtsveranlassung. Nur Verluste aus kommerziell geprägten Forderungsverzichten kann der Steuerpflichtige ohne Weiteres steuerlich geltend machen, während Verluste aus finanzierenden Verzichten wegen Art. 39-13 alinéa 1 CGI nicht abzugsfähig sind. Anlass für die Einführung des Abzugsverbots war die Befürchtung des französischen Gesetzgebers, dass durch die weitgehende Anerkennung der Gründe für einen finanzierenden Forderungsverzicht Verluste von der ausländischen Tochtergesellschaft zu der in Frankreich ansässigen Muttergesellschaft überführt werden. Der Zweck des Art. 39-13 alinéa 1 CGI besteht daher in der Verhinderung des „Verlustimports". Eine Beschränkung der Norm auf Fälle mit Auslandsbezug ist aufgrund europarechtlicher Bedenken unterblieben.[868] Demgegenüber ist die Zielsetzung des deutschen Gesetzgebers die Gleichstellung der gesellschaftsrechtlich veranlassten Fremdfinanzierung mit der Eigenkapitalfinanzierung. Ungeachtet der Veranlas-

867 Zu den Voraussetzungen Kapitel 3:E.II.1 ab S. 89.
868 Zum Ganzen Kapitel 3:E.II.2.a)bb) ab S. 93.

sung des Verzichts ist der Verzichtsverlust grundsätzlich voll abzugsfähig. Ist der verzichtende Gesellschafter jedoch zu mehr als 25 % an der erlassbegünstigten Kapitalgesellschaft beteiligt, greifen § 3c Abs. 2 S. 2 EStG und § 8b Abs. 3 S. 4 KStG. Es wird eine gesellschaftsrechtlich veranlasste Darlehensgewährung vermutet, die nur durch einen praktisch kaum führbaren Fremdvergleich zu widerlegen ist. Faktisch werden dadurch die Verzichtsverluste von qualifiziert beteiligten Gesellschaftern mit Beteiligungsverlusten gleichgestellt. Für körperschaftsteuerpflichtige Gesellschafter, die zu mehr als 25 % beteiligt sind, ist damit der Verlustabzug ausgeschlossen. Ist der qualifiziert beteiligte Gesellschafter einkommensteuerpflichtig, werden nur 60 % des Verlustes steuermindernd anerkannt. Die für Sanierungen besonders wichtigen Mehrheitsgesellschafter können ihre Verzichtsverluste daher nur eingeschränkt bis gar nicht geltend machen.

Anders als die deutsche Rechtslage weist die französische Steuerrechtsordnung zudem noch eine praktisch sehr bedeutsame, sanierungsspezifische Ausnahme vom steuerlichen Abzugsverbot für finanzierende Forderungsverzichte auf. Gemäß Art. 39-13 alinéa 2 CGI sind Verluste aus finanzierenden Forderungsverzichten nach Maßgabe des Art. 39-13 alinéa 3 CGI abzugsfähig, wenn sich der erlassbegünstigte Schuldner innerhalb eines formalen Insolvenz- oder Sanierungsverfahrens befindet. Durch diese Regelung wird das umfassende Abzugsverbot für finanzierende Forderungsverzichte aus Art. 39-13 alinéa 1 CGI zur Erleichterung von Sanierungen eingegrenzt.[869] Beihilfenrechtlich handelt es sich um die Rückausnahme eines zu umfassenden missbrauchsabwehrenden Abzugsverbots.[870]

c) Steuerlicher Zusammenhang zwischen Schuldner- und Gläubigerebene

In Deutschland sind frühzeitige Schuldenrestrukturierungen durch gesellschaftsrechtlich veranlasste Forderungsverzichte wegen des Zusammenhangs von verdeckter Einlage und Anschaffungskosten für Gläubiger und Schuldner weitgehend steuerneutral.[871] Die französische Rechtslage erreicht dies bei finanzierenden Forderungsverzichten nur über den Umweg des Art. 216 A CGI, der eine qualifizierte Beteiligung und eine – ohne zusätzli-

869 Näher zum Ganzen Kapitel 3:E.II.2.a)dd) ab S. 97.
870 Siehe Kapitel 4:C.III.2 ab S. 150.
871 Siehe dazu schon Kapitel 5:B.II.3.a) ab S. 206.

che Barmittel gestaltbare – Kapitalerhöhung voraussetzt.[872] Art. 216 A CGI umfasst nicht nur nachträgliche Anschaffungskosten, sondern im Besonderen auch die aufgrund von Art. 39-13 alinéa 1 CGI nicht abzugsfähigen Verluste aus finanzierenden Forderungsverzichten. In fortschreitenden Krisenstadien werden die bei frühzeitiger Sanierung nachteiligen Voraussetzungen „qualifizierte Beteiligung" und „Kapitalerhöhung" auf französischer Seite durch den weiten Anwendungsbereich kompensiert. Das zeigt der Blick nach Deutschland, wo in späteren Krisenstadien steuerliche Verwerfungen auftreten können: Stellt die schuldende Tochtergesellschaft einen Sanierungsfall dar und kann sie deswegen ihre Schulden nicht mehr bedienen, werden Gesellschafterforderungen regelmäßig wertlos. Gesellschaftsrechtlich veranlasste Forderungsverzichte sind dann – mangels verdeckter Einlage – nicht mehr steuerneutral, sondern führen zu einem Verzichtsgewinn bei der Schuldnergesellschaft und einem Verzichtsverlust beim Gesellschafter. Den Gewinn auf Ebene der Schuldnergesellschaft privilegiert § 3a EStG nicht. Gleichzeitig beschränken § 3c Abs. 2 S. 2 EStG oder § 8b Abs. 3 S. 4 KStG regelmäßig den Verlustabzug beim qualifizierten Gläubiger. Hier zeigt sich ein steuerliches Problem[873], das sich insbesondere bei konzerninternen Restrukturierungen auswirkt. Es kommt zu einer vollen Gewinnbesteuerung bei der Tochtergesellschaft und im Falle von körperschaftsteuerpflichtigen Muttergesellschaften ist der Verlustabzug auf Gesellschafterebene ausgeschlossen. Wartet der Gesellschafter mit der Sanierung weiter ab, um über einen Gläubigerakkord zumindest die betriebliche Veranlassung des Verzichts und damit die Anwendung des § 3a EStG für den Schuldner zu ermöglichen, kompensiert die Steuerbefreiung des § 3a Abs. 1 S. 1 EStG allenfalls die Nachteile des Abzugsverbots auf Gesellschafterebene.[874] Das französische Steuerrecht beugt diesen Problemen in zweifacher Hinsicht vor. In Konzernstrukturen sind die niederschwelligen Beteiligungsanforderungen des Art. 216 A CGI regelmäßig erfüllt, deshalb kann jeder wegen Art. 39-13 alinéa 1 CGI nicht abzugsfähige Verzichtsverlust korrespondierend zu einem steuerfreien Verzichtsgewinn der Tochtergesellschaft gestal-

872 Näher zu Art. 216 A CGI Kapitel 3:E.II.1 ab S. 89.

873 Siehe dazu BFH, Urt. v. 12.03.2014 – I R 87/12, BStBl II 2014, 859 = BFHE 244, 567 mit Verweis auf die Gesetzesbegründung zu § 8b Abs. 3 S. 4 EStG BT-Drs. 16/6290, S. 74 einen Billigkeitserlass fordernd; zu diesem Problem auch *Pung*, in: D/P/M, § 8b KStG [Stand 06.2020], Rn. 244; *Rengers*, in: Brandis/Heuermann, § 8b KStG [Stand 07.2022], Rn. 298, 323; kritisch *Ott*, DStZ 2018, 179 (185).

874 Dazu schon im Rahmen der beihilfenrechtlichen Beurteilung, siehe Kapitel 4:E.IV ab S. 182.

tet werden.[875] Damit lässt sich effektiv verhindern, dass dem Abzugsverbot bei der Muttergesellschaft ein steuerpflichtiger Gewinn bei der Tochtergesellschaft gegenübersteht. Sofern sich die erlassbegünstigte Tochtergesellschaft in einem Sanierungs- oder Insolvenzverfahren befindet, wirkt sich die umfassendere Privilegierung in Frankreich noch deutlicher aus. Der Verzichtsbetrag teilt sich für den Gläubiger in nachträgliche Anschaffungskosten und in den gemäß Art. 39-13 alinéa 2, 3 CGI ausnahmsweise abzugsfähigen Verzichtsverlust auf. Bei der erlassbegünstigten Tochter kann der Verzichtsgewinn zum Teil gemäß Art. 216 A CGI steuerfrei gestellt werden. Darüber hinaus greift in jedem Fall die Privilegierung des Art. 209-1 alinéa 4 CGI und sorgt für eine vollständige Verrechnung des steuerpflichtigen Gewinns mit Verlustvorträgen. Bei Zusammenführung der steuerlichen Behandlung von verzichtendem Gesellschafter und begünstigter Tochtergesellschaft zeigt sich: Während bei Sanierungen in Deutschland qualifiziert beteiligte Gesellschafter mit der Gefahr einer steuerlichen Zusatzlast kämpfen und der Verzichtsgewinn regelmäßig nicht privilegiert wird, können französische Steuerpflichtige mit voller fiskalischer Unterstützung bei der Sanierung rechnen.

C. Debt-Equity-Swap

Die erheblichen Unterschiede zwischen Deutschland und Frankreich in der steuerlichen Behandlung von Debt-Equity-Swaps sind weniger das Resultat unterschiedlicher steuerlicher Konzepte als Folge bereits unterschiedlicher gesellschaftsrechtlicher Regelungen. Vor dem Hintergrund der europäischen Gesellschaftsrechte-Richtlinie (GesR-RL)[876] erscheint letzteres zumindest bemerkenswert.

I. Unterschiedliche gesellschaftsrechtliche Konzepte führen zu unterschiedlichen Steuerfolgen

In beiden Rechtsordnungen können Gläubiger ihre Forderungen zum Marktwert in die schuldende Gesellschaft einbringen und im Gegenzug neue Anteile erhalten. In Sanierungssituationen dürfte der Marktwert von

875 Zu Art. 216 A CGI siehe Kapitel 3:E.II.1 ab S. 89.
876 RL (EU) 2017/1132.

Forderungen regelmäßig erheblich unter dem Nennwert der beim Schuldner passivierten Verbindlichkeit liegen. Die durch Vereinigung von Gläubiger und Schuldner eintretende Konfusion führt dann zu einem bilanziellen und zugleich steuerbaren Gewinn. Weder der französische Art. 209-1 alinéa 4 CGI noch der deutsche § 3a EStG[877] privilegieren diesen Gewinn. Die Anwendbarkeit des § 3a EStG kann allenfalls bei Erfüllung der Einlageforderung durch einen Erlass herbeigeführt werden.[878]

In Deutschland ist wegen des Prinzips der realen Kapitalaufbringung ein Debt-Equity-Swap durch Aufrechnung einer Einlageforderung mit der vom zeichnenden Gläubiger gehaltenen wertgeminderten Forderung unzulässig. Dadurch würden die Vorschriften der Sacheinlage umgangen.[879] Ein für den sanierungsbedürftigen Schuldner steuerneutraler Debt-Equity-Swap ist daher nur solange möglich, wie der Wert der vom Gläubiger gehaltenen Forderung dem beim Schuldner passivierten Betrag entspricht. Diese Aussage gilt in Frankreich nicht. Das französische Gesellschaftsrecht lässt unter bestimmten Voraussetzungen die Aufrechnung von Forderungen gegen die Einlageverbindlichkeit zu.[880] Wirtschaftlich erlaubt der französische Gesetzgeber damit die Nennwerteinlage von wertgeminderten Forderungen. In der Aufrechnungsvariante entsteht beim Schuldner kein bilanzieller und daran anknüpfend auch kein steuerlicher Gewinn. Dieser sanierungsfreundliche Vorteil auf Schuldnerebene wird jedoch bei der steuerlichen Behandlung des zeichnenden Gläubigers zum Problemfall. Bei der Einbringungsvariante in Frankreich und in Deutschland ist für den Gläubiger klar: Er erleidet in Höhe der eingebrachten Forderung eine bilanzielle Vermögensverringerung und in Höhe des Werts der erhaltenen Anteile eine Vermögensmehrung. Da die Kapitalerhöhung zum Marktwert der Forderung stattfindet, entsprechen die aktivierten neuen Anteile dem Marktwert der Forderung. War die Forderung zum Nennwert bilanziert, entsteht durch den Debt-Equity-Swap ein Verlust. In Fällen, in denen die Forderung bereits abgeschrieben war oder von einem Dritten mit Abschlägen zum Nennwert erworben wurde, kann auch ein Gewinn entstehen oder der Debt-Equity-Swap steuerfrei bleiben.

Wird die Kapitalerhöhung zum Nennwert der Forderungen durchgeführt, ist die Bewertung der neuen Anteile beim Gläubiger für Steuerzwe-

877 Streitig, siehe dazu Kapitel 2:A.III.5 ab S. 36.
878 Siehe Kapitel 2:A.IV ab S. 38.
879 Dazu bereits Kapitel 2:C ab S. 64.
880 Dazu Kapitel 3:F ab S. 104.

cke entscheidend. Denkbar sind vor allem drei Bewertungsansätze. Erstens, die Anteile könnten zu ihrem Marktwert anzusetzen sein, also dem Wert, der bei einer Veräußerung erzielt werden kann. Zweitens wäre es denkbar, die Anteile aus der Perspektive der Anschaffungskosten des früheren Gläubigers zu bewerten. Dann müssten die Anteile mit dem Marktwert der aufgerechneten Forderung bewertet werden, denn diese hat der Gläubiger wirtschaftlich aufgewandt, um die neuen Anteile zu erwerben. Der dritte Weg, den die handelsbilanzielle Praxis geht, besteht in einer schlichten Übernahme des Nennwerts der neuen Anteile für die Bilanzierung beim ehemaligen Gläubiger. Die Anteile werden daher in der Regel deutlich höher bewertet als der Marktwert oder als die Anschaffungskosten aus der Perspektive der Gläubiger. Steuerrechtlich wurde – vor der Schaffung des Art. 39 quaterdecies-2 bis CGI – die Durchbrechung der handelsbilanziellen Maßgeblichkeit vertreten, um die Anteile für steuerliche Zwecke nicht zu hoch zu bewerten und sie dann im Rahmen von Abschreibungsrückstellungen[881] wieder korrigieren zu müssen. Die Behandlung hat Auswirkungen auf die Abgrenzung zwischen vollständig abzugsfähigen Forderungsverlusten und nur eingeschränkt berücksichtigungsfähigen Verlusten von Beteiligungskapital. Durch die Pflicht, die neu gezeichneten Anteile mit ihrem Nennwert zu bewerten, werden die am Wirtschaftsgut „Forderung" vor dem Debt-Equity-Swap erlittenen Wertverluste negiert und zu Beteiligungsverlusten umgewandelt. Besonders deutlich wird dies in den Fällen, in denen ein Dritter die beim Debt-Equity-Swap aufgerechnete Forderung unter ihrem Nennwert erworben hat. Der Gläubiger erzielt zunächst einen voll steuerpflichtigen Gewinn und kann dann eine Verlustrückstellung auf die zu hoch bewerteten Anteile vornehmen, die steuerrechtlich allerdings nur beschränkt wirksam ist. Zum einen, weil Art. 39 quaterdecies-2 bis CGI in den ersten zwei Jahren nach Zeichnung der neuen Anteile den Verlustabzug in Höhe der Differenz von Nenn- und Marktwert der Anteile vollständig ausschließt. Darüber hinausgehende Verluste wären zwar steuerlich abzugsfähig, aber der abzugsfähige Beteiligungsverlust dürfte im Regelfall gering ausfallen. Zum anderen greift nach zwei Jahren für Einkommensteuersubjekte immer und für Körperschaftsteuersubjekte regelmäßig das System der langfristigen Kapitalverluste, was die Verlustnutzung stark beschränkt bis ganz ausschließt. Zu diesen bereits recht komplexen Steuerregelungen tritt mit Art. 209-VII bis CGI zudem noch eine Rückausnah-

881 Entspricht der deutschen Teilwertabschreibung.

me.[882] Der französische Gesetzgeber hat erkannt, dass ausländische, nicht steuerlich in Frankreich ansässige Gläubiger bei der Aufrechnungsvariante eines Debt-Equity-Swaps bei einer in Frankreich ansässigen Schuldnergesellschaft deutliche Steuervorteile genießen. Wohl aus protektionistischen Gründen privilegiert er deshalb französische Investoren, die im sogenannten Distressed-Debt-Markt Forderungen erwerben, um sich durch Debt-Equity-Swaps an Sanierungsfällen zu beteiligen. Solche Investoren können auch bereits Gesellschafter sein, die von Dritten oder im Sanierungsfall auch von Mitgesellschaftern Forderungen erwerben und zur Stärkung ihres Kapitalanteils einbringen wollen. Es drängt sich allerdings die Frage auf, warum der praktisch wichtigste Fall, die Schuldenrestrukturierung des Gesellschafters mit seinen eigenen Gesellschafterforderungen nicht erfasst ist.

Die Möglichkeit zur Nennwerteinlage und die Behandlung des Verzichtsverlusts weisen deutliche Parallelen zur deutschen Anschaffungskostendogmatik auf. Wird für den Gläubiger aus dem Wirtschaftsgut „Forderung" das Wirtschaftsgut „Beteiligung", sollen für Gewinne und Verluste die Steuerregelungen für Beteiligungen gelten. Bei der Einbringung zum Marktwert bedeutet dies letztlich eine Abgrenzung zwischen beiden Verlustkategorien zum Einbringungszeitpunkt.[883] Die bereits vorher entstandenen Wertänderungen der Forderung werden beim Gesellschafter wie Forderungsverluste behandelt und beim Schuldner entsteht ein korrespondierender Gewinn. Die Möglichkeit der Nennwerteinlage durchbricht diese Verlust-Gewinn-Symmetrie und ignoriert die bisher aufgetretenen Wertverluste der Forderung bei der Erhöhung des Schuldnervermögens; es wird die Einlage einer voll werthaltigen Forderung unterstellt. Deshalb ist es durchaus konsequent, wenn der französische Gesetzgeber beim Gläubiger ebenso fingiert, dass vor der Einlage kein Wertverlust stattgefunden hat. Damit werden die Forderungsverluste nachträglich zu Beteiligungsverlusten umqualifiziert. Weniger überzeugend ist der Umstand, dass der französische Gesetzgeber sich nicht mit einer Gleichstellung zu Beteiligungsverlusten begnügt, sondern für die ersten zwei Jahre ein umfassendes Abzugsverbot eingeführt hat. Ein solches wäre nur dann sinnvoll, wenn es sich auf missbräuchliche Gestaltungen durch Veräußerungen an verbundene Steuerpflichtige beschränkte.[884] Das allgemeine Abzugsverbot des Art. 39 quaterdecies-2 bis

882 Genauer dazu und zu den Voraussetzungen Kapitel 3:F.II.2.b) ab S. 111.

883 So in Deutschland durch nachträgliche Anschaffungskosten, siehe Kapitel 5:B.II.3.a) ab S. 206.

884 Möglicherweise in Anlehnung an Art. 219-I a septies CGI.

CGI geht deutlich darüber hinaus und negiert die sanierungsfreundlichen Vorteile der Nennwerteinlage mindestens teilweise. Die Rückausnahme des Art. 209-VII bis CGI kann nur in sehr engen Fällen Abhilfe schaffen.

II. Irreguläre Unterschiede vor dem Hintergrund der Gesellschaftsrechte-Richtlinie

Die gesellschaftsrechtlichen Unterschiede der beiden Rechtsordnungen – aus denen die Besteuerungsunterschiede mindestens teilweise herrühren – sind bei näherer Betrachtung irregulär. Sie stehen im Spannungsverhältnis zu den Harmonisierungszielen der europäischen GesR-RL[885], die zumindest für die deutsche und die französische Aktiengesellschaft vollumfänglich gilt. Das zeigt sich im Wesentlichen an zwei Punkten: dem Verständnis der GesR-RL von der Sacheinlage sowie der Vereinbarkeit mit der Niederlassungsfreiheit. Der vom Bundesgerichtshof[886] und großen Teilen der deutschen Literatur[887] für maßgeblich erachteten Frage nach Voll- oder Mindestharmonisierung kommt hingegen nur eine untergeordnete Bedeutung zu.[888]

Diese Fragen sind unter dem Regime der Vorgängerrichtlinie[889] im Rahmen einer berühmten Kontroverse bereits Anfang der 1990er Jahre vor dem Europäischen Gerichtshof anhängig gewesen. Er hat das Vorabentscheidungsersuchen jedoch aus verfahrensrechtsrechtlichen Gründen nicht in der Sache entschieden.[890] Inhaltliche Anhaltspunkte lassen sich allenfalls den Schlussanträgen des Generalanwalts zum damaligen Verfahren entnehmen.[891] Der Ausgangspunkt ist die Richtlinie, die zwar Regelungen zur Sacheinlage trifft, aber keine eigene Definition enthält. Damit wird jedoch nicht an das jeweilige mitgliedstaatliche Verständnis der Sacheinlage angeknüpft, sondern der Begriff ist unionsrechtsautonom auszulegen. Andern-

885 RL (EU) 2017/1132.

886 BGH, Urt. v. 15.1.1990 – II ZR 164/88, BGHZ 110, 47.

887 *Schmidt*, in: Fleischer/Thiessen, Gesellschaftsrechts-Geschichten, S. 413 (431 f.); *Habersack*, AG 2009, 557 (559); *Bayer/Schmidt*, ZGR 38 (2009), 805 (831); *Wolf*, Die verdeckte Sacheinlage in GmbH und AG, S. 285 ff. mwN.

888 Vgl. *Schön*, in: FS Canaris, S. 147 (166).

889 RL 77/91/EWG (Kapital-RL).

890 EuGH, Urt. v. 16.07.1992, Rs. C-83/91 (Meilicke/ADV ORGA AG); ausführlich zu den Hintergründen und der Vorgeschichte *Schmidt*, in: Fleischer/Thiessen, Gesellschaftsrechts-Geschichten, S. 413.

891 *GA Tesauro*, Schlussanträge v. 08.04.1992, Rs. C-83/91 (Meilicke/ADV ORGA AG).

falls könnte jeder Mitgliedstaat selbst über den Anwendungsbereich von Richtlinienbestimmungen entscheiden.[892] Das unionsautonome Verständnis ist bereits die erste entscheidende Weichenstellung. Generalanwalt Tesauro sah – wohl aufgrund seines italienisch geprägten Verständnisses[893] – in der Aufrechnung mit einer fälligen und durchsetzbaren Forderung gegen die Einlageforderung eine Bareinlage und keine Sacheinlage im Sinne der Richtlinie.[894] Für dieses Verständnis kann er sich zwar auf die Rechtstradition in einer Vielzahl von Mitgliedstaaten berufen[895], dieses Auslegungsergebnis ist jedoch keinesfalls zwingend. Die in Art. 4 lit. h und Art. 49 GesR-RL für die Sacheinlage vorgesehenen Transparenz- und Prüfpflichten haben den Zweck, einer Überwertung zu Lasten der Gesellschaft vorzubeugen und damit die Interessen von Gläubigern und anderen Aktionären zu schützen. Aus dieser Zweckrichtung muss folglich die unionsautonome Auslegung des Sacheinlagenbegriffs entwickelt werden. So muss im Ergebnis der aus dem deutschen Gesellschaftsrecht bekannte Streit über die richtige Bewertung(-sperspektive) der Forderungseinlage[896] im europäischen Kleid ausgetragen werden. Für diejenigen, die eine Bewertung der Forderung aus Sicht des Einlegenden vornehmen, besteht bei der Einlage einer fälligen, aber wertgeminderten Forderung die gleiche Gefährdungslage wie bei der Sacheinlage. Eine Gefährdungslage ist hingegen für diejenigen ausgeschlossen, die bei einer Einlage/Aufrechnung aus der Perspektive der Gesellschaft betrachten und mit der wegfallenden Verbindlichkeit bewerten. Sie sehen die Parallele zur Bareinlage und legen den Richtlinienbegriff folgerichtig anders aus.[897] Sollte die Aufrechnung mit einer fälligen und durchsetzbaren Forderung unter den europäischen Sacheinlagenbegriff fallen, wäre die französische Rechtslage europarechtswidrig und damit auch

892 *GA Tesauro*, Schlussanträge v. 08.04.1992, Rs. C-83/91 (Meilicke/ADV ORGA AG), Rn. 13.

893 Herausgearbeitet von *Schmidt*, in: Fleischer/Thiessen, Gesellschaftsrechts-Geschichten, S. 413 (426); siehe auch *Tesauro*, in: FS Meilicke, S. 714 (715 ff.).

894 *GA Tesauro*, Schlussanträge v. 08.04.1992, Rs. C-83/91 (Meilicke/ADV ORGA AG), Rn. 14 ff.

895 So ausdrücklich *GA Tesauro*, Schlussanträge v. 08.04.1992, Rs. C-83/91 (Meilicke/ADV ORGA AG), Rn. 14 unter Verweis in Fn. 16 auf Frankreich, Belgien, Italien und den damaligen Mitgliedstaat Vereinigtes Königreich; siehe auch rechtsvergleichend *Hansen*, Die verdeckten Sacheinlagen in Frankreich, Belgien und Deutschland und ihre Behandlung durch die zweite EU-Gesellschaftsrechtsrichtlinie.

896 Dazu bereits Kapitel 2:C ab S. 64.

897 Für diese Perspektive siehe die Erwägungen von *GA Tesauro*, Schlussanträge v. 08.04.1992, Rs. C-83/91 (Meilicke/ADV ORGA AG), Rn. 14 f.

die steuerliche Dogmatik nicht haltbar. Fällt sie dagegen nicht unter den Sacheinlagenbegriff, verstößt das deutsche Gesellschaftsrecht gegen Europarecht. Es ist zwar richtig, dass die GesR-RL nur einen Mindeststandard vorgibt[898], allerdings ist der nationale Gesetzgeber bei der Umsetzung eines weitergehenden Schutzniveaus an die Grundfreiheiten gebunden[899], hier namentlich an die Niederlassungsfreiheit (Art. 49 AEUV). Die mit den höheren Anforderungen an die Einlage verbundene Beschränkung der Niederlassungsfreiheit kann jedoch nicht gerechtfertigt werden.[900] Alles was in dem Zusammenhang an Rechtfertigungsgründen denkbar wäre, hätte schon zu einer anderen Auslegung des unionsautonomen Sacheinlagebegriff führen müssen; das gilt insbesondere für den Schutz von Aktionären und Gläubigern vor einer Überbewertung der Gesellschaft. Eine abschließende Klärung, welche Rechtsordnung die Richtlinie richtig umgesetzt hat, ist bislang nicht erfolgt – sie bleibt dem Europäischen Gerichtshof vorbehalten.[901]

D. Debt-Buy-Back

Der Rückkauf von Verbindlichkeiten durch den sanierungsbedürftigen Schuldner ist in beiden Rechtsordnungen aus außersteuerlichen Gründen nicht besonders attraktiv. Er unterliegt insolvenzrechtlichen Risiken und bedarf verfügbarer Liquidität. Regelmäßig liegt der Rückkaufpreis unter dem Betrag der passivierten Verbindlichkeit, deshalb entsteht für den Schuldner ein Gewinn. Dieser wird in Frankreich mangels Privilegierung normal versteuert. In Deutschland ist zwar streitig, ob § 3a EStG nicht auch Konfusionsgewinne erfasst, aber die für die Praxis entscheidende Rechtsprechung des Bundesfinanzhofs steht dem eher ablehnend gegenüber. Der

898 Umfassend dazu *Hansen*, Die verdeckten Sacheinlagen in Frankreich, Belgien und Deutschland und ihre Behandlung durch die zweite EU-Gesellschaftsrechtsrichtlinie, S. 283 ff.; *Schmidt*, in: Fleischer/Thiessen, Gesellschaftsrechts-Geschichten, S. 431 f.; *Habersack*, AG 2009, 557 (559); *Bayer/Schmidt*, ZGR 38 (2009), 805 (831 f.); *Gross*, AG 1991, 217 (221); aA *GA Tesauro*, Schlussanträge v. 08.04.1992, Rs. C-83/91 (Meilicke/ADV ORGA AG), Rn. 17 ff.; *Einsele*, NJW 1996, 2681 (2684); *Meilicke*, Die "verschleierte" Sacheinlage, S. 99.

899 Dazu nur *Remien*, in: Schulze/Janssen/Kadelbach, Europarecht, § 14, Rn. 45.

900 *Schön*, in: FS Canaris, S. 147 (166).

901 Verfehlt daher BGH, Beschl. v. 04.12.2006 – II ZR 305/05.

sanierungsbedürftige Schuldner wird daher doppelt liquiditätsbelastet: zum einen durch den Kaufpreis und zum anderen durch die Steuerbelastung.

Kapitel 6: Mehr System wagen – Gesellschafter als Sanierer stärken

Sanieren gesellschaftsrechtlich unverbundene Gläubiger, sind die steuerrechtlichen Folgen in beiden Rechtsordnungen ähnlich und gleichsam logisch. Die dennoch bestehenden Abweichungen sind weitgehend auf unterschiedlich weitreichende Privilegierungen für den Schuldner zurückzuführen. Viel wesentlicher für erfolgreiche Schuldenrestrukturierungen sind jedoch die Gesellschafter. In sich abzeichnenden Krisen werden es häufig die Anteilseigner sein, die bereits frühzeitig Maßnahmen zur Rettung ihrer Tochterunternehmen treffen wollen. Dafür gibt es im Wesentlichen zwei Erklärungsansätze: Erstens, weil fremdkapitalgebende Gesellschafter auch am Eigenkapital ihrer Gesellschaft beteiligt sind und ihr wirtschaftlicher Erfolg damit noch stärker als bei fremden Dritten von den Geschäftsaussichten der Tochter abhängt. Sie erzielen aus ihrer Beteiligung nur dann eine Rendite, wenn Gewinne erwirtschaftet werden, und zugleich wird der Wert ihres Geschäftsanteils maßgeblich von den Profitabilitätsaussichten der Tochtergesellschaft bestimmt. Des Weiteren stehen Gesellschafter mit ihren Einlagerückgewährforderungen an letzter und mit ihren Darlehensforderungen in der Regel an nachrangiger Stelle der Befriedigungsreihenfolge. Bei einer Liquidation haben sie daher kaum Aussicht auf Erfüllung ihrer Forderungen. Zweitens sind Anteilseigner tendenziell mit den wirtschaftlichen Gegebenheiten ihrer Tochtergesellschaft besser vertraut als außenstehende Gläubiger. Dieser Informationsvorsprung dürfte ihre Bereitschaft zu schnellen Entscheidungen bei Kriseneintritt fördern. Frühzeitige Sanierungsbemühungen bringen viele Vorteile mit sich – das ist allgemein anerkannt und Hintergrund der (neuen) europäischen Restrukturierungsrichtlinie.[902] Selbst wenn krisenvorgelagerte Schuldenrestrukturierungen scheitern oder verpasst werden sollten, ist die Bereitschaft von Gesellschaftern begrüßenswert, schneller umfangreichere Sanierungsmaßnahmen einzuleiten. Gleichzeitig hat die rechtsvergleichende Analyse gezeigt, dass die steuerliche Behandlung von Schuldenrestrukturierungen durch Gesellschafter deutlich komplexer wird.[903] Insbesondere die deutsche Steu-

902 RL (EU) 2019/1023 vom 20.07.2019, siehe insbesondere Erwägungsgründe 16, 22, 24.
903 Siehe Kapitel 5:B.II ab S. 198.

errechtsordnung erweist sich als Sanierungsbremse, obwohl Geschwindigkeit gefragt ist. Deutlich pragmatischer und sanierungsfreundlicher zeigt sich der französische Steuergesetzgeber; es bestehen umfangreichere Sanierungsprivilegierungen für Forderungsverzichte, die sowohl auf Ebene des Gesellschafter-Gläubigers als auch beim Schuldner eingreifen. Daraus ergeben sich jedoch auch beihilfenrechtliche Gefahren. Ob eine Übertragung der Sanierungsausnahme des Art. 39-13 alinéa 2 CGI in die Regelungen des § 3c Abs. 2 S. 2 EStG und § 8b Abs. 3 S. 4 KStG als zulässige Rückausnahme einer Missbrauchsvermeidungsnorm anzusehen wäre, ist mehr als fraglich. Das (teilweise) Abzugsverbot für Gewinnminderungen aus Darlehensverlusten ist systematisch deutlich stärker im deutschen Steuersystem verankert als das Abzugsverbot für finanzierende Forderungsverzichte in Frankreich.[904] Zwar bliebe nach der hier vertretenen Auffassung noch der Ausweg über die fehlende Selektivität der Begünstigung sanierungsbedürftiger Unternehmen. Der Europäische Gerichtshof dürfte dies nach seinen Maßstäben aber anders beurteilen. Dessen ungeachtet wird die Ursache, warum es im deutschen Steuerrecht an einer Sanierungsausnahme für Gesellschafter fehlt, wohl weniger im Beihilfenrecht zu finden sein. Vielmehr wird neben dem grundsätzlichen Misstrauen des deutschen Gesetzgebers gegenüber der Gesellschafterfremdfinanzierung und der Umgehung von Abzugsverboten für Beteiligungsverluste auch wirtschafts- und haushaltspolitisches Kalkül ins Gewicht fallen. Privilegiert das deutsche Steuersystem Sanierungsbemühungen auf Ebene des Gesellschafters, werden die damit verbunden positiven sozialen und wirtschaftlichen Folgen nur dann in Deutschland eintreten, wenn das zu sanierende Unternehmen ebenfalls in Deutschland belegen ist. Die steuerliche Ansässigkeit des Gesellschafters gibt jedoch keinen Aufschluss über die Ansässigkeit der Tochtergesellschaft. Aus dieser Perspektive betrachtet, kann es Sinn ergeben, Sanierungsprivilegierungen nur beim sanierungsbedürftigen Unternehmen anzusiedeln, um die Besteuerungsverzichte an einen eigenen Nutzen zu knüpfen.

Trotzdem sollte der deutsche Steuergesetzgeber das Problem der Sanierungsunfreundlichkeit umfassend angehen – insbesondere die steuerlichen Bedingungen für Schuldenrestrukturierungen durch Gesellschafter müssen vereinfacht werden. Der Schlüssel zu einem sanierungsfreundlichen Steuerrecht muss nicht in einem Mehr an Privilegierung bestehen. Für Deutsch-

---

904 Zur beihilfenrechtlichen Beurteilung des Art. 39-13 alinéa 2 CGI siehe Kapitel 4:C.III.2 ab S. 150.

land und Frankreich gilt gleichermaßen: Ein konsistenteres Steuersystem fördert frühzeitige Sanierungsbemühungen systematisch korrekt, beihilfenfest und reduziert Abgrenzungsstreitigkeiten. Reformbedarf besteht sowohl bei der Mindestbesteuerung als auch bei der Besteuerung von Beteiligungsveräußerungen. Die vollständige Abschaffung der Mindestbesteuerung dürfte in beiden Ländern aus fiskalischen Gründen kaum Aussicht auf Umsetzung haben. Zur Abmilderung der mit ihr verbundenen Härten wäre es angezeigt, erleichternde Ausnahmen für singuläre Gewinnereignisse vorzusehen, die typischerweise das Ergebnis mehrerer Veranlagungszeiträume umspannender Entwicklungen sind. Beispiele hierfür sind Gewinne aus der Hebung stiller Reserven, Gewinne aus Forderungsverzichten und Konfusionsgewinne. Noch drängender ist eine Reform der Beteiligungs(veräußerungs)besteuerung durch eine stärkere Ausrichtung hin zur wirtschaftlichen Betrachtung und weg von der formalen Gleichstellung der Gewinne und Verluste. Die Abgrenzung zwischen Forderungsverlusten und Beteiligungsverlusten verlöre dann steuerlich an Relevanz. Wegen der auf dem Gleichstellungskonzept aufbauenden Missbrauchsvermeidungsnormen für Wertverluste aus Gesellschafterdarlehen (§ 3c Abs. 2 S. 2 EStG und § 8b Abs. 2 S. 4 KStG) profitierten in Deutschland ansässige Sanierer besonders von einer Reform. Aber auch die französische Rechtslage gewänne an Systematik und Stringenz. Nachträgliche Anschaffungskosten würden in beiden Steuerrechtsordnungen nicht mehr zu begrenzt oder gar nicht nutzbaren Verlusten führen, sondern spätestens im Veräußerungsfall berücksichtigt. Ferner verlöre der Streit um die steuerliche Behandlung der neu gezeichneten Anteile im Rahmen des in Frankreich möglichen Debt-Equity-Swaps seine Schärfe. Denn durch die Gleichstellung von Forderungs- und Beteiligungsverlusten könnte der französische Steuergesetzgeber auf das zu weitreichende Abzugsverbot ebenso verzichten wie auf die komplexe Rückausnahme.[905]

A. Mindestbesteuerung reformieren

Zur Förderung frühzeitiger Sanierungsbemühungen sollten der deutsche und der französische Gesetzgeber eine grundsätzliche Reform der Mindestbesteuerung anstreben. Als Alternative zu einer kompletten Abschaffung

905 Siehe dazu die Kritik in Kapitel 5:C ab S. 211.

sollte zumindest eine Abfederung der besonderen Härten der Mindestbesteuerung erfolgen. Solche Benachteiligungen entstehen durch ein Zusammentreffen der im geltenden Recht verankerten Abschnittsbesteuerung mit dem Realisations- bzw. Vorsichtsprinzip. Wenn durch die (bilanzielle) Realisation als singuläres Ereignis Gewinne eintreten, die typischerweise wirtschaftlich in mehreren Besteuerungsabschnitten/Veranlagungszeiträumen entstanden sind, sollte die Mindestbesteuerung keine Anwendung finden. Zurzeit dürfen wegen der Mindestbesteuerung Gewinne, die möglicherweise wirtschaftlich enger mit Verlusten aus Vorjahren verknüpft sind, nicht unbeschränkt mit diesen verrechnet werden, weil ihre Realisation in späteren Veranlagungszeiträumen stattfindet. Auf den ersten Blick einleuchtend ist diese Wertung für die Hebung stiller Reserven oder für bestimmte Rückstellungen. Bei näherer Betrachtung fallen auch die für Schuldenrestrukturierungen wesentlichen Verzichts- und Konfusionsgewinne in die Kategorie der ausnahmebedürftigen Erträge. Zwar entsteht der Gewinn erst durch den Verzicht und war nicht bereits latent im Unternehmen vorhanden, aber die Gewinnentstehung bei Forderungsverzichten ist richtigerweise die Rückgängigmachung von (vergangenen) Verlusten, die durch den Erlass wirtschaftlich nicht mehr getragen werden.[906] Werden bei wirtschaftlicher Betrachtung vergangene Verluste durch eine Gewinnbuchung rückgängig gemacht, ist nicht einsehbar, warum dieser Gewinn nicht in voller Höhe mit den im Verlustvortrag aggregierten vergangenen Verlusten verrechnet werden soll. Gleiches gilt für die Konfusionsgewinne.

Mit Umsetzung dieser Reform hätte der jeweilige Steuergesetzgeber eine nicht an Unternehmensmerkmale anknüpfende und damit beihilfenunverdächtige neue Systementscheidung für die Mindestbesteuerung getroffen. Zugleich würden frühzeitige Sanierungen steuerlich attraktiver, die durch die geltende Mindestbesteuerung besonders negativ betroffen sind. Es muss gerade nicht mehr auf manifestierte Existenzkrisen gewartet werden, um die Mindestbesteuerung beihilfenkonform auszusetzen. Gesetzestechnisch umsetzen ließe sich das neu zu schaffende Mindestbesteuerungssystem in Anlehnung an Art. 209-1 alinéa 4 CGI. Der Sockelbetrag des unbeschränkt abzugsfähigen Verlustes müsste jeweils um die Beträge der im Veranlagungszeitraum auftretenden qualifizierten Gewinnereignisse erhöht werden. In Frankreich könnte sodann Art. 209-1 alinéa 4 CGI mangels Anwendungsbereichs abgeschafft werden. Der deutsche Gesetzgeber müsste überlegen, ob er zusätzlich an den weitergehenden Rechtsfolgen des § 3a

906 Siehe dazu Kapitel 4:C.III.4.a) ab S. 155.

EStG für existenzbedrohte Unternehmen festhalten und den Tatbestand auf die neue Rechtslage der Mindestbesteuerung anpassen möchte.

B. Beteiligungsbesteuerung an wirtschaftlicher Logik ausrichten

Steuersystematisch tiefgreifender als die Anpassung der Mindestbesteuerung und mit Wirkung weit über die Erleichterung von Sanierungsbemühungen der Gesellschafter hinausgehend, sollten der deutsche und der französische Gesetzgeber ein der wirtschaftlichen Logik verpflichtetes Beteiligungsbesteuerungssystem schaffen. Ziel muss es sein, die Sonderstellung von Beteiligungsverlusten in beiden Jurisdiktionen abzuschaffen. Damit würden Abgrenzungsprobleme und Missbrauchsvermeidungsnormen überflüssig, die unnötige Komplexität hervorrufen. Durch eine solche Reform entstünde mehr Steuergerechtigkeit, da echte Verluste wieder (in voller Höhe) bei der Ermittlung des steuerpflichtigen Einkommens Beachtung fänden. Zugleich würden durch die (bessere) steuerliche Berücksichtigung von Beteiligungsverlusten Sanierungshürden für Gesellschafter abgebaut – unabhängig vom Sanierungszeitpunkt. Die bislang aus der begrenzten Relevanz nachträglicher Anschaffungskosten folgenden Steuerbelastungen wären ebenso abgeschafft wie das in Deutschland geltende missbrauchsabwehrende Abzugsverbot für Wertverluste aus bestimmten Gesellschafterdarlehen.

Die Besteuerungsschieflage für Gesellschafter von Körperschaftsteuersubjekten lässt sich an zwei Beispielen zur deutschen Rechtslage verdeutlichen. Verzichtet eine selbst körperschaftsteuerpflichtige Muttergesellschaft auf eine noch vollständig werthaltige Forderung (100 €) gegenüber ihrer hundertprozentigen Tochterkapitalgesellschaft, entstehen nachträgliche Anschaffungskosten in Höhe von 100 €. Scheitert die Tochtergesellschaft im Folgenden trotz der frühzeitigen Schuldenrestrukturierung und muss ohne Einlagenrückgewähr liquidiert oder alternativ zum Preis von 0 € veräußert werden, erleidet der Gesellschafter einen Verlust der verzichtsbedingten nachträglichen Anschaffungskosten von 100 € zuzüglich der weiteren ggf. noch bilanzierten Anschaffungskosten. Aufgrund des § 8b Abs. 3 S. 3 KStG sind diese tatsächlich getragenen Verluste der Muttergesellschaft unbeachtlich. Der umsichtig kalkulierende Gesellschafter muss daher vor der Sanierung nicht nur die Gefahr des Verlustes seiner nachträglichen Einlage von 100 €, sondern auch die steuerliche Nichtberücksichtigung seines Verlustes bedenken. Noch deutlicher wird die zweckwidrige

Belastung für Gesellschafter bei Forderungsverzichten mit wertlosen Forderungen. Verzichtet die Muttergesellschaft im oben genannten Fall erst bei vollständiger Wertlosigkeit der Forderung, entsteht bei ihr ein wegen § 8b Abs. 3 S. 4 EStG unbeachtlicher Verlust von 100 € und bei der erlassbegünstigten Tochtergesellschaft ein steuerpflichtiger Gewinn von 100 €. Bei kumulativer Betrachtung der steuerlichen Konsequenzen beider Ebenen müsste der Verzicht eine Wertschöpfung von 100 € erzeugen; das entspricht nicht der wirtschaftlichen Realität.

Die Ursache dieser Besteuerungsprobleme geht zurück auf die im Grunde richtige (teilweise) Steuerbefreiung für steuerlich bereits vorbelastete Ausschüttungen von Kapitalgesellschaften an ihre Anteilseigner. Allein die Übertragung der Systematik auf Veräußerungsgewinne und korrespondierend auf Veräußerungsverluste und die dazu erforderlichen Missbrauchsvermeidungsnormen offenbaren logische Schwächen.[907] Zur Begründung der umfassenden Gleichstellung im geltenden Recht wird angeführt, dass der Veräußerungsgewinn aus Sicht des Gesellschafters an die Stelle bereits verdienter oder zukünftig verdienbarer Dividenden tritt.[908] Deshalb müsse der Veräußerungsgewinn genauso wie Dividenden besteuert bzw. nichtbesteuert werden, denn es dürfe keinen Unterschied machen, ob Gewinne über eine Gewinnausschüttung oder eine Veräußerung der Beteiligung zufließen.[909] Diese Argumentation ist jedoch zweifelhaft: Besteuerungstechnisch bestehen erhebliche Unterschiede zwischen steuerlich vorbelasteten Gewinnen aus Dividenden und Gewinnen aus der Veräußerung der Beteiligung. Die Annahme, der Veräußerungsgewinn entspräche typischerweise den thesaurierten Gewinnen zuzüglich der bestehenden stillen Reserven, ist realitätsfern[910] – der Verkaufspreis von Unternehmensanteilen ist um ein Vielfaches höher.[911] Zukünftig zu erwartende Erträge und die Fähigkeit, einen sogenannten Free Cash Flow zu generieren, sind Grundlage

907 AA BVerfG, Beschl. v. 12.10.2010 – 1 BvL 12/07, BVerfGE 127, 224; BFH, Urt. v. 12.03.2014 – I R 45/13, BStBl II 2014, 719 = BFHE 245, 25; BFH, Urt. v. 23.01.2008 – I R 101/06, BStBl II 2008, 719 = BFHE 220, 352; *Rengers*, in: Brandis/Heuermann, § 8b KStG [Stand 07.2022], Rn. 200.

908 Ausdrücklich BFH, Urt. v. 23.01.2008 – I R 101/06, BStBl II 2008, 719 = BFHE 220, 352.

909 BVerfG, Beschl. v. 12.10.2010 – 1 BvL 12/07, BVerfGE 127, 224; *Rengers*, in: Brandis/Heuermann, § 8b KStG [Stand 07.2022], Rn. 3.

910 So aber BT-Drs. 14/2683, S. 120; BVerfG, Beschl. v. 12.10.2010 – 1 BvL 12/07, BVerfGE 127, 224; BFH, Urt. v. 22.12.2010 – I R 58/10, BStBl II 2015, 668 = BFHE 232, 185.

911 *Gosch*, in: Gosch, § 8b KStG, Rn. 3 f.

der Unternehmensbewertung.[912] Die zukünftig verdienbaren Dividenden – ganz gleich ob als stille Reserven bereits im Unternehmen angelegt oder im Verkaufspreis enthaltene prognostizierte Erträge – sind zukünftige Dividenden eines Anderen und für den Veräußerer als Steuersubjekt im Veräußerungszeitpunkt tatsächlich nicht steuerlich vorbelastet. Zudem ist nicht sicher, ob die weiterhin steuerverstrickten stillen Reserven je realisiert werden oder die zukünftigen Gewinne eintreten und deshalb zu einer Steuerlast der Kapitalgesellschaft führen. Und wenn doch, rechtfertigt sich hieraus nur die Anwendung des Teileinkünfteverfahrens auf den dann gewinnbezugsberechtigen Gesellschafter. Auch die Berücksichtigung latenter Steuern bei der Bestimmung des Verkaufspreises der Beteiligung kann eine (teilweise) Steuerbefreiung nicht rechtfertigen, da dadurch keine wirkliche Besteuerung stattfindet; es wirken sich nur – wie allgemein üblich – erwartete Steuerlasten auf die marktwirtschaftliche Preisfindung aus. Deshalb ist allein der Teil des Kaufpreises nicht besteuerungswürdig, der auf das bei der Tochtergesellschaft entweder aus Einlagen oder versteuerten Gewinnen bestehende Eigenkapital entfällt. Nur insoweit sollte die sachlich richtige Steuerbefreiung für Dividenden die steuerliche Behandlung des Veräußerungs*erlöses* beeinflussen. Ist der beim Veräußerer bilanzierte Beteiligungsbuchwert größer als das bei der Tochtergesellschaft bestehende Eigenkapital, ergeben sich keine Auswirkungen auf den zu versteuernden Veräußerungsgewinn. Der Veräußerungsertrag ist dann bereits um einen Betrag vermindert, der höher ist als die notwendige Korrektur um steuerlich vorbelastetes Vermögen. Abgesehen von einer eng umgrenzten Sonderkonstellation sollte der Veräußerungsgewinn von Kapitalgesellschaftsbeteiligungen zukünftig voll besteuert werden. Korrespondierend dazu müssten die Abzugsbeschränkungen für Veräußerungsverluste und alle damit zusammenhängenden Normen abgeschafft werden. Schon im geltenden Recht führt die Regelungssymmetrie „Steuerbefreiung für Veräußerungsgewinne und Abzugsbeschränkung für Veräußerungsverluste" zu einer Belastungsasymmetrie: Besteuerungswürdige, nicht vorbelastete Gewinne aus Beteiligungsveräußerungen werden bei diesen Steuerpflichtigen steuerfrei gestellt, während tatsächlich erlittene Veräußerungsverluste bei jenen Steuerpflichtigen nicht oder nur eingeschränkt zum Steuerabzug

912 Umfassend zur Unternehmensbewertung siehe *Fleischer/Hüttemann*, Rechtshandbuch Unternehmensbewertung; grundlegend zur Bewertung *Desai*, How finance works, S. 151 ff.

zugelassen werden.[913] Bereits die Besteuerungsgleichheit verlangt eine Reformierung dieses bedenklichen Zustands. Wünschenswerter Nebeneffekt wäre die Stärkung des Engagements von Gesellschaftern bei Schuldenrestrukturierungen durch den Abbau steuerlicher Hürden – ganz ohne neue Sanierungsausnahmen.

913 In diese Richtung schon *Gosch*, in: Gosch, § 8b KStG, Rn. 4; kritisch allein zu endgültigen Verlusten und der Erstreckung der Abzugsbeschränkung auf Darlehen in § 8b Abs. 3 S. 4 ff. KStG *Hey*, in: Tipke/Lang, Steuerrecht, Rn. 11.41.

Literaturverzeichnis

Altrichter-Herzberg, Torsten, Forderungsverzicht und Einlage – Neues vom BFH?, GmbHR 2015, 1121-1124.

Aménagement de la quote-part de frais et charges sur les plus-values de cession de titres de participation, Dr. fisc. 2013, 97-99.

Bacon, Kelyn, European Union Law of State Aid, 2. Aufl., Oxford 2013.

Balbinot, Chiara, Beihilfeverbot und Rechtsformneutralität, Dissertation, Rechtsordnung und Steuerwesen Band 52, Köln 2017.

Balbinot, Chiara, Europäisches Beihilfeverbot vs. mitgliedstaatliche Steuersouveränität - eine kritische Untersuchung der Anwendung des Art. 107 Abs. 1 AEUV im Steuerrecht, FR 2018, 729-739.

Bartosch, Andreas (Hrsg.), EU-Beihilfenrecht, Art. 106-109 AEUV, Art. 93 AEUV, Deminimis-Verordnung, DAWI-Paket, Allgemeine Gruppenfreistellungsverordnung sowie Verfahrensverordnung Kommentar, 3. Aufl., München 2020 (zit. als *Bearbeiter*, in: Bartosch, EU-Beihilfenrecht).

Baumgartner, Egid/Geiling, Stefan, Werthaltigkeit von Gesellschafterdarlehen, Bewertungsanlässe und Bewertungsmethodik, DB 2015, 2476-2479.

Bayer, Walter/Schmidt, Jessica, Die Reform der Kapitalaufbringung bei der Aktiengesellschaft durch das ARUG, ZGR 38 (2009), 805-846.

BeckOK BGB, 59. Aufl., hrsg. von Wolfgang Hau, Roman Poseck, München (zit. als *Bearbeiter*, in: BeckOK BGB).

BeckOK EStG, hrsg. von Gregor Kirchhof, Egmont Kulosa, Eckart Ratschow, München 2020 (zit. als *Bearbeiter*, in: BeckOK EStG).

BeckOK KStG, 8. Aufl., hrsg. von Lars Micker, Carsten Pohl, München 2020 (zit. als *Bearbeiter*, in: BeckOK KStG).

Beetschen, Ariane/Charvériat, Anne/Duguet, Ludovic/Gouthière, Bruno/Julien Saint-Amand, Pascal, Les holdings, Guide juridique et fiscal, 7. Aufl., Dossiers pratiques, 2017.

Beyer, Bettina, Die handels- und steuerrechtliche Behandlung eines Debt-Equity-Swap mit Genussrechten bei Kapitalgesellschaften, DStR 2012, 2199-2203.

Birkenmaier, Markus, Die Vorgaben der Beihilfevorschriften des EG-Vertrages für die direkte Unternehmensbesteuerung, Unter Berücksichtigung der Anpassung der polnischen Sonderwirtschaftszonen an den gemeinschaftlichen Besitzstand, Dissertation, Baden-Baden 2007.

Birnstiel, Alexander/Bungenberg, Marc/Heinrich, Helge/Arndt, Jens (Hrsg.), Europäisches Beihilfenrecht, Baden-Baden 2013 (zit. als *Bearbeiter*, in: B/B/H, Beihilfenrecht).

Blankart, Charles B., Öffentliche Finanzen in der Demokratie, Eine Einführung in die Finanzwissenschaft, 9. Aufl., München 2017.

Blanluet, Gauthier, La gestion internationale des aides intragroupe, Dr. fisc. 2012, 39-41.

Blumenberg, Jens/Kring, Wulf, Europäisches Beihilferecht und Besteuerung, IFSt-Schrift 473, Berlin 2011.

Bode, Walter, Steuerliche Begünstigung als staatliche Beihilfe i.S.d. Art. 107 AEUV - Folgerungen für die Praxis der Fachgerichte, FR 2011, 1034-1043.

Born, Alexander, Aktuelle Steuerfragen im Zusammenhang mit Debt-Equity-Swap-Transaktionen, BB 2009, 1730-1735.

Brandis, Peter/Heuermann, Bernd (Hrsg.), Einkommensteuergesetz, Körperschaftsteuergesetz, Gewerbesteuergesetz, Kommentar, München 2016 (zit. als *Bearbeiter*, in: Brandis/Heuermann).

Bufton, Rosalind, Crédit Mutuel – Livret Bleu: Making sure that public services benefit consumers and not intermediaries, EC Competition Policy Newsletter 2002, 71-73.

Buth, Andrea K./Hermanns, Michael (Hrsg.), Restrukturierung, Sanierung, Insolvenz, Handbuch, 4. Aufl., München 2014 (zit. als *Bearbeiter*, in: Buth/Hermanns, Restrukturierung).

Cachia, Franklin, Analysing the European Commission's Final Decisions on Apple, Starbucks, Amazon and Fiat Finance & Trade, EC Tax Review 2017, 23-35.

Calliess, Christian/Ruffert, Matthias (Hrsg.), EUV/AEUV, Das Verfassungsrecht der Europäischen Union mit Europäischer Grundrechtecharta: Kommentar, 5. Aufl., München 2016 (zit. als *Bearbeiter*, in: Calliess/Ruffert).

Carli, Winfried/Rieder, Markus/Mückl, Norbert, Debt-to-Equity-Swaps in der aktuellen Transaktionspraxis, ZIP 2010, 1737-1743.

Chadefaux, Martial, La gestion fiscale des aides intragroupe en droit interne, Dr. fisc. 2012, 32-38.

Classen, Claus Dieter/Nettesheim, Martin, Europarecht, 9. Aufl., München 2021.

Clemm, Hermann, Verzicht des Gesellschafters - Einlage oder Ertrag bei der Kapitalgesellschaft?, in: Georg Crezelius (Hrsg.), Steuerrecht und Gesellschaftsrecht als Gestaltungsaufgabe, Freundesgabe für Franz Josef Haas zur Vollendung des 70. Lebensjahres, Herne, Berlin 1996, S. 67–78 (zit. als *Clemm*, in: FG Haas, S. 67).

Collet, Martin, Droit fiscal, 7. Aufl., Paris 2019.

Craig, Paul P., The Lisbon Treaty, Law, politics, and treaty reform, Oxford 2013.

Daniel-Mayeur, Vincent, Tax Issues in Consensual Debt Restructuring, Derivates & Financial Instruments 2012, 108-113.

Desai, Mihir A., How finance works, Boston, Massachusetts 2019.

Desens, Marc, Anspruch auf Steuerfreiheit eines Sanierungsgewinns im Einzelfall, ZIP 2017, 645-652.

Desens, Marc, Die neue Besteuerung von Sanierungserträgen, FR 2017, 981-993.

Diffring, Philipp, Umwandlung von Forderungen zur Sanierung von Kapitalgesellschaften, Gestaltungen und Privilegierungen im Steuer- und Wirtschaftsrecht, Dissertation, 2012, Bonner Schriften zum Steuer-, Finanz- und Unternehmensrecht 20, Münster 2012.

Disle, Emmanuel/Saraf, Jaques/Gonthier-Besacier, Nathalie/Rossignol, Jean-Luc, Droit fiscal, Manuel et applications, DCG 4, 2013.

Ditz, Xaver/Quilitzsch, Carsten, Internationale Aspekte des Zollkodex-Anpassungsgesetzes, DStR 2015, 545-551.

Do Carmo Silva, Jean-Michel/Falco, Damien/Grosclaude, Laurent, Gestion juridique, fiscale et sociale, Malakoff, Levallois-Perret 2019.

Dötsch, Ewald/Pung, Alexandra/Möhlenbrock, Rolf (Hrsg.), Die Körperschaftsteuer, Kommentar zum Körperschaftsteuergesetz, Umwandlungssteuergesetz und zu den einkommensteuerrechtlichen Vorschriften der Anteilseignerbesteuerung, Stuttgart 1984 (zit. als *Bearbeiter*, in: D/P/M).

Drüen, Klaus-Dieter, Die Sanierungsklausel des § 8c KStG als europarechtswidrige Beihilfe - Anmerkungen zur Beihilfeentscheidung der EU-Kommission vom 26.1.2011, DStR 2011, 289-294.

Eilers, Stephan, Der Debt Equity Swap – Eine Sanierungsmaßnahme für unternehmerische Krisensituationen, GWR 2009, 3-5.

Eilers, Stephan/Schwahn, Alexander, Sanierungssteuerrecht, 2. Aufl., Köln 2020.

Einsele, Dorothee, Verdeckte Sacheinlage, Grundsatz der Kapitalaufbringung und Kapitalerhaltung, NJW 1996, 2681-2689.

Eisendle, David, EuGH erklärt Beihilfebeschluss der Kommission zur Sanierungsklausel (§ 8c Abs. 1a KStG) für nichtig, da deren selektiver Charakter anhand eines fehlerhaft bestimmten Referenzsystems beurteilt wurde, ISR 2018, 315-318.

Ellenrieder, Benedikt, Die materielle Selektivität steuerlicher Beihilfen, Dissertation, Veröffentlichungen zum Steuerrecht Band 10, Tübingen 2020.

Engelen, Christian/Erb, Carsten, Wirtschaftliche Vergleichbarkeit von Forderungen aus Lieferung und Leistung mit einer Darlehensgewährung, Anmerkung zu FG Berlin-Brandenburg v. 29.08.2017 - 11 V 11184/17, ISR 2018, 149-152.

Fantozzi, Augusto, The Applicability of State Aid Rules to Tax Competition Measures: A Process of „De Facto“ Harmonization in the Tax Field?, in: Wolfgang Schön (Hrsg.), Tax Competition in Europe, Amsterdam 2003, S. 121–132 (zit. als *Fantozzi*, in: Schön, Tax Competition in Europe, S. 121).

Fargues, Marion, La conversion de créances en capital, Masterthesis, ParisUniversité Paris II Panthèon-Assas.

Feld, Lars P., Eine Europäische Verfassung aus polit-ökonomischer Sicht, ORDO 2003, 289-317.

Fleischer, Holger/Hüttemann, Rainer, Rechtshandbuch Unternehmensbewertung, 2. Aufl., Köln 2019.

Forrester, Emily, Is the State Aid Regime a Suitable Instrument to Be Used in the Fight Against Harmful Tax Competition?, EC Tax Review 2018, 19-35.

Förster, Guido/Hechtner, Frank, Neue gesetzliche Rahmenbedingungen im Sanierungssteuerrecht, DB 2019, 10-18.

Förster, Guido/Hechtner, Frank, Steuerbefreiung von Sanierungsgewinnen gem. §§ 3a, 3c Abs. 4 EStG, DB 2017, 1536-1544.

Fouquet, Olivier, La fin de l'immixtion dans la gestion?, Dr. fisc. 2017, 52-57.

Frey, Johannes/Mückl, Norbert, Sanierungen - steuerliche Fallstricke und Gestaltungsmöglichkeiten in der Praxis, GmbHR 2010, 1193-1200.

Frotscher, Gerrit/Drüen, Klaus-Dieter (Hrsg.), Körperschaftsteuergesetz, Gewerbesteuergesetz, Umwandlungssteuergesetz, KStG, GewStG, UmwStG, Freiburg (zit. als *Bearbeiter*, in: Frotscher/Drüen).

Fuest, Clemens/Peichl, Andreas/Siegloch, Sebastian, Do Higher Corporate Taxes Reduce Wages? Micro Evidence from Germany, American Economic Review 108 (2018), 393-418.

Fuhrmann, Claas/Strahl, Martin, Änderungen im Unternehmensteuerrecht durch das JStG 2008, DStR 2008, 125-131.

Fumenier, Patrick/Grillier-Rousseau, Florence, Créance décotée: faisabilité juridique et traitement fiscal d'une augmentation de capital par compensation de créances, Dr. fisc. 2013, 7-10.

Fumenier, Patrick/Hôo, Marie-Pierre, Traîtement fiscal de l'augmentation de capital par compensation de créances décotées, Dr. fisc. 2013, 87-89.

Galdino, Guilherme, Special Charges, Free Movement and State Aid, EStAL 2019, 510-518.

Geerling, Tobias/Hartmann, Uwe, Die Restrukturierung von Forderungen in der Unternehmenskrise – Lösungsansätze für die Praxis und Ausblick auf eine gesetzliche Neuregelung, DStR 2017, 752-757.

Glatz, Solvejg, Zur Vereinbarkeit des Sanierungserlasses mit dem unionsrechtlichen Beihilferecht, IStR 2016, 447-456.

Gocke, Rudolf/Hötzel, Oliver, Ein weiterer rechtsprechungsbrechender Eingriff des Steuergesetzgebers: Ausgewählte Aspekte zu Darlehensverlusten nach § 8b Abs. 3 Sätze 4 ff. KStG, in: Wolfgang Kessler, Guido Förster, Christoph Watrin (Hrsg.), Unternehmensbesteuerung, Festschrift für Norbert Herzig zum 65. Geburtstag, München 2010, S. 89–113 (zit. als *Gocke/Hötzel*, in FS Herzig, S. 89).

Gordon, Roger H., Taxation of Capital Income vs. Labour Income: An Overview, in: Sijbren Cnossen (Hrsg.), Taxing Capital Income in the European Union, Issues and Options for Reform, Oxford 2000, S. 15–45 (zit. als *Gordon*, in: Cnossen, Taxing Capital Income in the European Union, S. 15).

Gosch, Dietmar (Hrsg.), Körperschaftsteuergesetz, Kommentar, 4. Aufl., München 2020 (zit. als *Bearbeiter*, in: Gosch).

Grabitz, Eberhard/Hilf, Meinhard/Nettesheim, Martin (Hrsg.), Das Recht der Europäischen Union, 72. Aufl., München 2021 (zit. als *Bearbeiter*, in: Grabitz/Hilf/Nettesheim).

Graetz, Micheal J./Warren, Alvin C., Income Tax Discrimination and the Political and Economic Integration of Europe, Yale Law Journal 115 (2006), 1186-1255.

Groh, Manfred, Einlage wertgeminderter Gesellschaftsforderungen in Kapitalgesellschaften, BB 1997, 2523-2529.

Groh, Manfred, Verdeckte Einlage von Gesellschafterforderungen, in: Norbert Herzig (Hrsg.), Steuerberater-Jahrbuch, zugleich Bericht über den 49. Fachkongreß der Steuerberater, Köln, 21. und 22. Oktober 1997, Fachkongreß der Steuerberater Band 49, Köln 1998, S. 7–28 (zit. als *Groh*, in: StbJb 1997/98, S. 7).

Gross, Wolfgang, Die Lehre von der verdeckten Sacheinlage, AG 1991, 217-226.

Gutmann, Daniel, Droit fiscal des affaires, 10. Aufl., Issy-les-Moulineaux 2019.

Haberkamm, Markus/Kühne, Aline, Steuerliche Maßnahmen im Lichte des Europäischen Beihilfenrechts: Seit EdF ein noch spannungsgeladeneres Feld, EuZW 2010, 734-738.

Habersack, Mathias, Verdeckte Sacheinlage und Hin- und Herzahlen nach dem ARUG – gemeinschaftsrechtlich betrachtet, AG 2009, 557-563.

Hageböke, Jens, Verstößt der Sanierungserlass gegen die Gesetzmäßigkeit der Verwaltung?, DK 2015, 310-318.

Hancher, Leigh/Ottervanger, Tom/Slot, Pieter J. (Hrsg.), EU State Aids, 6. Aufl., London 2021 (zit. als *Bearbeiter*, in: Hancher/Ottervanger/Slot, EU State Aid).

Hansen, Ulrike, Die verdeckten Sacheinlagen in Frankreich, Belgien und Deutschland und ihre Behandlung durch die zweite EU-Gesellschaftsrechtsrichtlinie, Dissertation, Europäische Hochschulschriften Band 1961, Frankfurt am Main 1997.

Häuslemann, Holger, Referentenentwurf zum Jahressteuergesetz 2008, BB 2007, 1533-1536.

Helm, Markus/Krinninger, Markus, Steuerrechtliche Folgen des Gesellschafterverzichts auf Forderungen gegenüber einer Kapitalgesellschaft, DB 2005, 1989-1994.

Herlinghaus, Andreas, Forderungsverzichte und Besserungsvereinbarungen zur Sanierung von Kapitalgesellschaften, Zivilrechtliche Grundlagen, Bilanz- und Steuerrecht, Dissertation, Rechtsordnung und Steuerwesen 22, Köln 1994.

Herrmann, Carl/Heuer, Gerhard/Raupach, Arndt (Hrsg.), Einkommensteuer- und Körperschaftsteuergesetz, Kommentar, Köln 2011 (zit. als *Bearbeiter*, in: H/H/R).

Herrmann, Juliane, Beihilfenrechtliche Risiken im Alltag der Sanierungspraxis – Steuerfreiheit von Sanierungsgewinnen als rechtswidrige Beihilfe?, ZInsO 2003, 1069-1079.

Herzig, Norbert/Liekenbrock, Bernhard, Überlegungen zur Beseitigung von steuerlichen Sanierungshindernissen, Ein Beitrag zur steuerlichen Flankierung der geplanten Insolvenzrechtsreform, Ubg 2011, 313-327.

Hey, Johanna, EU-Beihilfen und Steuervergünstigungen – Gemeinsamkeiten und Unterschiede, StuW 2015, 331-344.

Hey, Johanna, Steuerbefreiung für Sanierungsgewinne und EU-Beihilferecht - Zum Notifizierungsverfahren, FR 2017, 453-457.

Hey, Johanna, Umsetzung der Rechtsprechung des Europäischen Gerichtshofs im nationalen Steuerrecht, Geltungserhaltende Normreduktion und gesetzgeberische Korrekturpflichten zwischen gemeinschaftsrechtlichem Anwendungsvorrang und Verfassungsrecht, StuW 2010, 301-320.

Heyd, Reinhard/Kautenburger-Behr, Daniel/Wind, Henning-Günther (Hrsg.), Bilanzierung und Besteuerung in Krise und Insolvenz, München 2019 (zit. als *Bearbeiter*, in: Heyd/Kautenburger-Behr/Wind).

Hierstetter, Felix, Steuerliche Risiken der Entschuldung einer Kapitalgesellschaft in der Krise, DStR 2010, 882-887.

Hoffmann, Wolf-Dieter, Beteiligungen an Kapitalgesellschaften als Sanierungsobjekte in der Steuerbilanz, DStR 2002, 1233-1240.

Hoffmann, Wolf-Dieter, Der Verzicht des Gesellschafters auf Forderungen gegen die Kapitalgesellschaft, DStR 1995, 77-81.

Hoffmann, Wolf-Dieter, Kritische Anmerkungen zum sog. Einlagebeschluß des Großen BFH-Senats, DB 1998, 1983-1988.

Hoffmann-Becking, Michael, Münchener Handbuch des Gesellschaftsrechts, Aktiengesellschaft, Band 4, 5. Aufl., München 2020 (zit. als *Bearbeiter*, in: MüHa GesR Bd. 4).

Homburg, Stefan, Allgemeine Steuerlehre, 7. Aufl., München 2015.

Hüffer, Uwe, Aktiengesetz, hrsg. von Jens Koch, 15. Aufl., München 2021 (zit. als *Bearbeiter*, in: Hüffer/Koch).

Hwang, Shu-Perng, Anwendungsvorrang statt Geltungsvorrang? Normlogische und institutionelle Überlegungen zum Vorrang des Unionsrechts, EuR 2016, 355-373.

Ilberg, Philipp von/Tschesche, Frank, Rechtliche und steuerliche Betrachtung des Rückkaufs von Schulden (Debt-Buy-Back), BB 2010, 259-264.

Immenga, Ulrich/Mestmäcker, Ernst-Joachim, Wettbewerbsrecht, Kommentar zum Europäischen Kartellrecht, 6. Aufl., hrsg. von Torsten Körber, Heike Schweitzer, Daniel Zimmer, München 2019 (zit. als *Bearbeiter*, in: Immenga/Mestmäcker).

Ismer, Roland/Piotrowski, Sophia, Falsch Begrüngung – richtiges Ergebnis?, Zur beihilfenrechtlichen Argumentation im Vorlagebeschluss zum Sanierungserlass, DStR 2015, 1993-1998.

Ismer, Roland/Piotrowski, Sophia, Relationship of fiscal State aid and the fundamental freedoms, in: Christiana Panayi, Werner C. Haslehner, Edoardo Traversa (Hrsg.), Research Handbook on European Union Taxation Law, Research Handbooks in European Law, Cheltenham, Northampton 2020, S. 450–472 (zit. als *Ismer/Piotrowski*, in: Panayi/Haslehner/Traversa, Research Handbook Taxation, S. 450).

Jacquemont, André/Vabres, Régis, Droit des entreprises en difficulté, 9. Aufl., Paris 2015.

Jaeger, Thomas, Fehlstellungen im Verhältnis von Steuer- und Beihilfenrecht: Ein Plädoyer für mehr Ausgewogenheit, EuZW 2012, 92-99.

Jaeger, Thomas, Tax Incentives Under State Aid Law: A Competition Law Perspective, in: Isabelle Richelle, Wolfgang Schön, Edoardo Traversa (Hrsg.), State Aid Law and Business Taxation, Berlin, Heidelberg 2016, S. 39–57 (zit. als *Jaeger*, in: Rechelle/Schön/Traversa, State Aid Law and Business Taxation, S. 39).

Jarass, Hans D./Beljin, Saša, Die Bedeutung von Vorrang und Durchführung des EG-Rechts für die nationale Rechtsetzung und Rechtsanwendung, NVwZ 2004, 1-11.

Jozipović, Šime, Die Anwendung des EU-Beihilferechts auf das internationale Steuerrecht, Die wettbewerbs- und handelsrechtlichen Einflüsse auf die staatliche Fiskalsystemgestaltung, Dissertation, Wiesbaden 2018.

Kahlert, Günter, Der Sanierungserlass ist keine Beihilfe, ZIP 2016, 2107-2114.

Kahlert, Günter/Schmidt, Arne, Die neue Steuerfreiheit des Sanierungsertrags – Fragen und Antworten, DStR 2017, 1897-1903.

Kanzler, Hans-Joachim, Steuerbefreiung von Sanierungsgewinnen, NWB 2017, 2260-2275.

Kirchhof, Paul, Einkommensteuergesetz, Kommentar,.hrsg. von Paul Kirchhof, Roman Seer, Christina Avvento, 19. Aufl, Köln 2020 (zit. als *Bearbeiter*, in: Kirchhof).

Knobbe-Keuk, Brigitte, Rangrücktrittsvereinbarung und Forderungserlaß mit oder ohne Besserungsschein, StuW 1991, 306-310.

Kohlhaas, Karl-Friedrich, Die GmbH in der Krise - wie werthaltig sind Gesellschafterforderungen?, GmbHR 2009, 531-535.

Kokott, Juliane, Das Steuerrecht der Europäischen Union, München 2018.

Korn, Klaus/Carlé, Dieter/Stahl, Rudolf/Strahl, Martin (Hrsg.), Einkommensteuergesetz, Kommentar, Bonn 2000 (zit. als *Bearbeiter*, in: K/C/S/S).

Kosner, Frank/Kaiser, Mariana, Zweifelsfragen und Praxiserfahrungen im Zusammenhang mit dem Abzugsverbot für Gewinnminderungen i. S. des § 8b Abs. 3 Satz 4 ff. KStG, DStR 2012, 925-930.

Krumm, Marcel, Verfahrensrechtliche Aspekte steuerlicher Beihilfen, in: Michael Lang (Hrsg.), Europäisches Steuerrecht, DStJG Band 41, Köln 2018, S. 561–611 (zit. als *Krumm*, in: DStJG 41 (2018), S. 561).

Kußmaul, Heinz/Licht, Daniel, Zur Notifizierung des § 3a EStG, Aussicht auf Erfolg?, DB 2017, 1797-1803.

Ladoux, Laurence, Conséquennces fiscales du coup d'accordeéon : une partition presque complète, BF Lebfevre 2010, 647-653.

Lang, Michael, Die Auswirkungen des gemeinschaftsrechtlichen Beihilferechts auf das Steuerrecht, Gutachten, Verhandlungen des Siebzehnten Österreichischen Juristentages, Wien 2009.

Lang, Michael, Europäisches Beihilferecht und Besteuerung - am Beispiel des § 8c KStG, in: Jürgen Lüdicke (Hrsg.), Praxis und Zukunft des deutschen internationalen Steuerrechts, Forum der internationalen Besteuerung Band 40, Köln 2012, S. 85–115 (zit. als *M. Lang*, in: Lüdicke, Praxis und Zukunft des deutschen internationalen Steuerrechts, S. 85).

Lang, Michael, Seminar J: Steuerrecht, Grundfreiheiten und Beihilfeverbot, IStR 2010, 570-580.

Lesprit, Eric/Duvauchelle, Jean-Edouard, L'arrêt Croë Suisse redéfinit le concept d'acte anormal de gestion, https://taj-strategie.fr/larret-croe-suisse-redefinit-concept-dacte-anormal-de-gestion (zugegriffen am 2.9.2020).

Levedag, Christian, Aktuelle Entwicklungen zum Abzug von Beteiligungsaufwendungen und Anschaffungskosten natürlicher Personen als Gesellschafter von Kapitalgesellschaften, GmbHR 2016, 261-270.

Licht, Daniel, EU-Beihilferecht und Unternehmensbesteuerung, Dissertation, Berlin 2020.

López López, Hugo, General Thought on Selectivity and Consequences of a Broad Concept of State Aid in Tax Matters, EStAL 2010, 807-819.

Lüdicke, Jochen/Sistermann, Christian, Unternehmensteuerrecht, Gründung, Finanzierung, Umstrukturierung, Übertragung, Liquidation, 2. Aufl., München 2018 (zit. als *Bearbeiter*, in: Lüdicke/Sistermann).

Luja, Raymond, (Re)shaping Fiscal State Aid: Selected Recent Cases and Their Impact, Intertax 40 (2012), 120-131.

Luja, Raymond, Revisiting the Balance between Aid, Selectvity and Selective Aid in Respect of Taxes and Special Levies, EStAL 2010, 161-168.

Malinvaud, Philippe/Fenouillet, Dominique/Mekki, Mustapha, Droit des obligations, 14. Aufl., Paris 2017.

Meilicke, Wienand, Die „verschleierte" Sacheinlage, Eine deutsche Fehlentwicklung, Stuttgart 1989.

Meilicke, Wienand/Pohl, Dirk, Die Forderungseinlage bei sanierungsbedürftigen Kapitalgesellschaften, FR 1995, 877-892.

Menck, Karl Wolfgang/Mutén, Leif, Europäische Steuerpolitik für mehr Wachstumseffizienz, Die Initiative der EU-Kommission für eine konsolidierte einheitliche Körperschaftsteuerbemessungsgrundlage, IFSt-Schrift 404, Bonn 2003.

Mestmäcker, Ernst-Joachim/Immenga, Ulrich/Körber, Torsten, Wettbewerbsrecht, Beihilfenrecht/Sonderbereiche, 5. Aufl., München 2016 (zit. als *Bearbeiter*, in: Immenga/Mestmäcker).

Mestmäcker, Ernst-Joachim/Schweitzer, Heike, Europäisches Wettbewerbsrecht, 3. Aufl., München 2014 (zit. als *Bearbeiter*, in: Mestmäcker/Schweitzer).

Mestre, Jacques/Pancrazi, Marie-Ève/Arnaud-Grossi, Isabelle/Merland, Laure/Tagliarino-Vignal, Nancy, Droit commercial, Droit interne et aspects de droit international, 29. Aufl., Paris 2012.

Möhlenbrock, Rolf/Gragert, Katja, Reform der Besteuerung von Sanierungsgewinnen/-erträgen, FR 2017, 994-997.

Möhlenkamp, Andreas, Steuerfreie Sanierungsgewinne, EU-Beihilfenverbot und Wettbewerb, ZIP 2018, 1907-1915.

Mors, Matthias, Tax Competition in Europe - An EU Perspective, in: Wolfgang Schön (Hrsg.), Tax Competition in Europe, Amsterdam 2003, S. 133–152 (zit. als *Mors*, in: Schön, Tax Competition in Europe, S. 133).

Mückl, Norbert, Der Debt-Equity-Swap als Sanierungsinstrument im Steuerrecht, FR 2009, 497-506.

Müller, Welf, Gibt es einen Grundsatz der nominalen Kapitalaufbringung, in: Gerd Krieger (Hrsg.), Festschrift für Michael Hoffmann-Becking zum 70. Geburtstag, München 2013, S. 835–846 (zit. als *W. Müller*, in: FS Hoffmann-Becking, S. 835).

Münchener Kommentar europäisches und deutsches Wettbewerbsrecht: Beihilfenrecht, hrsg. von Franz Jürgen Säcker, 2. Aufl., München 2018 (zit. als *Bearbeiter*, in: MüKo Beihilfenrecht).

Münchener Kommentar GmbHG, hrsg. von Holger Fleischer, Wulf Goette, 3. Aufl., München 2018 (zit. als *Bearbeiter*, in: MüKo GmbHG).

Münchener Kommentar zum Bürgerlichen Gesetzbuch, hrsg. von Wolfgang Krüger, 8. Aufl.,München 2019 (zit. als *Bearbeiter*, in: MüKo BGB).

Münchener Kommentar zur Insolvenzordnung, Art. 102a-102c EGInsO, Länderberichte, hrsg. von Rolf Stürner, Horst Eidenmüller, Heinrich Schoppmeyer, 4. Aufl., München 2021 (zit. als *Bearbeiter*, in: MüKo InsO).

Münchener Kommentar zur Insolvenzordnung, §§ 217-359 InsO (mit Art. 103a-110 EGInsO) Insolvenzsteuerrecht, hrsg. von Rolf Stürner, Horst Eidenmüller, Heinrich Schoppmeyer, 4. Aufl., München 2020 (zit. als *Bearbeiter*, in: MüKo InsO).

OECD, Aktionsplan zur Bekämpfung der Gewinnverkürzung und Gewinnverlagerung, Paris 2014.

Ott, Hans, Finanzierungshilfen bei der GmbH, Forderungsverzicht und Ausfall von Gesellschafterdarlehen, DStZ 2010, 623-637.

Ott, Hans, Gesellschafterfremdfinanzierung bei der GmbH, Rangrücktritt, Forderungsverzicht und Ausfall von Gesellschafterdarlehen, DStZ 2018, 179-192.

Ott, Hans, Verbilligte Nutzungsüberlassungen an Kapitalgesellschaften und Wertverluste von Gesellschafterdarlehen nach § 3c Abs. 2 EStG, DStZ 2016, 14-27.

Oudenot, Philippe, Fiscalité des sociétés et des restructurations, 4. Aufl., Paris 2018.

Panci, Lorenzo, Latest Developments on the Interpretation of the Concept of Selectivity in the Field of Corporate Taxation, EStAL 2018, 353-367.

Plagnet, Bernard, Note sur CE, 30.04.1980 n°16253, Revue de Société 1980, 785-793.

Quigley, Conor, General Taxation and State Aid, in: Andrea Biondi, Piet Eeckhout, James Flynn (Hrsg.), The Law of State Aid in the European Union, Oxford 2005, S. 207–217 (zit. als *Quigley*, in: Biondi/Eeckhout/Flynn, The Law of State Aid in the European Union, S. 207).

Rivière, Concl. sur CE 26.07.1982 n°19.645, Dr. fisc. 1983 n°10, comm. 378, p.339 (343).

Rödder, Thomas/Herlinghaus, Andreas/Neumann, Ralf (Hrsg.), Körperschaftsteuergesetz, Kommentar, Köln 2015 (zit. als *Bearbeiter*, in: Rödder/Herlinghaus/Neumann).

Rödding, Adalbert/Bühring, Franziska, Neue Transaktionsformen als Folge der Finanzmarktkrise - Überblick über die steuerlichen Aspekte, DStR 2009, 1933-1940.

Roser, Frank, Unzureichende Systematik bei Gesellschafterforderungen, Notwendigkeit des Umdenkens, Ubg 2011, 113-120.

Rossi-Maccanico, Pierpaolo, The specificity criterion in fiscal aid review: proposals for state aid control of direct business tax measures, EC Tax Review 2007, 90-103.

Roth, Jan, Die Vereinbarkeit des Sanierungserlasses mit dem unionsrechtlichen Beihilferecht, ZInsO 2016, 1877-1883.

Roussel Galle, Philippe (Hrsg.), Entreprises en difficulté, Paris 2012 (zit. als *Bearbeiter*, in: Roussel Galle, Entreprises en difficulté).

Saint-Alary-Houin, Corinne, Droit des entreprises en difficulté, 11. Aufl., Précis domat. Droit privé, Issy-les-Moulineaux 2018.

Saurer, Johannes, Der kompetenzrechtliche Verhältnismäßigkeitsgrundsatz im Recht der Europäischen Union, JZ 2014, 281-286.

Schaumburg, Harald/Englisch, Joachim (Hrsg.), Europäisches Steuerrecht, 2. Aufl., Köln 2020 (zit. als *Bearbeiter*, in: Schauburg/Englisch, Europäisches Steuerrecht).

Schmidt, Jessica, § 12 – Meilicke – EuGH, Slg. 1992, I-4919, Ist die verdeckte Sacheinlage unionsrechtskonform?, in: Holger Fleischer, Jan Thiessen (Hrsg.), Gesellschaftsrechts-Geschichten, Tübingen 2018, S. 413–434 (zit. als *J. Schmidt*, in: Fleischer/Thiessen, Gesellschaftsrechts-Geschichten, S. 413).

Schmidt, Karsten/Uhlenbruck, Wilhelm (Hrsg.), Die GmbH in Krise, Sanierung und Insolvenz, Gesellschaftsrecht, Insolvenzrecht, Steuerrecht, Arbeitsrecht, Bankrecht und Organisation bei Krisenvermeidung, Krisenbewältigung und Abwicklung, 5. Aufl., Köln, Saarbrücken 2016 (zit. als *Bearbeiter*, in: K.Schmidt/Uhlenbruck, Die GmbH in Krise).

Schmidt, Ludwig, Einkommensteuergesetz, hrsg. von Heinrich Weber-Grellet, 40. Aufl., München 2021 (zit. als *Bearbeiter*, in: Schmidt).

Schmidt, Lutz/Hageböke, Jens, Der Verlust von eigenkapitalersetzenden Darlehen und § 8b Abs. 3 KStG, Anmerkungen zum Arbeitsentwurf eines BMF-Schreibens zu § 8b KStG, DStR 2002.

Scholz, Franz (Hrsg.), Kommentar zum GmbH-Gesetz, 12. Aufl., Köln 2018 (zit. als *Bearbeiter*, in: Scholz).

Schön, Wolfgang, 4. § 8c KStG und Europäisches Beihilfenrecht, in: Klaus-Dieter Drüen (Hrsg.), Aktuelle steuerrechtliche Beiträge, Referate und Diskussionen der 62. Steuerrechtlichen Jahresarbeitstagung, Wiesbaden, vom 30. Mai bis 1. Juni 2011, Jahrbuch der Fachanwälte für Steuerrecht 2011/12, Herne 2012, S. 119–131 (zit. als *Schön*, in: JbFSt 2011/12, S. 119).

Schön, Wolfgang, Der „Wettbewerb" der europäischen Steuerordnungen als Rechtsproblem, in: Jürgen Pelka (Hrsg.), Europa- und verfassungsrechtliche Grenzen der Unternehmensbesteuerung, DStJG Band 23, Köln 2000, S. 191–226 (zit. als *Schön*, in: DStJG 23 (2000), S. 191).

Schön, Wolfgang, Die Analogie im Europäischen (Privat-)Recht, in: Marietta Auer, Hans Christoph Grigoleit, Johannes Hager, Carsten Herresthal, Felix Hey, Ingo Koller, Katja Langenbucher, Jörg Neuner, Jens Petersen, Thomas Riehm, Reinhard Singer (Hrsg.), Privatrechtsdogmatik im 21. Jahrhundert, Festschrift für Claus-Wilhelm Canaris zum 80. Geburtstag, Berlin 2017, S. 147–180 (zit. als *Schön*, in: FS Canaris, S. 147).

Schön, Wolfgang, Die Auswirkungen des gemeinschaftsrechtlichen Beihilfenrechts auf das Steuerrecht, in: Die Auswirkungen des gemeinschaftsrechtlichen Beihilferechts auf das Steuerrecht, Referate und Diskussionsbeiträge, Verhandlungen des Siebzehnten Österreichischen Juristentages Steuerrecht Band. 2, Wien 2010, S. 21–46 (zit. als *Schön*, in: ÖJT IV/2, Die Auswirkungen des gemeinschaftsrechtlichen Beihilferechts auf das Steuerrecht, S. 21).

Schön, Wolfgang, Selektivität schlägt Souveränität, Zur Transformation des Beihilfenverbots in einen europäischen Supergleichheitssatz, ZHR 2019, 393-405.

Schön, Wolfgang, Sonderlasten: Eine Lücke im europäischen Wettbewerbsrecht?, in: Christoph Engel, Wernhard Möschel (Hrsg.), Recht und spontane Ordnung, Festschrift für Ernst-Joachim Mestmäcker zum achtzigsten Geburtstag, Baden-Baden 2006, S. 437–458 (zit. als *Schön*, in: FS Mestmäcker, S. 437).

Schön, Wolfgang, Steuerliche Beihilfen, in: Christian Koenig, Wulf-Henning Roth, Wolfgang Schön (Hrsg.), Aktuelle Fragen des EG-Beihilfenrechts, Abhandlungen aus dem gesamten bürgerlichen Recht, Handelsrecht und Wirtschaftsrecht Band 69, Heidelberg 2001, S. 106–132 (zit. als *Schön*, in: Koenig/Roth/Schön, Aktuelle Fragen des EG-Beihilfenrechts, S. 106).

Schön, Wolfgang, Tax competition in Europe – the legal perspective, EC Tax Review 2000, 90-105.

Schön, Wolfgang, Tax Legislation and the Notion of Fiscal Aid: A Review of 5 Years of European Jurisprudence, in: Isabelle Richelle, Wolfgang Schön, Edoardo Traversa (Hrsg.), State Aid Law and Business Taxation, Berlin, Heidelberg 2016, S. 3–26 (zit. als *Schön*, in: Richelle/Schön/Traversa, State Aid Law and Business Taxation, S. 3).

Schulze, Reiner/Janssen, André/Kadelbach, Stefan (Hrsg.), Europarecht, Handbuch für die deutsche Rechtspraxis, 4. Aufl., Baden-Baden 2020 (zit. als *Bearbeiter*, in: Schulze/Janssen/Kadelbach, Europarecht).

Schulze-Osterloh, Joachim, Forderungsverzicht des Gesellschafters einer Kapitalgesellschaft in der Krise, Ausweis in der Handelsbilanz und in der Stuerbilanz, NZG 2017, 641-645.

Schüppen, Matthias, Der Große Senat des BFH zum Sanierungserlass - Steuerrechtliche Systematik trifft auf erfolgreiche Interessenvertretung, ZIP 2017, 752-761.

Schwedhelm, Rolf/Olbing, Klaus/Binnewies, Burkhard, Aktuelles Steuerrecht rund um die GmbH zum Jahreswechsel 2018/2019, GmbHR 2018, 1233-1250.

Seer, Roman, Insolvenz, Sanierung und Ertragsteuern – verfassungs- und europarechtliche Überlegungen, FR 2014, 721-731.

Serlooten, Patrick/Debat, Olivier, Droit fiscal des affaires, 18. Aufl., Paris 2019.

Sistermann, Christian/Beutel, David, Unternehmenssanierungen nach der Grundsatzentscheidung des Großen Senats des BFH, Erste Gedanken zur gesetzlichen Neuregelung und zur Übergangsregelung des BMF v. 27.4.2017, DStR 2017, 1065.

Skauradszun, Dominik, Die Konkordanz bei der Steuerfreiheit von Sanierungserträgen anhand §§ 3a, 3c EStG, § 7b GewStG n. F., ZIP 2018, 1901-1907.

Spiridion, Eric, L'essentiel de la fiscalité d'entreprise, Paris 2011.

Staudinger, Julius von, Kommentar zum Bürgerlichen Gesetzbuch, Mit Einführungsgesetz und Nebengesetzen, Teil: §§ 397-432 (Erlass, Abtretung, Schuldübernahme, Mehrheit von Schuldnern und Gläubigern), hrsg. von Manfred Löwisch, Berlin 2017 (zit. als *Bearbeiter*, in: Staudinger).

Steichen, Alain, Tax Competition in Europe or the Taming of Leviathan, in: Wolfgang Schön (Hrsg.), Tax Competition in Europe, Amsterdam 2003, S. 23–120 (zit. als *Steichen*, in: Schön, Tax Competition in Europe, S. 23).

Streinz, Rudolf, Europarecht, 11. Aufl., Heidelberg 2019.

Sutter, Franz Philipp, Das EG-Beihilfenverbot und sein Durchführungsverbot in Steuersachen, Dissertation, Wien 2005.

Szudoczky, Rita, The sources of EU law and their relationships, Lessons for the field of taxation: primary law, secondary law, fundamental freedoms and State aid rules, Dissertation, Amsterdam 2014.

Temple Lang, John, EU State Aid Rules - The Need for Substantive Reform, EStAL 2014, 440-453.

Tesauro, Guiseppe, Tilgung der ausstehenden Einlage eines Gesellschafters durch Aufrechnung mit einer Forderung gegen die Aktiengesellschaft, in: Andreas Herlinghaus, Heribert Hirte, Rainer Hüttemann, Thomas Heidel (Hrsg.), Festschrift für Wienand Meilicke, Baden-Baden 2010, S. 714–732 (zit. als *Tesauro*, in: FS Meilicke, S. 714).

Thiel, Jochen, Im Grenzbereich zwischen Eigen- und Fremdkapital, Ein Streifzug durch die ertragsteuerrechtlichen Probleme der Gesellschafter-Fremdfinanzierung, GmbHR 1992, 20-29.

Thierhoff, Michael/Müller, Renate (Hrsg.), Unternehmenssanierung, 2. Aufl., Heidelberg 2016 (zit. als *Bearbeiter*, in: Thierhoff/R. Müller, Unternehmenssanierung).

Tipke, Klaus/Lang, Joachim (Hrsg.), Steuerrecht, 24. Aufl., Köln 2021 (zit. als *Bearbeiter*, in: Tipke/Lang, Steuerrecht).

Traîtement fiscal de l'augmentation de capital par compensation de créances décotées, Dr. fisc. 2013, 87-89.

Traversa, Edoardo/Flamini, Alessandra, Fighting Harmful Tax Competition through EU State Aid Law: Will the Hardening of Soft Law Suffice?, EStAL 2015, 323-331.

Traversa, Edoardo/Sabbadini, Pierre M., State-Aid Policy and the Fight Against Harmful Tax Competition in the Internal Market: Tax Policy in Disguise?, in: Werner C. Haslehner, Georg Kofler, Alexander Rust (Hrsg.), EU Tax Law and Policy in the 21st Century, Alphen aan den Rijn 2017, S. 107–134 (zit. als *Traversa/Sabbadini*, in: Haslehner/Kofler/Rust, EU Tax Law and Policy in the 21st Century, S. 107).

Trstenjak, Verica/Beysen, Erwin, Das Prinzip der Verhältnismäßigkeit in der Unionsrechtsordnung, EuR 2012, 265-285.

Tschersich, Stephanie, Ertragsbesteuerung der Unternehmenssanierung, Analyse der aktuellen Rechtslage und Reformüberlegungen, Dissertation, Wiesbaden 2014.

Vanistendael, Frans, Steuerliche Hilfsmaßnahmen und schädliche Steuerkonkurrenz, in: Jürgen Pelka (Hrsg.), Europa- und verfassungsrechtliche Grenzen der Unternehmensbesteuerung, DStJG Band 23, Köln 2000, S. 299–319 (zit. als *Vanistendael*, in: DStJG 23 (2000), S. 299).

Vermeend, Willem A./van der Ploeg, Frederick/Timmer, Jan Willem, Taxes and the economy, A survey of the impact of taxes on growth, employment, investment, consumption and the environment, Cheltenham 2008.

Voirin, Pierre/Goubeaux, Gilles, Droit Civil, Introduction au droit personne, famille personnes protégées biens, obligations, sûretés, 37. Aufl., Issy-les-Moulineaux 2017.

Wassermeyer, Franz, Zur Einlage nicht mehr werthaltiger Forderungen in das Vermögen einer Kapitalgesellschaft, DB 1990, 2288-2289.

Wattel, Peter J., Comparing Criteria: State Aid, Free Movement, Harmful Tax Competition and Market Distorting Disparities, in: Isabelle Richelle, Wolfgang Schön, Edoardo Traversa (Hrsg.), State Aid Law and Business Taxation, Berlin, Heidelberg 2016, S. 59–71 (zit. als *Wattel*, in: Richelle/Schön/Traversa, State Aid Law and Business Taxation, S. 59).

Wattel, Peter J., Interaction of State Aid, Free Movement, Policy Competition and Abuse Control in Direct Tax Matters, World Tax Journal 2013, 128-144.

Weber-Grellet, Heinrich, Die verdeckte Einlage, DB 1998, 1532-1538.

Weber-Grellet, Heinrich, Verzicht und Einlage, Anmerkungen zu dem BFH-Beschluß vom 27. Juli 1994, BB 1995, 243-246.

Weerth, Jan de, EU-Kommission entscheidet zur Steuerfreistellung von Sanierungsgewinnen, ZInsO 2018, 1893-1895.

Weerth, Jan de, Sanierungsklausel, Sanierungserlass und andere Steuererleichterungen im Fokus des EU-Beihilferechts, DStR 2014, 2485-2489.

Winhard, Christoph A., Behandlung ausländischer Forderungsverluste, Praxisprobleme des § 8b Abs. 3 S. 4 bis 8 KStG i.d.F. des JStG 2008, FR 2010, 686-693.

Wolf, Frank, Die verdeckte Sacheinlage in GmbH und AG, Dissertation, Baden-Baden 2013.

Zorn, Nikolaus, Beihilfen, in: Die Auswirkungen des gemeinschaftsrechtlichen Beihilferechts auf das Steuerrecht, Referate und Diskussionsbeiträge, Verhandlungen des Siebzehnten Österreichischen Juristentages Steuerrecht Band 2, Wien 2010, S. 61–67 (zit. als *Zorn*, in: ÖJT IV/2, Die Auswirkungen des gemeinschaftsrechtlichen Beihilferechts auf das Steuerrecht, S. 61).